JN099232

スタンフォードの権力のレッスン

ACTING
WITH
POWER

Why We Are More
Powerful Than We Believe

Deborah Gruenfeld

デボラ・グルーンフェルド
御立英史 訳

ダイヤモンド社

ACTING WITH POWER
by
DEBORAH GRUENFELD

INTRODUCTION

「権力のレッスン」へようこそ

この絵は、母の家にある物入れの引き出しに入っていたものだ。だれを描いた絵か、すぐにわかった。この絵の人間には目が何個もある。口は閉じられている。腕や手はない。すべてを見通しているが、何かを知ったところで行動に移すことができない存在。これは私だ。3歳のときに描いた、初めての自画像だ。

この自画像といまの私を比べたら、全然違うと思う人が多いかもしれない。

いまの私はスタンフォード大学の主任教授で、25年にわたって「権力の心理学」について研究し、論文を書き、学生に教えている。

何か話せば耳を傾けてもらえるし、いつ何を話すべきかも知っている。いまでは、自分の子どもが描いた自画像が、私の家のどこかの引き出しに入っている。私はこの絵に描かれた姿からはずいぶん変わってしまったが、この小さな棒人間はいまも私の中に住んでいる。

こんなことを感じているのは自分だけだと思っていた時期もあった。だが、権力について研究するうちに、そう感じるのは私だけではないと知った。どんなに権力のある人でも、ときには無力だと感じることがある。逆に、自分ではどんなに無力だと思っていても、だれもが力を持っている。

最初に出会う権力者は「親」

権力について考えると、なぜか自分が小さい存在に感じられることがある。権力というものを初めて学ぶのが、人生で最も弱い幼少期であるというのがその一因だ。その連想は大人になっても消えない。人生で最初に出会う権力のある存在といえば両親、あるいは世話をしてくれる大人たちだ。

私たちは、家族の中で生きていく方法を彼らから教えられるが、大人になってもそのときに学習した枠から外に出ることができない。だれもが、子どものころの荷物——不安、習慣、慣れ親しんだドラマの中の慣れ親しんだ役割——を背負ったまま大人になり、世界と関係を結ぶ。**権力との最初の出会いは、よくも悪くも私たちの中に消すことのできない痕跡を残す。**

私は学者として、権力についてさまざまなことを論じてきた。この分野の第一人者になって名声と力を得て、無理なくありのままの自分でいられるようになりたいと、かなえられそうもない希望を抱いてきた。

しかし、多少の権力は獲得したものの、期待していたような力を感じることはなかった。権力を持つと注目を集め、厳しい審判にさらされる。寄せられる期待も失敗の可能性も高まり、失敗によって失うものも大きくなる。その一方で、権力を持っても、子ども時代からひきずってきた不安が和らぐことはなかった。それは単に、不安を感じる舞台を大きくしただけだった。

権力者は「演技」をしている

大学教授になったとき、人生が劇的に変わった。大学院生としてたっぷり5年間学んでいたので、私は学生という役割になじんでいた。だが、博士号を取得し、ノースウェスタン大学に職を得て出勤したら、初日にいきなり「教授」になった。昨日までの自分と何も違わなかったし、することも昨日までと同じだったのに。

心理学の実験を行い、論文を書き、だれかに何かを教えるということに何の変化もなかった。しかし、周囲の人にとっての私は昨日までの私ではなかった。私は知識があり、エキスパートで、アシスタントを管理し、学生に何をすべきかを指示する人間になった。

権力が専門の心理学者なのに、自分を無力だと感じる居心地の悪さに皮肉なものを感じた。自分は偽者で、教授という役割にともなう尊敬や注目にふさわしくない人間だと感じた。キャリアを積むほど、知名度が上がるほど、ほかの人に期待される自分でいることに苦労した。権力のある立場の人間がどんな目で見られるかは理解していたが、そのように見られる自分を想像することができなかった。

そんなとき、思いがけないところから状況を変えてくれるかもしれない機会が舞い込んだ。ビジネススクールの教員のスキルを向上させるためのプログラムが実施されることになり、参加しないかと声をかけられたのだ。指導するのは演劇畑出身のコンサルタントだった。何でもありのカリフォルニア州とはいえ、少し奇妙な気もしたが、参加することに決めた。こういうとき、応じなくてはいけないと考えるのが私だった。

私とほかの8人の教授たちは、丸2日間、講義室に放り込まれ、バーバラ・レーネブラウンという元気のよい小柄な女性から指導を受けた。

最初に私たちは、全員の前で、いつもやっている講義の3分間版を実演させられた。1

人目は、国際ビジネスが専門の、白髪まじりの英国アクセントの男性だった。その講義が終わると、レーネブラウンは予想外の質問をした。

「どんなキャラクターで教壇に立ちましたか？」

男性は目を丸くして、質問の意味がわからないという表情を浮かべた。その困惑を察した1人が、レーネブラウンに質問の意図の説明を求めた。

「クラスルームは」と彼女はおだやかな口調で話し始めた。「みなさんが教師という役割を演じる劇場のようなものです」。自分の言葉が受講生たちに浸透するのを待って、彼女は言葉を続けた。「講義をするとき、あなたたちは俳優のようにパフォーマンスをしているのです。**自分の手持ちの中から、効果的に教えるのに最も役立つキャラクターを選んでいる**のです」

何人かがもぞもぞと姿勢を変え、力のない笑みを浮かべた。鼻を鳴らして笑うような声も聞こえた。納得した人はいるのだろうかと思わず周囲を見た。だれかが私が感じていたことを代弁してくれた。「演じたりしませんよ。素の自分のままで教えています」

そう言われてレーネブラウンは少し考え、たったいま聴いた3分間講義について私たちにたずねた。同僚ではあるけれど、たぶん教えているところは見たことがないこの人の講義を聴いて、ふだんの彼と教師の彼は同じでしたか？　それとも、どこかが違っていましたか？　これまで見たことがなかった一面を見ましたか？　彼について、これまで知らなかった何かを知りましたか？

答えは、もちろん「イエス」だった。〝舞台の上〟での彼は、私たちが知っている教室の外での彼とまったく同じというわけではなかった。

その後、全員が3分間の講義を行ったが、その都度、確かにだれもがいつもとは違うということが確認できた。ふだんは無口で学究肌の人物が、教壇ではスタンダップコメディを披露していた。気さくで親しみやすいと思われていた同僚は、教壇では厳しさが加わり、少し怖いほどだった。彼は自分のキャラクターを「保安官」と言ったが、まさにその通りだった。会議などでよく腹を立てる、衝動的なところのある教授が、「村の長老」のような静かな威厳を保っていた。

全員が、講義しているときは、ふだんは隠していた一面をのぞかせた。私たちは最高の――少なくとも最も快適な――パフォーマンスを実現するために、無意識のうちに、もともと自分の中にあった、なじみのあるキャラクターを引っぱり出して講義していたのだった。

権力は「役割」に付随している

それはまさに目からウロコが落ちる体験だった。私は、自分がキャラクターを総動員して講義していることに気づいた。エネルギッシュ、情熱的、神経質、お茶目、無防備、知的、物知り、真面目、明晰、そしてパワフル。すべてのキャラクターを意識的に登場させたわけではないが、ともかくそれらは現れた。10個ものキャラクターで、私の講義は混線した。

どうやら私は、どのキャラクターも本当には信頼していなかったようだ。強いキャラクターは不快に思われそうな気がしたし、弱いキャラクターでは哀れまれそうな気がした。その結果、すべてのキャラクターが私の中で出番を争うことになり、それは講義を聴いている全員に丸見えだった。

こうして1日目のプログラムが終わった。明日もう1回講義をするので、その準備をしてくること、という宿題が出された。ただし今度は、自分が選んだキャラクターをもっと強く前面に出して講義をすること、という条件が付けられた。

私たちは挑戦する準備を整えて2日目を迎えた。

大胆にリスクを取って挑んだ人もいた。「村の長老」は、しわしわの服を着て、気取らない話し方をした。「保安官」は、カウボーイブーツを履いて現れ、時折、手を拳銃の形にして演出効果を高めようとした。

私はそのときどんなキャラクターを強調したのか、効果があったのか、残念ながら思い出すことができない。覚えているのは、ほかの人たちと違い、自主検閲をやめられなかったということだ。
ほかの参加者の講義について思ったことは、とりあえず自分を捨て、選んだキャラクターになりきった人ほど、講義に説得力と魅力、さらには真実味もあったということだ。演じることによって、その人らしさが薄れることはなく、なぜかよりリアルな印象を受けた。

いまの私は、権力は個人の所有物ではないことを知っている。少なくとも、かつて考えていたような意味においては個人的なものではない。人生では——劇場でも同じだが——権力は役割に付随するものだ。

成功している俳優は、不安につぶされて役を演じられなくなるということはない。私たちも、仕事をやり遂げ、なりたい自分になり、力を効果的に使うためには、自分を縛る思いから離れて、**自分の役を演じる方法を学ばなければならない**。

たとえ自分が「教授」であることに確信が持てないとしても、現に私は教授なのだ。私にとって、教授を演じるというのは「偽ること」ではなく、現実を受け入れ、自分の役割に専念することにほかならない。

そもそも自分に権力があるという考えに、なじめない人もいるかもしれない。しかし、権力を上手に使うためには、自分のいい面をここいちばんで発揮し、不安定で役に立たない側面には引っ込んでいてもらわなければならない。

偉大な英国女優ジュディ・デンチの言葉を借りれば、「仕事に真剣に打ち込み、自分のことは深刻に考えない」ことが秘訣だ。

「魔性の女」のレッテル

2015年の授業初日、私は自分がニュースのネタになっていることを知った。ビジネススクールの終身教授の女性——私のことだ——とその別居中の夫、そして学部長が三角関係になっているうえに、三人の勤務先が同じ大学である、というのがニュースの骨子だった。

この話は注目を集めた。『ニューヨーク・タイムズ』『ウォール・ストリート・ジャーナル』『ビジネスウィーク』をはじめとする記者たちが、なぜか学部長と女性教授のあいだの個人的なやりとり——これ以上は想像できないほど個人的なやりとり——を入手していて、当事者のコメントを求めて電話をかけまくっていた。

それは私が望んでいた役割ではなかった。権力とその濫用（らんよう）を研究する専門家が上司と〝秘密の関係〟にあることが判明した、というのが当初の報道だった。ジョークのネタとしてはできすぎだ。

私たちは二人とも独身で、つきあい始めてほぼ3年が経っていて、関係は秘密でも何でもなかったのに、そういう事実は無視された。職員の男女交際に関する大学の指針にも従っていたので、私たちは何の問題もないと考えていた。

だが、私が「学部長」と交際していたという事実が、この一件に対する世間の見方を決めた。私たちのドラマは脚色され、私は「魔性の女」としてキャスティングされた。

権力の専門家なら何が起こるかわからなかったのかと思われそうだ。人にどう思われるか考えなかったのかという声も飛んできそうだ。

しかし、そのころの私は権力というテーマとはまだ距離があった。研究し、考え、教えてもいたが、砂場のおもちゃのように権力というテーマで遊んでいた。押したり引いたり裏返したりして、権力がどう働くかを調べていた。権力に魅せられていながら、それが自分に何を運んでくるのかがわかっていなかったのだ。

ニュースが流れたときに受けた最初のショックは、だれもがそれを気にかけ、耳をそばだてていたことだった。

私の考えでは、二人はふたたび独身に戻ったどこにでもいる中年の男女で、互いに惹かれあい、セカンドチャンスを模索していたプライベートな存在だった。自分たちの世界など、だれも気にしない小さな世界だと思っていた。

私たちは子どもたちのことを考え、子どもたちが二人の関係をどう思うかを心配することに多くの時間を費やしていた。自分たちの関係が、子どもたち以外のだれかにとって何か意味があるとは思っていなかった。だが、その考えは間違っていた。自分たちの世界は小さいと思っていたが、私たちが立っていた舞台は小さくはなかった。

魔性の女をめぐって吹き荒れた嵐はやがて過ぎ去った。

いまでは、少しは自分のことを正確に見ることができる。他人が私をどう見るかはコントロールできないが、**他人がどう言おうと、それによって私が何者であるかが決まるわけではない**ことを知っている。

いまの私は、俳優が自分を見るように私自身を見ている。さまざまな面があるリアルな人間と見ているということだ。最善を尽くすが失敗もする、人を思いやるが自らも必要を抱えている、自信はあるが不安もある、強いけれど弱い、責任を真剣に受け止めているが完璧にはこなせていない——それが私という人間だ。

「演じる」ことでパワフルになれる

演劇において、力強いパフォーマンスとは、演じている人物の真実の姿を受け入れ、それを自分の中に取り込んだ演技だ。強さと弱さ、達成と失敗、力と無力を同時に持っているのが人間だ。

演じようとするとき、プロの俳優は常にこの課題に直面する。どんな役であれ真に迫った演技をするためには、その人物に審判を下さず丸ごと受け入れなくてはならない。それは俳優ではない私たちにとっても、すぐれた成果（パフォーマンス）を挙げるための条件である。

だれにでもさまざまな面があることを受け入れ、すべての真実に価値を認め、適切なときにそれを表に出し、失敗しても取り乱すことなく冷静に処理することができれば、私たちは打たれ強くなり、恥や自己嫌悪に支配されなくなり、最終的には力を身につけることができる。

これが自分だという想像上の姿を追求するのではなく、自分の中にある相反する多くの真実を受け入れることによって、本当の自分になれるという逆説がそこには存在する。

私のことを言えば、社会的な辱めを受けたことで、以前よりはるかに強い人間になった。初対面の相手に、ゴシップ記事の女だと気づいて驚かれるという体験を何度もした。

そんなとき私は、彼らにきまりの悪い思いをさせないようにふるまうことを心がけている。なぜなら、私はいまも自分の好きなことをしていて、自分を世の中の役に立たせようとしていて、自分を自分たらしめている役割を果たしているからだ。

わかってもらえるだろうか？　私にはもう怖いものはない。それこそ、私が自分に必要な力を得たことの証拠である。

私たちは常に自分が望む役や、演じられそうな役をもらえるわけではない。だがそれでも、舞台を続けなくてはならない（ショー・マスト・ゴー・オン）。

権力関係は「すべての場」に存在する

権力について本を書いた著者は私が最初ではない。なんといっても、私たちは権力に取り憑かれた文化の中に生きている。多くの本が、本の数だけ異なる視点から、もっと大きな権力を得るにはどうすべきかと論じている。しかし私は、そうしたアプローチは的外れだと考えている。

私の研究と経験（個人的なものと職業上のものの両方）から明らかに言えることは、人生の成功や影響力、満足をもたらすのは権力の大きさではない。人からどれほど権力を持っていると思われるかでもない。それを決めるのは、**いま持っている権力を使って他者のために何ができるか**ということだ。

この真実は、現在流布している権力に関する言説の中で語られることはない。そのことがもたらす悪影響は、社会のあらゆる領域に顔を出している。持っていない権力のことを気に病んでいるうちに、私たちは権力を「個人が自由に使える資産」であり「自分を強くするための資源」だと考えるようになってしまった。

そして権力の獲得が、いつのまにか自己目的化してしまった。

私たちは、目標を達成するためには権力が必要で、どれだけ権力を持っているかで人間の価値が決まるという神話を信じている。高い地位に就き、常に優位に立つために努力しなくてはならないと考えている。成功の鍵は大きな権力を、なんとしてでも早く獲得することであり、大きな権力を持った者が勝つという古い考えに縛られているのだ。

その考えは、ただ間違っているというだけでなく、悪い結果を招きさえする。**もっと権力が要るという考えは、私たちの恐れを刺激し、破壊的本能を強化してしまう。**実際より自分を無力だと感じたり、そのことを恐れたり、自分が置かれている状況を正しく認識できなくなると、自己防衛的になり、広い心で行動できなくなる。

権力の使い方を間違うとどうなるかは、ニュースを見れば一目瞭然だ。憎悪を煽る国のリーダー、腐敗した政治家、節操のない経営者、性的暴力をふるうエンターテインメント業界の大物、わが子を裏口入学させる金満家など、挙げていけばきりがない。すべて自分の無力感に対処するために権力を使っている人びとだ。彼らは果たすべき責任から迷い出て道を踏みはずした。これが権力を悪用した人間の結末である。

それに比べると、権力を正しく使った場合の結果はあまりはっきりしない。因果関係にも謎が残る。重要なことは、私たちは自分が思う以上に権力を持っているという現実を受け入れることだ。

それは現実離れした考えではない。**権力はあらゆる役割や関係性の中に存在する。**互いを必要としている人と人のあいだを行き交うリソースが権力だ。何らかの関係でつながっている人と人は、定義上、互いに必要としあっており、相手に提供する何かを持っているのだから、権力は一方だけに絶対的に存在するものではない。

私たちはだれでも、与えられた役割に応じて他者に対して権力を持っている。自分が何者であるか、卓越した能力があるか、状況に対処できているか、自分がどう感じているかとは関係なく、なんらかの権力を持っている。

それを上手に使うためには、権力を別の角度から考える必要がある。私たちは自分の権力にともなう責任を受け入れ、いま以上に自分の役割を真剣に受け止める必要がある。それがこの本を書いた理由だ。

権力を手にする「正しい」方法

だれもが自分が思っている以上に権力を持っていると言われると、戸惑う人が多いのではないだろうか。「私たちを他者と結びつけている役割や責任が、弱さや制約ではなく、力を与えてくれる」という考えは、私にさえアメリカ的ではないように聞こえる。

「ナンバーワンになるために努力することは、ナンバーワンになるための効率的な方法ではないかもしれない」という考えにいたっては、明らかな間違いだと思う人が多いのではないだろうか。

しかし社会科学は、どれも間違いなく真実だと教えている。集団の中でだれが最高の地位に就くかを決めるのは、個人の主体的行為（パーソナル・エージェンシー）や競争力、勝つか負けるかが前提の競争的態度ではない。

実際はその逆だ。多くの動物の集団で、高いステータス——尊敬、称賛、そしてたいてい大きな権力——を得るのは力や強みを自分のために使う個体ではなく、集団の問題を解決するために責任を持って有効に使った個体であることが研究によってわかっている。

個人的に大きな望みを持つことや、地位を築きたいと思うこと自体は悪いことではない。しかし私たちは、力のない人のことを思いやることによっても、集団の中での地位を高めることができる。それが権力をうまく使うということの意味である。

本書で私は、権力について広まっている誤解を正そうと思う。**権力とは何か、権力はどのように機能するか、社会にどのような影響をおよぼすか**について、誤った認識を正そうと思う。

私はこの本を、権力の心理学に関する20年以上の研究と、教師あるいは学生として積み重ねてきた自分の経験に基づいて書いた。また、数え切れないほど多くのＭＢＡの学生、企業のエグゼクティブ、起業家、学者、プロの俳優、さまざまな分野のリーダーたちとの対話、彼らの疑問、ストーリー、そして知恵から得たものを踏まえて書いた。私は彼らとの対話から権力の真の性質を学んだ。

この本はまた、奇抜な実験から発展したＭＢＡコース「パワフルに行動する方法（アクティング・ウィズ・パワー）」で得られた知見に基づいて書かれている。

このコースは開講早々、スタンフォード大学経営大学院で最も人気のある選択科目の一つとなったが、**永続する真の権力は個人的な地位の追求や権力への執着で得られるのではない**、と教えている。権力やリーダーシップは、それを集団の目的のために使うことによって得られるのである。

だれのための本か？

――権力をうまく使いたい人へ

この本は、いま権力のある立場にいるにせよ、そうではないにせよ、どこか無力感を抱いている人のための本だ。大きな役割に踏み出すことに不安を感じている人や、小さな役割に行き詰まりを感じている人のための本だ。不安を克服したい人、自分を偽者のように感じるのをやめたい人、もっと上手に力を発揮する方法を探している人のための本だ。

自分を見失うことなく、これまでと違う方法で権力を使いたいと思っている人のための本だ。自分を主張するために一歩踏み出そうとしている人、威圧的にならないように一歩引き下がろうとしている人、攻撃的すぎることを非難されている人、やさしすぎて物足りないと言われている人のための本だ。

さらにこの本は、ある種の人びとがなぜ権力を濫用するのかを知りたい人のための本であり、いじめや虐待に打ち克つ方法を学びたい人のための本だ。権力の使い方を間違って失敗してしまった人や、自分の中にある好ましくない衝動をコントロールしたい人のための本でもある。

また、いじめやハラスメントが起こらない組織の文化や環境をつくるために努力している人のための本でもある。いまほど、ふさわしい人が正しい理由でリーダーに選ばれる組織、正しい行動が正しく報われる組織、リーダーがよき模範を示すような組織が求められている時代はない。

本書の内容と構成

本書は4つのパートに分かれている。

PART1では、権力について流布している神話を指摘し、実際のところ権力がどのように機能するのか(あるいは機能しないのか)を論じる。また、「パワフルな行動」とはどういうものか、権力を上手に使うとはどういうことかを明らかにする。

PART2では、「役割」について論じる。社会生活や職業人生の中で、なぜ役割が重要なのかを権力と関連づけて論じる。また、自分に与えられた役割を理解する方法と、その役割をしっかり果たす方法を論じる。さらに、状況が変わってもこれまでのやり方を変えられないという問題や、ワンパターンの権力の使い方しかできない人が多い理由を考える。

権力を上手に使うためには「命令と統制」、そして「敬意とつながり」という対照的な二つの方法をともにマスターする必要がある。PART2の内容は、権力を発揮する方法の幅を広げる役に立つ。すなわち、自分の自然な気持ちが「つながり」を求めているときでも、必要とあらば「命令」によって権力を発揮する方法や、逆に、「統制」に傾いているときでも「敬意」を集めることで権力を発揮する方法について論じる。

PART3では、大舞台に立ったときに感じる不安――演劇の世界では「パフォーマンス不安」と呼ばれている――をどうすれば抑えられるかを探る。役割転換の難しさ、その重要性、俳優が筋書きから逸脱することなく新しい役割を内面化する方法に目を向ける。役割を十分に果たしつつ自分であり続ける方法もここで説明する。

PART4では、性的暴力やいじめといった権力の濫用を取り上げ、それがなぜ起こるのかを説明する（おそらく一般的に考えられている理由とは異なる）。被害者にならない方法はもちろんのこと、うっかり悪役にされないための方法や、意図せず人間関係を傷つけないための方法も論じる。いじめや虐待を目撃したとき、傍観者にならず、解決に向けて積極的な役割を果たす方法も考える。最終章では、権力の濫用がない環境をつくるために、組織のトップはどのように権力を使えばよいかを考える。

本書は、支配よりも責任を優先し、ありのままの自分であろうとすることより人間としての成熟を優先して権力を獲得する方法を論じる。**自分自身にではなく自分が置かれている文脈（コンテキスト）に意識を向けることで、権力を上手に使う方法**を身につけるための本だ。

この本が説く方法はあなたのすべてを一変させるだろう。身構えることなく権威に向きあえるようになり（自分が権威を持つ場合も然り）、人との関係が改善され、あらゆる役割で成功し、影響力が増す。

それだけでなく、あなたが属している集団の全体としての機能も向上するはずだ。私たちが自分のためではなく集団の成果に焦点を合わせ、お互いのパフォーマンスを高めるために協力すれば、心理的な安心感を得ることができ、素早く柔軟に行動できるようになる。

大げさに聞こえるかもしれないが、多くの人が正しい方法でパワフルに行動すれば、あらゆる面で社会を歪めている権力の濫用を防ぐことができ、社会をよい方向に向かわせることができる。

権力について書かれたほとんどの本は、権力を使って他者に勝つ方法を説いている。だが、私がこの本に書いたのは、自分自身との戦いに勝つ方法である。

INTRODUCTION

PART 2

権力を戦略的に使う

CHAPTER2

自分を強く見せる戦略

PART 3

権力を感じさせる

パワフルに行動する方法

CHAPTER4

権力を「演じる」——権力はプロットで決まる

CHAPTER5

「助手席」で力を発揮する ——脇役として力をつかむ 178

CHAPTER6

権力の「プレッシャー」に勝つ ——力には責任がともなう 203

PART 4

権力の手綱をさばく

権力への対抗策　243

CHAPTER7

権力は人を「暴走」させる――こうして権力者はダメになる　244

CHAPTER8

権力に「対抗」する——権力に屈する心理と解決策 275

CHAPTER9

権力者から「力」を奪う——立場が弱くても逆転できる方法 303

※本文中の〔　〕は訳注を表す。

PART 1

権力とは何か？

——その正体を正確に知る

CHAPTER 1

権力の真実と神話

——だれもが権力を誤解している

私たちは「権力」の話題に惹きつけられる。女性も男性も、1%の少数派も99%の多数派も、非営利団体のスタッフも営利企業のトップも、起業家も中間管理職も経営幹部も、だれもが権力のことを気にしている。

それにはもっともな理由がある。**権力のある地位に就いている人は私たちの運命を左右するからだ。**

権力は人を惹きつけ、反発させる。創造し、破壊する。ドアを開き、ドアを閉める。戦争を始めるのも、何のために戦うかを決めるのも、平和を維持するのも、すべて権力だ。権力は私たちがどう生きるかを決め、いかなる法の下で生きるのかを決める。だれが富み、だれが貧しくなるのかを決定するのも権力だ。

バートランド・ラッセルは、「権力は人間関係を決定する基本的な力だ」と言った。ミュージカル「ハミルトン」の不朽の名曲のタイトルが告げている通り、権力は「だれが生き、だれが死に、だれがあなたの物語を語るのか」を決定するのである。

人は権力に「魅了」される

権力に対する私たちの関心は、存在の深みにまで根を下ろしている。心理学では、人間が権力に関心を持つのは死を恐れるからだと考えられている。**権力はある種の不死を約束してくれる**からである。小難しく聞こえるかもしれないが、進化論的には理に適っている。

権力には生存（サバイバル）に役立つ価値がある。

権力があれば生きるためのリソースを人より多く入手でき、自分で自分の行く末を決められる。それだけでなく、多くの人とつながることができ、集団の中で地位を高めることもできる。

人間の心は、そうした進化論的現実を強化する方向に進化してきた。私たち人間は、権力があれば長生きでき、いい人生を送ることができ、肉体が消滅したあとも人びとの心の中で生き続けることができると想像するのである。

私たちは、しばしば無意識のうちに権力を追求している。認めたくないかもしれないが、権力をめぐる戦いはいたるところで、まさかと思うような場所でも行われている。職場だけでなく、家庭でも、結婚生活でも、きょうだいのあいだでも、友人グループでも、そして広く社会全体でも、**複数の人間がいるところでは物事は常に権力の所在をめぐって動いている。**

だれもが自分と自分以外の人間の権力の違いに対処し、常に権力のやりとりを行っている。権力とは無縁に見えることをしているときでさえ、たいていは権力をめぐる交渉を行っている。

少し注意して観察すれば、いたるところに権力をめぐる競争があることがわかる。ありふれたおしゃべり――ニュースについて、子どもの門限を何時にするか、デートの夕食はどこのレストランにするか――をしているときでさえ、知識が豊富なのはだれか、顔が広いのはだれか、だれの利益が大切か、決めるのはだれか、道徳的に正しいのはだれか、ルールを決めるのはだれか、といったことをめぐって、私たちは密かに火花を散らしているのである。

強大な権力を持つ者については、彼らの習慣、戦略、弱点などについて多くのことが書かれている。その多くは恐れ、称賛、嫉妬が混じる見上げるような眼差しで、権力者の力の源泉に迫ろうとしている。

そのような「パーソナリティ信仰（カルト）」とでも呼びたくなるアプローチは、権力の源泉は個人の中に存在すると示唆（しさ）している。

権力をつかむのは、常人とは違う卓越した魅力と断固たる野心をあわせ持つ個人であり、すべてを犠牲にしてでも自分の地位を高め、世界の頂上に登りつめるために生きた人間である、というのがだいたいの結論だ。

そんな生き方に対し、嫌悪感とまではいかなくても、とてもついていけないと感じる多くの人びとは、自分は権力とは無縁だと考え、権力争いから遠ざかろうとする。相手に勝ちを譲って、自分は礼儀正しく善良な人間であろうとする。

つまり、善良な人間として権力を持ち続ける方法を知らないために、権力を不適切な他者に明け渡してしまうのである。

権力は「ツール」である

権力について研究し始めたとき、私は権力というものを嫌悪していた。公民権運動の時代に育った私は、同世代の多くの人びとと同様、社会正義に関心を持ち、社会の不公正を意識し、万人に平等の権利があることを信じるように育てられた。

私の最初のヒーローは、マーティン・ルーサー・キング・ジュニアであり、ボビー（ロバート）・ケネディであり、フェミニストであることを公言していた高校の英語の先生だった。**いい人間になるためには、あらゆる権力を拒否しなくてはならないと思っていた。**

そういうわけで、研究者になった私は、力が纏（まと）っている偽りの輝きを剝ぎ取り、隠れている暗部を暴こうとした。

それは難しいことではなかった。さまざまな心理学実験を行ったが、その中で「ハイパワー」〔強い権力を持っている状態〕の役割や条件を設定した実験協力者は、「ローパワー」〔力が弱い状態〕に設定した協力者より、常に衝動的に行動し、人目を気にしなくなり、自分の行動が他者におよぼす影響に無頓着になった。研究を始めたころの私には、権力を持つとだれもが悪い人間になる、というのが結論のように思えた。

しかし、科学が発展し、多くの心理学研究者がその成果を取り入れるようになると、権力をめぐる認識は微妙に変化し始めた。私が同僚と行った実験でも、権力のある立場に置かれたごく普通の一般人は、利己的になって社会的規範を無視することもあったが、反対の行動をすることもあった。

だれもが権力によってモンスターになるとは限らないことがわかったのだ。それどころか、権力が協力的で向社会的（プロソーシャル）な本能を引き出すこともあった。

私たちが暮らしている競争的文化では、権力を自己強化の手段と見なすのは自然なことかもしれない。しかし、権力は同時に、大切な人を支えるために使えるツールでもある。そのような使い方をすること自体が自己強化にもつながる。自己犠牲をともなう個人的リスクを取ると（たとえば長時間働く、見返りを期待せずにリソースを提供するといった行動を取ると）集団の中でステータスが向上するという研究結果もある。

次第に全容が明らかになってきた。**人間は権力を持つと、最善の本能か最悪の本能か、いずれかに従って行動しやすくなる**のだ。

だれもが利己的な衝動を持っているが、他者の福祉を第一に考えることもできる。権力それ自体は本質的によいものでも悪いものでもなく、権力を持っている人が本質的にすぐれているとか欠点があるということでもない。

それが私が到達した認識だ。

権力を持ったとき人間が何をするかは、権力を行使する機会が訪れたとき、その人が何を考え、何を重視しているかで決まる。

私たちが何者であり、世界に対して何ができるのかを決めるのは、権力の大きさではなく、その権力を使って何をするかである。

権力の「正体」とは？

権力について、私たちの認識は混乱している。正確には、権力とはいったい何なのだろう？

これはしっかり考えるべき重要な問いだ。持てばわかるといって深く考えない人もいる。しかし、だれが、なぜ、どのように権力をつかむのかを予測したければ、権力とは何か、そして何でないかを正確に理解しなければならない。

社会心理学者クルト・レヴィンが言った、「すぐれた理論ほど実用的なものはない」というコメントは有名だが、まさに「自分と相手の権力の違いに効果的に対処したい」「パワーバランスを変えたい」、あるいは「特定の状況下で自分がどれだけ権力を持っているかを知りたい」といった実用的ニーズがあるなら、権力とは何か、そしてそれが何に由来するのかという理論を知る必要がある。

権力とは、他者とその行動をコントロールする能力と定義することができる。だとすれば、**あなたの権力は、他者があなたを必要としている程度で決まる。**とりわけ、あなたが与える報酬をどれほど必要としているか、あなたが下す罰を回避する必要がどれほど大きいかで決まる。

相手があなたを必要とする程度に応じて、あなたは権力を持つことになる。あなたを必要としている人にはあなたを喜ばせたいという動機があり、それによってあなたは彼らをコントロールできることになる。

権力は「ステータス」ではない

ステータスとは、他者があなたに対して抱く尊敬と敬意の尺度だ。ステータスのある人は、まわりの人が関係を持ちたがるので、権力を持っているとと考えてまず間違いない。権力とステータスにはもちろん関連があるが、**ステータスがなくても権力を持つことは可能だ。**

たとえば、遅刻しそうなのに車を止める場所がなくて焦っているとき、見知らぬだれかが満車の駐車場から車を出そうとしているとしよう。あなたには切迫したニーズがあり、見知らぬドライバーは状況を支配する能力がある（電話が終わるまで発車せず、あなたを待たせ続けることもできる）。このドライバーが自覚しているかどうかはともかく、このときドライバーはあなたに対して権力を持っていると言える。

権力は「権限」ではない

権限（オーソリティ）も権力と関係があるが、二つは別のものだ。権限とは公式の立場や職位に基づいて人に何をすべきかを指示できる権利のことだ。権限と権力は相互に補強しあうが、**正式な権限がなくても権力を持つことは可能だ**（駐車場から車を出そうとしているドライバーの例はこれにも当てはまる）。

逆に、正式な権限があっても実質的な権力はないという場合もある。たとえば、大学の会計管理者には研究費や旅費の追加支出を承認したり拒否したりする権限があるが、予算をコントロールする権力があるわけではない。

権力は「影響力」ではない

影響力(インフルエンス)とは権力の効果のことだ。影響力があれば強制しなくても人を動かせるので、権力より影響力を持ちたいと考える人がいる。しかし、その区別は間違っている。本当に強い権力があれば、強制しなくても人を動かすことができるので、その点では権力と影響力に違いはない。

要するに、権力とは社会をコントロールする能力のことだ。そう言ってしまえば単純だが、同時にそれは権力が持つ大きな意味のごく一部にすぎないとも言える。

権力を効果的に使うためには、権力がどのように機能するのかを理解する必要がある。権力についての私たちの認識や前提は、権力の使い方に影響を与えるが、その認識や前提の多くは間違っている。権力を正しく使うためには、権力についての考えを改める必要がある。また、権力が実際に作用している場所で——人間関係、グループ、組織、コミュニティの中で——権力がどう機能しているかを学ぶ必要がある。権力は個人の属性でも所有物でもない。権力とは、他者のストーリーの中で自分が果たす役割のことなのだ。

権力は個人の「属性」ではない

神話：権力は個人的なものだ。持っている人は持っており、持っていない人は持っていない。
真実：権力は社会的なものだ。文脈の中で生まれ、文脈の中で消滅する。

個人主義全盛の文化の中で、ご多分にもれず権力も個人的なものだと考えられている。私たちは権力を個人の属性、所有物と見なし、獲得したり蓄積したりできるもののように扱っている。しかし、詳しく見れば、その理解はまったく間違っていることがわかる。

権力は個人の属性ではないし、所有できるものでもない。富、名声、カリスマ、容姿、野心、自信などは、すべて権力と結びつけられる個人的資質だ。しかし、これらは権力の源泉の一つ、あるいは権力の結果にすぎない。こうした資質があったとしても、他者に影響力をおよぼせるとは限らない。

人はだれかから必要とされている程度に応じて権力を持つことができる。どんなに大きな権力を持っているように見える人でも、**その力は、権力の交換をめぐって交渉が行われる文脈に完全に依存している**。権力は人間関係の中で、目標や目的の中で、状況設定の中で、社会的役割の中で、生まれたり消えたりするのである。

たとえば、全員が自信満々なら、自信があるだけでは優位には立てない。すぐれた容姿も、美しい人ばかりの中では、クラスでいちばんの美人ともてはやされた高校時代と同じ優位をもたらしてはくれない。富や野心、名声なども完全に相対的なものだ。

権力を個人の特性や特徴の集合がもたらす固定的なものと見なす考えは根本的に間違っており、権力についての多くの間違った思い込みにつながっている。

権力は「変化」する

権力は固定的な量や強度で存在するものではない。権力は、だれがその関係を支配するかについての当事者間の合意で決まる。その合意を左右するのは、どちらが相手をより強く必要としているかという、そのときどきの事情である。つまり、**ある文脈から別の文脈へ、同じ権力をそっくり持ち運ぶことはできない**。

直属の部下に対しては権力を有するCEO（最高経営責任者）も、取締役との会議や、反抗期を迎えた10代の子どもと囲む食卓でも権力があるとは限らない。

権力が変化するもう一つの理由は、文脈によって、だれがより多くの付加価値を提供できるかが変化するからだ。

ある状況下で、余人にはないユニークな知識やスキルを提供できる人は、無意味な知識やありふれたスキルしか提供できない人より大きな権力を持つことになる。

人間関係という文脈においても、どれだけ味方がいるか、頼れる人がいるかによって権力は変化する。知識やスキルが同じでも、味方も頼れる人もいないない人は、強い後ろだてのある人より小さな権力しか持っていないと言うことができる。

権力は「社会契約」の一部である

他者があなたの支配を受容する程度に応じて、あなたは権力を持つことができる。権力を付与された者が付与の前提である暗黙の合意に違反するなら、その権力を維持することはできない。

妻（夫）は虐待する夫（妻）のもとを去り、成長した子どもは抑圧的な親と縁を切る。従業員を不当に扱い続ける上司は解雇され、市民の怒りを買う独裁者は革命によって地位を追われる。言い換えれば、パワーバランスは変化するということだ。

ある瞬間、最もパワフルな人間が、次の瞬間にはまったく無力になることは珍しくない。アスリートは、チームの優勝に貢献した直後のドラフトでは権力があるが、シーズン前のトレーニングで膝を故障したら無力になる。高い支持率を得ている政治家は、任期中は権力があるかもしれないが、政治資金の不正利用が発覚して逮捕されたら無力になる。映画界に君臨する大物も、セクハラが露呈して俳優や監督や投資家にそっぽを向かれたら権力を失う。

権力は「感覚」ではない

自分に権力があると感じたり、権力がないと感じたりすることはだれにでもある。だが、感覚（フィーリング）で自分の力を評価すると大きな間違いを犯すことになる。権力があると感じていても権力を持っているとは限らないし、権力がないと感じていても本当にないとは限らない。感覚で行動したら、物事は思い通りに進まない。

自分の権力を過大評価して大胆な行動に出て、たまたまうまくいくことがあるのは事実だ。その大胆な行動によって他者が恩恵を受けるような場合は特にそうなることが多い。逆に、自分の権力を過小評価することも、謙遜や慎み深さという一般的に望ましい特性として表れ、それがいい結果を招くこともある。

しかし実際には、**過大評価でも過小評価でもなく、現実をありのままに見ることのほうがはるかにメリットが大きい**。相手が自分よりすぐれていることが見えていなければ無作法なことをしかねないし、逆に、自分の権力のほうが相手より大きいことに気づかない場合も、まずい結果を招く可能性がある。

たとえば、職場での性的な問題行動は、上司が自分の権力が相手におよぼす影響を過小評価していることに原因がある場合が多い。

ある大手通信会社の人事担当者が話してくれたのだが、女性の部下から不服申し立てを受けた男性幹部の多くはショックを受け、異口同音に、「私が何をしたというのだ？　大人なんだから、いやならノーと言えばすんだ話じゃないか」と言うらしい。

しかし、これは部下と上司の関係の現実がわかっていない人の考えだ。権力の差という事実が見えていないと、危険をはらんだ不公平な状況が定着してしまう。

権力は「権利」ではない

権力のある人は誤解しているかもしれないが、高い地位に就いたとしても、他者からの尊敬や、他者を支配する権利が自動的についてくるわけではない。権力の使い方を間違ったら――自分に権力を与えた制度や組織に対して不正を働いたり、全体の福祉を無視して自分の利益を得ようとしたら――地位も正当性も失われ、人をコントロールする能力も失われてしまう。

これは、政治が機能していない国、腐敗勢力による強権支配が行われているような国で見られる現象だ。怒れる民衆の抵抗を受け、ステータスも正当性も失った権力者は脅迫や弾圧、暴力に頼って権力を維持しようとする。一般に、**自分の権力を誇示しなくてはならない者ほど、実際に持っている権力は弱い。**

権力は「外見」ではわからない

私たちは自分の権力を見極めるのが下手だが、ほかの人の権力についても判断を間違うことが多い。それは、権力が目に見えないからだ。私たちは人の外見や外形的条件によって権力の有無を判断し、印象だけで特定の役割に向いていると考える傾向がある。しかし、権力の有無を外見で判定しようとすると間違うことが多い。

たとえば、控えめだが有能な求職者は、自信満々だが特別な取り柄がない求職者より権力がある。会社の有力者と太いパイプでつながっている新人は、上司や社歴の長い同僚より権力があることがある。あるいは、CEOのスケジュールを調整している秘書室のアシスタントが組織の中で最大の権力を持っていたりする（痛い目に遭ってそのことを学んだ人も多いだろう）。**知識はほとんど常に権力の源だが、その人が何を知っているか、だれを知っているかは、外から見てもわからない。**

外見――容姿や服装、持ち物やボディランゲージなど――は権力の有無を感じさせる要素だが、判断を誤らせることが多いので注意が必要だ。

動物は恐怖を感じると攻撃的な態勢を取る。勝つ自信があるときではなく、負けそうなときに強がるのである。よく言われることだが、自分に自信がない人ほど高価な車を運転したり、尊大な態度で歩いたり、まくしたてたり、大声で笑ったり、富や地位を誇示したりする。実際、本当の大物は、周囲に威圧感を与えたり不要な注目を集めたりしないように、むしろ控えめにふるまうものだ。

鏡に向かってポーズを取れば力を感じるし、気合いを込めたはったりで権力闘争に勝つこともあるが、長い目で見て重要なのは、置かれた文脈の中で実際に行っていることは何なのか、である。

権力は「つながり」を生む

神話：権力とは支配である。
真実：権力とは支配とつながりである。

権力には、支配や強制、あるいは恐怖心に訴えて意思に反する行動を強要するというイメージがある。しかし、権力とは人を脅すことではない。権力は社会的影響力(レバレッジ)の源泉であって、必ずしも攻撃的ではない方法で使い、獲得し、つぎ込むことができる。一部で言われていることに反して、権力は人と人を引き離すのではなく、関係を調整し、結びつけることもできるのである。

権力の小さい人が権力の大きい人に惹かれるだけでなく、権力の大きい人も権力の小さい人に惹かれることが多いことが「相補性」の研究によってわかっている。権力の差が引き寄せの力を生み、調整やつながりを生んで関係を強化するのだ。

そもそも階層型の関係には上下のつながりがあり、支配権を争う必要がないので、共通の目標を効率的に追求することができる。裏を返せば、つながりのない状態で権力を使おうとしても、エネルギーの無駄づかいになるだけかもしれない。知り合いの経営者がよく口にする言い回しがある。

「自分ではチームを引っ張っているつもりでも、だれもついてこなかったらただの一人歩きだ」


権力とモチベーションの専門家で、いまは亡きハーバード大学の心理学者デイビッド・マクレランドによれば、専門的職業に就いている人のほとんどは、自己主張できる権力を持つことが最重要課題だと考えているという。そこで見落とされているのは、**相手に敬意を示すことも、それどころか服従することさえ権力の源になる**ということだ。

敬意とは、相手の専門知識や経験が重要であると認めて――少なくとも自分の知識や経験と同程度に重要であると認めて――接することだ。自分が権力で負けていることを認めるという意味ではなく、相手に対抗するようなかたちで権力を使うつもりはないという意思表示だ。つまり、敬意は相手に武装解除させ、脅威がないことを告げ、信頼の土台を固めて良好な関係を築く方法である。

集団に役立つことをすればステータス（尊敬、評価、社会的地位）を獲得できる。相手への敬意を示すかたちで権力を使えば、心の広さを認められてステータスを高めることができる（長期的には、それによって権力を得ることができる）。

敬意を示すことは、集団としての意思決定の質を向上させ、自分は評価されていると相手に感じさせ、相手からの信頼を得ることにつながる。

「スマートパワー」を使いこなす

政治学者のジョセフ・ナイは1990年に、「ハードパワー」と「ソフトパワー」という概念を国際政治の世界に持ち込んだ。

ハードパワーとは、威嚇、軍事介入、そして経済制裁を含む威圧的外交などのことである。ソフトパワーとは、国家としての魅力、交渉力、そして自国と他国を共通の利害で一つにまとめるためのあらゆる外交手段のことだ。ナイは、アメリカは何十年ものあいだハードパワーに頼りすぎており、それが国益を損なっていると主張した。

他方、その当時の中国は、積極的な魅力攻勢（チャーム・オフェンシブ）で同盟関係を築くことに成功しつつあった。長い困難な時期を脱して平和裡に国際舞台で台頭し、ソフトパワーを他の方策と組み合わせることで成果を挙げた。中国の指導者たちは、外交というソフトパワーだけでなく、文化交流や経済パートナーシップの構築というソフトパワーを活用して、自国の戦略的優位を獲得したのである。

ナイはハードパワーとソフトパワーを融合した「スマートパワー」という概念を提示し、状況に応じてハードとソフトを組み合わせて外交を進めるべきだと訴えた。

スマートパワーを活用する際は、自国の軍事力や武力行使の意思だけを考えるのではなく、相手国とその利害、両国にとっての理想も十分に理解していなくてはならないと主張した。また、利害対立の状況を理解し、それにふさわしい行動は何か、手段は何か、それをいつどのように使うべきかを決定する必要があると論じた。

私はナイの考えに全面的に同意する。

個人と個人のあいだでも、この理論は有効に機能する。それは、**コントロールする側が強いわけでもなければ、敬意を示す側が弱いわけでもない**という事実に立脚した理論である。

ハードにもソフトにも力がある。パワフルに行動するには、両方の〝武器〟を持ち、状況を分析したうえで両方を使いこなさなくてはならない。自分の気分や体面などではなく、どの方法が最も効果的かを重視しなくてはならない。

結果を左右するという点では、自分の事情よりもそれ以外の状況全般のほうが、常にはるかに大きな意味を持っている。

権力は二つの方向から考えることができる。

まず、権力とは自分の目的のために他人をコントロールする能力のことだ。

もう一つは、権力とはだれかの人生にポジティブな変化をもたらす能力のことでもある。

権力をうまく使うためには、その両方を使いこなす必要がある。

権力を持っているのは「だれ」か?

神話：権力はステータスや権限によってもたらされる。
真実：私たちは自分が思っている以上に権力を持っている。

私たちは、権力は自分以外のだれかが持っていると思いがちだ。しかし、権力は人間関係の双方の中に存在する。金持ちや有名人だけが権力を持っているわけではない。人間関係とは、定義上、互いに依存しあう人と人の関係のことだ。だから、自分は取るに足らない無力な存在だと感じていても、あるいは**どんな小さな役割であっても、他者は何らかの点であなたを必要としている**のだ。

親と子の関係を例に説明しよう。直感として、親が子どもより「格上」であることは明らかだろう。親には子どもより大きな権限、つまり何をすべきかを子どもに指示する権利がある。しかし、ほとんどの親は同時に、子どもが親である自分を愛し、尊敬し、親としての能力を認めてくれることを望んでいる。親が小さな子どもの言いなりになってしまうのはそれが理由だ。

言い換えれば、親が権力を使うときに重要なことは、親としての権威そのものではなく、親である自分にとって最も大事なのは子どものニーズや安全なのだと伝えることだ。

権力の違いが存在する他の文脈や関係についても、それと同じことが言える。

職場ではだれもが権力を持っている。肩書きも役割も、先輩も後輩も関係ない。自分の権力を実感しているかどうかも関係ない。

もちろん、いくつかの点で上司のほうが部下より権力がある。上司は部下の報酬、昇進、業務分担を管理する。上司は人を雇い、解雇し、キャリアを後押しすることも断つこともできる。

しかし、**部下も人材としての価値に応じて権力を持っている**。たいていの上司は、勤勉で有能で献身的な部下には気持ちよく働いてもらいたいと考えるからだ。

上司が部下を必要とする度合いは文脈に依存する。人手不足の経済状況の中では、辞められると会社が困るような従業員は、上司より権力があるかもしれない。希少な専門知識を持ち、いつ辞めても働き口があるという従業員には力がある。

つまり、特定の関係の中で権力を持つためには、そこで必要とされているということが役に立つ。人の役に立つ、価値ある存在にならなくてはならない理由がそこにある。

男は女より権力の行使がうまいか?

神話:男性と女性では、権力についての意識と方法が大きく異なる。
真実:男性も女性も、権力についての意識と方法にはわずかな違いしかない。だが、それが大きな結果の違いを生んでいる。

こと権力に関しては、男性と女性のあいだには天と地ほどの違いがあると思われている。いまのところ、総じて男性のほうが女性より社会的な力を持っているのは事実だ。しかし、男性のほうが女性より権力へのこだわりが強いとは限らない。実際、心理学者デイビッド・ウィンターの研究によると、男性のほうが女性より権力に対するニーズ――「権力動機」と呼ばれることもある――が大きいという事実はない。

女性は男性に比べて権力に対する関心が弱いという研究結果もあるが、それには別の理由がある。

私たちの文化では、男性は女性より、権力に対して強い関心を持つべきだという性別役割(ジェンダー・ロール)を割り振られている。権力への関心を示す男性は、社会的期待に応えていると評価される。

逆に、権力に関心を示す女性は、否定的あるいは懐疑的な目で見られがちだ。

そのため、権力に関心のある女性は権力への興味を隠すことが多く、権力に興味がない男性は、権力より大事にしている別のものがあることを隠そうとする。つまり、男性も女性も権力を気にしているが、関心の表明の仕方が異なるのである。

たとえば、男性は階層的な立場の違いを受け入れる傾向があり、ある人が別の人より大きな権力を持つことはあってしかるべきだと考えるのに対し、女性はグループや社会について平等主義的な信念を支持する傾向がある。このようなジェンダー間の違いの表れとして、女性はあまり他者の上に立とうとはしないが、その裏返しで、他者が自分より大きな権力を持つことを嫌う傾向がある。

そのことと符合するが、女性リーダーは男性リーダーより民主的に権力を行使する傾向がわずかに高く、男性リーダーは女性リーダーより権威主義的傾向がわずかに高い。その差は統計的に有意なレベルではあるが、一般に思われているほど大きくはない。

身体的な攻撃性は男性のほうが女性より強いが、女性はほかの方法で支配やコントロールをしようとする。

要するに、男性リーダーも女性リーダーも権威的なスタイルと参加型のスタイルの両方を使っているし、使うべきだと言える〔「参加型リーダーシップ」については121ページ参照〕。

権力をともなう役割を担っている人には男性が多いので、一般に、権力を使うことにかけては女性より男性のほうが得意だと思われている。だが、これも神話の部類だ。

採用や昇進の人事では、男性が女性より好まれることが多いのは事実だ。しかし、いったんその役割に就いてしまえば、女性のほうが男性より仕事ができると評価されることが多いという研究結果もある。

さまざまな業界の360度評価を調べてみると、女性は、強い権力の行使が求められる職責において、男性よりわずかに劣ると評価されることが稀にあるだけで、**リーダーシップを求められる役割では男性より高い評価を受けていることが多い。**

ある大がかりなメタ分析によると、二つの例外を除いて、すべての文脈で女性リーダーのほうが男性リーダーより高い評価を獲得していることが判明した。

例外の一つは、男性が優勢な金融業界と軍隊である。そこでは攻撃的ないし権威主義的な権力の使用が規範になっているか、価値を認められていると推測できる。もう一つは、多くの女性が同意すると思うが、男性のほうが女性よりもリーダーとしての自己評価が高いという点である。

権力は「何のため」にあるのか？

神話：権力が増せば、成功も満足感も増す。
真実：権力で重要なのは強さや範囲ではなく、何のために使うかである。

個人主義の文化では、権力は自己強化のためのツールであり、個人的な目的のために使えるリソースと見なされる。しかし、少し俯瞰（ふかん）すれば、家族、組織、コミュニティといった社会集団の中では、権力は個人のためだけでなく、集団の問題を解決するために使われていることがわかる。

人間でも動物でも、集団の中では、ナンバーワンの指導者が、群れを守るために進んでリスクを取ることによって権力を保持している。下位のメンバーは、その集団に所属し、守ってもらい、他のメンバーが獲得した資源を分けてもらうことと引き換えに、上位のメンバーに奉仕する。

自分自身のことを気にかけ、「自分に何の得があるのか」と問うことは自然だし、健全だとさえ言える。しかし、権力を持ったときや、権力を行使するときは、その問いから始めるのは適切ではない。

人間は自分の無力さを感じる程度に応じて権力を求める。しかし、どんなに権力を持ったところで、無力感が和らぐことはない。

私たちが感じる無力感は、権力それ自体の不足が原因ではない。それは幼少期の記憶であり、生存本能であり、自分は永遠に生き続けるわけではないという事実への反応だ。この一点においては、だれもがまったく無力なのだ。

私たちにできる最善のことは、この現実と折り合いをつけ、与えられた時間の中で他者のために生きようとすることだ。

そのような考え方の変化は、年齢とともに、ある程度は自然に起こる。知恵と人生経験、そして死が近づいているという自覚によって、私たちは将来の世代に意識を向け、彼らの繁栄のために自分に何ができるかを考え始める。何かを成し遂げたいと思い、人生の意味や目的を考え始める。自分の成功や幸福より、次の世代の成功と幸福を気にかけるようになる。

だが、そのような心境の変化が訪れるのを待つ必要はない。幸いなことに、私たちは何歳であっても、このような知恵と成熟を身につけることができる。そのために必要なのは、権力の目的について、これまでと違う新しい考え方を学ぶことだけだ。

PART 2

権力を戦略的に使う

――ハードパワーとソフトパワー

CHAPTER 2

自分を強く見せる戦略

――パワーアップとプレイ・ハイ

朱鎔基(しゅようき)は、1998年から2003年まで、中国政府の第5代国務院総理（首相）として、世界の強国の一つで最高権力の座にあった。

朱鎔基は首相として、共産党至上主義の伝統を廃そうとした。中国経済をグローバルな舞台へと導き、国有企業の一部を解体し、世界貿易機関（WTO）への加盟に舵を切った。BBCニュースは朱鎔基を「最後までやり遂げる力において定評があった」と評した。

朱鎔基は退任後、中国にはビジネススクールが必要だと考え、「経済管理学院」の設立を決めた。彼はその拠点として母校の清華大学を選んだ。

世界のトップクラスのビジネススクールにはどこもすばらしい学術顧問委員会(アドバイザリー・ボード)があるこ

とに着目した朱鎔基は、自らの力を誇示するかのように大勢の傑出した人物を世界から集めた。ウォルマート、アップル、フェイスブック、アリババのCEO、ハーバード、ウォートン、スタンフォード、マサチューセッツ工科大学の現職の学部長などが、アドバイザリー・ボードに名を連ねた。

宮殿で「中国首相」が見せたもの

2016年、朱鎔基は北京郊外にある豪華な宮殿でアドバイザリー・ボードの会議を開いた。ゲストは会議が行われる部屋に入るまでに、完璧に手入れされたいくつもの庭園を通り、見上げるほど天井の高い長い廊下を歩かなくてはならなかった。歓迎の長い隊列の奥に朱鎔基がいて、そばに通訳が控えていた。**壮大なしつらえの中で、ゲストの全員が自分を小さな存在のように感じた。**

出席者が朱鎔基のところまで来ると、礼儀正しく、忍耐強く、気配りに長けた彼は、40人以上の参加者に一人ずつ挨拶し、言葉を交わした。立派な会場が朱鎔基の権力とステータスを印象づけたが、来客一人ひとりに対する彼の気配りは、彼が客人の権力とステータスを尊重していることを示していた。

会議は、目的にふさわしく整えられた豪華な大広間で行われた。出席者は円形に並べられた数列の席に着いた。円の一方の半分にはアドバイザリー・ボードのメンバー、もう一方の半分には中国政府の高官たちが座った。全員が着席すると、朱鎔基がおもむろに登場し、部屋のいちばん奥の、少し高い位置に置かれた大きな肘掛け椅子へと歩を進めた。

そしてゆっくりと自分の場所に立ち、椅子に座り、最重要人物として会議に加わった。

参加者は一人ずつ自己紹介をした。世界で最も権力のあるビジネスリーダー、大学経営者、政治家たちは、ほかの参加者に自分を印象づけるチャンスを与えられた。ほとんどの人が、忙しいスケジュールの合間を縫って、はるばる地球の裏側からここに集っていたが、高慢さの気配は皆無だった。

出席者は一人ずつ、自分のことなどだれも知らないだろうとでもいうかのように、几帳面に名前と所属を述べた。そして、そこに招かれた喜び、光栄、感謝、敬意と尊敬を異口同音に語った。

きわめてフォーマルな雰囲気だったが、朱鎔基は自分が出演するショーを楽しんでいるかのように、すっかりリラックスしていた。この会議の参加者の一人が、そのときの様子を私に話してくれた。「**彼は会議中どっしり構えてほとんど動かなかった。**もし目を閉じていたら、瞑想か昼寝をしていると思ったかもしれない」

朱鎔基は会議の流れの中で、ある企業で起きた最近の出来事に触れて軽い冗談を言った。一堂に会した理事たちを「よき友」と呼んで謝意を表した。

そして、「新しいメンバーを歓迎したい」と言って、こんな特別な機会でもなければ同席することのなさそうなコカ・コーラのＣＥＯムフタル・ケントとペプシコのＣＥＯインドラ・ノーイの二人を紹介した。

「コークが好きか、ペプシが好きか？」

二人への拍手が止むのを待って、朱鎔基は話し始めた。「この会議の前に、スタッフにコークとペプシではどっちが好きかとたずねました」。通訳の言葉が流れるあいだ、部屋は一瞬静かになった。朱鎔基は参加者の表情を見ながら、効果を狙うかのように一瞬沈黙し、にっこり笑みを浮かべて言った。「コークが好きな者も、ペプシが好きな者もいました」。出席者の吐息とためらいがちな笑い声が聞こえた。その話には先があった。「私はもちろん両方とも好きですよ」。大きな笑い声が上がり、朱鎔基も身体を揺らして笑った。

この〝コーク・オア・ペプシ〟のジョークは芸術作品だ。ビジネスのライバルを同じ部屋に招いたことによる緊張を和らげるだけでなく、居並ぶＣＥＯたちに、中国の首相の心の中ではだれもが対等な存在であり、公平に扱われるという安心感を与えた。

このジョークは、「私たちは友人であり、一緒に仕事をするチームだ」というメッセージを伝えた。それと同時に、朱鎔基には、**中国での彼らのビジネスを支援することも止める**

こともできる権力があることを意識させる効果もあった。

朱鎔基は、言葉のあらゆる意味において強力な「アクター」（行為者、俳優）だった。彼には元中国首相としてのステータスがあった。急成長中の経済大国において、外国企業の中国市場へのアクセスを支配できる彼には強い権力があった。彼のお膝元で開かれた最初の委員会において、彼には権威があった。その力は、彼が見事にその役割を演じたことで確かに強められた。

朱鎔基はある意味、自分の権力を目に見えるかたちで強調した（以下、本書ではそのような行動を「パワーアップ」と呼ぶことにする）。そして参加者に、だれがこの集団を仕切っているかを再認識させたのである。

しかし彼は、ときには参加者への敬意と恭順の意を示すことで、**自分の権力を控える慎み深さも見せた**（以下、そのような行動を「パワーダウン」と呼ぶ）。

彼は場を掌握したうえで、人とつながろうとし、人と人をつなごうとした。自分の権力を使って、人を遠ざけるのではなく、近づけた。互いに敵対させるのではなく、互いを結ぶ橋渡しをした。不安を煽るのではなく、安心感を与えた。

どんな人でも、その権力には二つの顔がある。権力を誇示し、見せつけ、だれが上かを相手に知らせることもできるし、権力をひけらかさず、最小化し、自分にとって相手がいかに重要であるかを知らせることもできる。

私たちは、どちらかの顔を先に見せ、そればかりに頼る傾向があるが、権力を上手に使うためには、無理なく両方の顔を見せられることが望ましい。

プレイ・ハイ
――自分を大きく見せる戦略

MBAのコースで俳優たちを招いて授業を行うようになって気づいたのは、力強さを演じようとするとき、何を言うかを考える学生が多いということだった。だが俳優たちは、何を言うかは台詞(せりふ)で決まっているので、身体をどう動かすかを考えることに時間を割くことが多い。

権力の示し方という点では、**何を話すかという言葉だけでなく、その言葉をどう伝えるかを意識する**ことで、多くのことを学ぶことができる。

職業としての演技(アクティング)はアートであり、プロの俳優は、「パワーアップ」と「パワーダウン」を表現する二種類の基本的な演技方法を学ぶ。

イギリスの舞台演出家で即興劇の先駆者でもあるキース・ジョンストンは、二人の登場人物のあいだで展開される演技を「ステータス・プレイ」と総称している。真に迫る演技をするために、俳優はステータス・プレイのさまざまなレパートリーをマスターする必要がある。

パワーアップしてステータス争いに勝とうとしている人物を演じるときの方法を、ジョンストンは「プレイ・ハイ」（play high）と呼ぶ。俳優は、自分の日常の習慣に従って演技するわけでも、自分が自然だと感じる演技をするわけでもなく、プレイ・ハイのレパートリーの中からどれかを戦略的に選ぶ。

登場人物AがBに対し——観客に対してではない——自分のステータスの高さを認めさせようとしているときや、敬意や高評価を求めているときには、プレイ・ハイは理に適った演技戦略だ。プレイ・ハイはステータスと権力を求める行為だと言える（「プレイ・ロー」については次章で論じる）。


プレイ・ハイは、ジョンストンによれば「自分を相手より高める」か、「相手を自分より引き下げる」かのいずれかの演技だ。

実生活において、自分を高める方法には、たとえば有力者と親しい関係があるかのように話したり、専門知識を持ち出したり、自分が格上であることをひけらかすような行為がある。

相手を引き下げる方法には、批判する、裁く、反対する、あざける、無視するといった行為がある。

プレイ・ハイは常に意図した通りに機能するわけではないが、ジョンストンが観察するように、演劇でも人生でも、この方法が選ばれるのは、自分には人より権力があると考えるからではなく、むしろ、自分が尊敬されているか、権力を持っているかを確信できないからである。

ジョンストンによれば、プレイ・ハイは必ずしもトップに立とうとする行為ではなく、ニーズや願望の表現であり、権利主張の試みでもある。演劇でも人生でも、プレイ・ハイが人に伝えるメッセージは「近づくな。近づいたら痛い目に遭うぞ」というものだと彼は言う。

演劇でも人生でも、プレイ・ハイが適している場面と適していない場面がある。プレイ・ハイがどのように演じられたか、いつどんな状況で演じられたか（この点が重要だ）によって、観客には攻撃性、傲慢、無関心、不遜さが伝わったり、反対に、能力、威厳、冷静沈着、寛大さが伝わったりする。

状況に関係なくプレイ・ハイ一本槍というのは間違っている。やってできないわけではないが、あまりにも子どもじみている。

人は「非言語メッセージ」を信頼する

ジョンストンはプレイ・ハイの演技を科学的洞察力で観察し、解説している。彼が教えていることのほとんどは科学的に検証できる。

自分を大きく見せる行動は——身体を広げたり、腕を振ったり、口を大きく開けたり、歯を見せたりする行動——どれも社会科学者が「優位性行動」と呼ぶものと関連している。これは、あらゆる種類の動物に見られるもので、戦いに勝つために必要なら何でもやるぞという意思表示である。

ジャック・ロンドンの名作『野性の呼び声』では、セントバーナードとスコッチ・シェパードの雑種であるバックは、カリフォルニアの飼い主の家から盗まれ、ゴールドラッシュに沸くカナダのクロンダイクでそり犬として売り飛ばされる。血で血を洗う酷薄な世界で生き残るために、バックは最も基本的な動物の本能をよみがえらせなくてはならなかった。

バックの文脈は、友好的・協力的なふるまい——つまりパワーダウン——が最善策であった文明社会から、眠るときも片目を開け、歯をむき出しにして威嚇し、死を賭して戦う——つまりパワーアップ——しか選択肢がない競争社会へと一変した。

野生の世界では、人間も含めてほとんどの動物は集団で生活する。集団に受け入れられ、生き残る可能性を最大にするために、動物はまず安全にすごす方法を見つけ、次に、群れの中でのし上がる方法を見つけなくてはならない。そのために集団の中で競い、ときには恭順の姿勢を見せ、ときには自分の優位性を誇示する。

自分の優位を示すために、動物は戦闘態勢で身構え、敵と正対し、目をにらんでいつでも飛びかかる準備ができていることを示す。

動物も人間も、文字通り自分の身体を膨らませて大きく見せようとする。毛を逆立てたり、後ろ足で立ち上がる動物もいる。歯だけでなく、爪や大きさや重さも含めて、使える武器をすべてむき出しにして見せつける。人間と同じように、動物も虚勢を張り、自分がどれほどの力を持っているかを誇示するのである。

人間と動物の行動を同列に論じることを不快に感じる人がいるかもしれないが、事実だから仕方がない。人間も、意識してであれ無意識であれ、自分の意図を非言語メッセージで伝えようとしている。

パワフルに行動しようとするとき、ボディランゲージは、舞台上や野生の世界と同様、現実の文明化された社会においても、説得力のあるパフォーマンスの鍵を握っている。**人間は言葉より非言語メッセージを信頼する傾向がある。**言葉よりも、言葉によらない力の誇示のほうが効果的な場合があるのはそのためである。

あえて「間違った家具の使い方」をする

もちろん、話し方も重要だ。話すことは身体的行為にほかならない。プレイ・ハイを選んだ俳優は、ゆっくり効果を確かめながら、低い声で、あるいは鋭い声で、断定的言い切りで終わる完結したセンテンスを話す。決して急がない。相手の時間を奪うことや、注意を自分に向けさせることについて言い訳をしない。議論するために相手に発言を促すこともない。深みのある声をのどからではなく腹から出し、場の空気を支配しようとする。

意図的にささやき声が使われることもあるが、対立がエスカレートしているような場面ではこれもプレイ・ハイの方法となる。相手に注意深く聞くことを強制し、感情的になりそうな場面でも自制心を失わない自らの能力の誇示でもあるからだ。

プレイ・ハイでは、俳優は台詞をしゃべっているあいだ背筋を伸ばしている。私が知っている若いスタートアップの創業者は、CEOらしからぬふるまいをする人だったが、重要な会議に出席するときは「**頭に王冠を載せておきなさい**」とコーチにアドバイスされたそうだ。重い王冠をかぶったら全身にどんな変化があるだろう。王冠が滑り落ちないように、背筋を伸ばし、あごを少し上げて立ち、動くのも息をするのもゆっくりになるのではないだろうか。

プレイ・ハイとは、文字通りの意味でも比喩的な意味でも、自分のスペースを確保することだ。この演技をするとき、ここそこ隠れたり、いつの間にかそこにいるというような登場の仕方はしない。堂々と、あるいは優雅に、決意と集中力をみなぎらせて登場する。ときには騒々しく、ハイヒールや革靴を履いてさっそうと登場する。身体を広げ、身を反らせる。

あるいは私の同僚のダン・クラインが言うように、「間違った家具の使い方をする」。例を挙げれば、机の上に足を置く、椅子の背もたれを抱いて反対向きにまたがる、人の椅子の背もたれに腕を置く、オフィスの長椅子に寝そべるといったことだ。

プレイ・ハイはスペースを確保し、自分の快適さを最大化する。明確な目的意識を前面に出し、ためらいや自信のなさを感じさせない全身を使った演技で、シーンの中をスムーズに動き回る。

「決めるのは私だ」という戦略

「決めるのは私だ」という態度は、おそらくパワーアップの最もわかりやすい表現だろう。特に職場ではそうだ。これは、地位や役職に基づく支配権の明示的な主張だ。子どもから「どうしていつもママの言うことをきかなくちゃならないの?」と言われて、「だって、あなたのママだからよ」と答えるのがこのアプローチだ。

アマゾンのCEOジェフ・ベゾスは、自分の命令を実行できなかった部下に対し、だれがCEOか教えなければ命令がきけないのか、と不満をあらわにしたと伝えられている。ヘンリー・フォードは、自分の決定に疑問を呈した社員に、「このビルには私の名前がつけられている」と言って異論を許さなかった。

「決めるのは私だ」という態度は、自分には部下に何をすべきかを指示する正当な権限――役割や肩書きに付随する権利――があることを部下に思い出させることである。コントロールする権限の正当化であり、反論は難しく、言う側にとっては都合がよい。

しかし、こういう言う方をする人は集団から疎外される可能性もある。特に、地位や公式の権限しか権力の源泉を持っていない人の場合にその危険性が高い。

「決めるのは私だ」という態度は、**権限を使ってルールを定め、違反していないか取り締まる**ということでもある。絶対に終わらせなくてはならない仕事がある職場で、機能する組織をつくる必要があるときは、このアプローチにも意味がある。

会議が始まる前に出席者全員のスマートフォンを一時的に回収するCEOがいる。会議におもちゃの銃を持ち込んで、ノルマを達成できなかったらメンバー同士で撃ち合いをさせるマネジャーや、ルールに違反した人に罰金を払わせてグループ・ランチの費用に充てているマネジャーの話を聞いたこともある。

私が知っている別のマネジャーは、新人のころ、会議に遅れた人が部屋に入れてもらえなかった場面を目撃している。遅れてやってきた社員をボスが廊下に連れ出したかと思うと、しばらくしてボスが一人で戻ってきた。遅れてきた社員が会議室の外で何を言われたのか、何の説明もないまま会議は進められたという。

授業が始まるとドアに鍵をかけ、遅刻してきた学生を中に入らせない教授や、授業中に学生の携帯電話が鳴ったら、強引に自分が代わりに電話に出る教授もいる。彼女は学生の電話を取り上げ、明るい声で「ハーイ！」と言って電話に出る。スピーカーをオンにするのは、電話を受けた学生を懲らしめるためだ。

電話の相手は戸惑いながら、「ロンと話させてもらえますか？」とか「あなた、だれですか？」などと応じる。そこで彼女は「エイカー教授です」と声を張り上げる。「いまは私の授業中なの。ロンはここにいるけど、電話には出られません。何か伝言がある？」

言うまでもなく、どれも願い下げにしたいことばかりだ。

ほとんどの人は「決めるのは私だ」というアプローチを好まないが、**適切な人が適切なタイミングで行えば、これが寛大さや、思いやりの表現になる**こともある。親には子どもの安全と健康を守る責任があり、教授には学生に学ぶことを保証する責任がある。また、マネジャーには主催する会議を円滑に進める責任がある。

このアプローチには、子どもや学生や部下に、何をすべきかを指示するのは親や教師や上司の権利であり、責任でもあることを意識させる効果がある。

「マウンティング」は自分に跳ね返る

ユーモアは階層的序列の産物である。なぜなら、ジョークの多くが人を馬鹿にしたり嘲笑したりすることで成立しているからだ。

ツイッターで何が起こっているかを観察してみればよい。誹謗中傷はプレイ・ハイの一つだが、これに抗議すると、冗談がわからない人間だと言われる可能性があるので気をつけなくてはならない。

トランプ前大統領はこのテクニックの名手だ。彼はすべての政敵にキャッチーな（そして侮辱的な）ニックネームをつけて、言葉で殴りかかった。ただし、トランプのツイートは相手を貶（おとし）めていたが、トランプ自身の評判にも悪影響があった。人を貶めようとして悪口を言うと自分に跳ね返ってくる。

一方、心理学者のダッハー・ケルトナーの研究によると、からかいや誹謗は、文脈によっては敬意や好意を伝えることがわかっている。からかいの対象として選んだという事実が、その人に特別なステータスを与えるというのだ。「君のことを安心して笑えるほど、ぼくたちのあいだには特別な絆がある」という暗黙のメッセージを発するというわけだ。

私の中学時代の水泳のコーチは私のことを、まるで同じ会員制クラブのメンバーででもあるかのように「ノーズ」と呼んだ（彼の鼻も高かった）。私は傷ついたが、その一方で、チームメイトもコーチにからかってもらいたがっているのではないかと思ったものだ。

格下からの「褒め言葉」は不快に響く

お世辞や、いわゆる〝褒め殺し〟は、人の外見に向けられることが多いが、ほとんどの場合が一種のステータス・プレイだ。なぜなら、ポジティブであれネガティブであれ、人の外見についてコメントすることは、その人をモノとして扱っているだけでなく、じろじろ見て判定する権利があるということが前提になっているからだ。

上司が部下の外見を褒めることは問題がないと考えられているのに、**部下が上司の外見を褒めるのはタブーとされているのはこのためだ。**

あるエグゼクティブが打ち明けてくれた話だが、彼の外見について毎日のように何か言ってくる部下がいたそうだ。「スリムになりましたね」「その髪形、いいですね」といった好意的なコメントなのだが、「なぜかわからないけど、髪形を褒められるとぞっとして毛が逆立った」とのことだ。

この種のコメントが彼を悩ませたのは、そこに上司である自分を観察し、なれなれしくし、評価する権利があるという主張が含意されているからであり、上司としてのステータスが微妙に損なわれる感じがするからだ。

ほとんどの人は、相手を元気づけたくて褒めている。それならば特別なことを言う必要はない。たとえば、「またお会いできてうれしいです」とか、目を見ながら（身体を見るのは厳禁！）「お元気そうですね」と言うぐらいで十分だ。意見を求められれば別だが、何についてであれ、格下の人間が格上の人間に判定を下すことは求められていない。

格上が「境界線」を決めている

部下のお世辞に対するこのエグゼクティブの直感的嫌悪の背景には、階層型社会において広く受け入れられている暗黙のルールが存在する。**地位の高い者が人間関係の境界線と規範を決めることができる**というルールだ。したがって、その境界線を越えたり、規範に反する権利があるかのようにふるまうのはパワーアップの行動ということになる。

この社会的慣習となった暗黙のルールは微妙で、見落としやすく、多くのしくじりの原因となっている。上司が部下に週末の過ごし方をたずねることには何の問題もないが、その逆は微妙だ。同様に、上司が部下をランチに誘うのはかまわないが、部下が上司に同じ申し出をしたら僭越（せんえつ）で不適切と見なされるかもしれない。

それを物語るのが、陸軍士官学校（ウェストポイント）の士官候補生がノーマン・シュワルツコフ将軍にビールを飲みに行きましょうと誘ったときの、聴衆の騒然とした反応だ。

それは1991年、ウェストポイントで講演した将軍が質問を受けつけていたときの出来事である。シュワルツコフは呆気（あっけ）に取られ（多少は面白がっていたかもしれない）、聴衆である士官候補生たちは口笛を鳴らしながら歓声を上げた。

この士官候補生の誘いは、まさに自分をパワーアップさせる行為だったが、彼は同時に、数語ごとに「サー」という敬称を差し挟んで、その何倍ものパワーダウンを行った。そのためかどうかは知らないが、シュワルツコフはその誘いを受けた。

仕事上の関係にどの程度までパーソナルな要素を加えてもよいかを決めるのは上位の人間である。招待状は食物連鎖の上から下に届けられるものであって、逆方向は想定されていない。ほとんどの人はそのことを理解している。地位のある友人の中に、だれも誘ってくれないからどこにも行けない、と冗談を言っている人がいるが、それはこの暗黙のルールがあるからだろう。

下位の人が上位の人にあまりにもなれなれしく接するのを見ると、周囲の全員が落ち着

かない気分になるが、なぜそう感じるのかは説明が難しい。おそらく、そのようなふるまいは、上司の立場を理解していないことを示しているだけでなく、ほかのすべての人の立場も理解していないことを示しているからだろう。

部下であっても、ステータスの高い部下は、上司が境界線を越えてきたとき、自分の側からも境界線を越える対応をすることがある。冗談を言われたら冗談を返すといったことだ。だが、上司に対してそのようにふるまう権利を認められていないほかの部下が同じことをすると非難の目で見られることになる。

自分への権力意識で行動が変わる

高い地位にあって力のある人は、大いに問題のある方法で、親しみやすさや親密さを表現することがある。たとえば、親しみの表現として女性の部下をハグする男性上司は、相手が拒否できず、気持ち悪がっていることに気づかない。それが深刻な事態に発展することも珍しくない。

私のかつての上司は、ミーティング中、フロスで歯の手入れをしていた。説明も謝罪もなく、自分がしていることの意味に気づいてさえいなかった。リンドン・ジョンソン元大統領は、トイレで用を足しながらスタッフにブリーフィングをさせていた。

私はこの傾向を裏づけるための研究を企画したことがある。学部生を二つのグループに分け、一方には自分が権力を持っていた時期のことを文章にしてもらい（ハイパワーの条件設定(プライミング)）、他方には自分に対して他者が権力を持っていた時期のことを文章にしてもらった（ローパワーの条件設定）。そのあとで、別の部屋に入ってもらった。

その部屋には、不快な強度で風が顔に当たるような位置に扇風機を置いた。彼らには別の課題を与えて一定時間その部屋ですごしてもらったのだが、前者のハイパワーの学生は、扇風機の位置を変える必要があると思ったら、だれの許可を求めることもなく位置を変えることが多かった。それに対し、後者のローパワーの学生は、扇風機には触れずに我慢する傾向が見られた。

ほとんどの規範と同様、**親密さに関する規範には階層性があって、だれかがそれに違反するまではほとんど気づかれることがない**。パワーアップを試みるときは、身体的にも社会的にも適切な境界線がどこにあるかを考えなくてはならない。

「注意」は権力の通貨である
——叱責すら報酬になりうる

注意(アテンション)は権力の主要な通貨だ。私たちは重要な人に注意を向ける。ある人がある特定の状況で獲得した注意の量は、その人の権力を示す信頼できる指標となる。相手がそこにいるのに無視したり、しかるべき注意を払わないことがパワーアップの一般的な方法になっているのはそれが理由だ。

約束の時間に遅れたり、会議中や授業中に携帯電話をチェックする人を不快に感じるのもそれが理由だ。地位の高い人は同じことをしても受け入れられやすい。**このような行為は、自分の時間はあなたの時間より重要だというメッセージを伝える**ので、パワーアップのために戦略的に使うことができる。

逆に、そのつもりがなくても、これがトラブルの原因になることがある。私自身の話だが、大学院時代からの古い友人から、最後に会ったときに紹介されたフィアンセのことを忘れていて責められたことがある。

まったく失礼な話で、私は平謝りするしかなかった。彼女からはそれまでにも何人かボーイフレンドを紹介されたことがあり、そのときその人が〝運命の人〟になるとは知らなかったのだが、この際それは言い訳にならない。

意図的であれうっかりであれ、相手の存在に注意を払わなかったり、名前を思い出せなかったり、会ったことすら覚えていないという場合、相手に伝わるのは、「あなたには私の貴重な時間を割く価値も、注意を払う価値もない」というメッセージだ。

こんなことが起こるのは、たいていの場合、発揮できる注意力の総量が注意すべき物事の総量に追いつかず、心ならずも優先順位に従って配分するしかないからだ。ボスがオフィスの入り口で中をうかがっている部下に気づかなかったとしても、必ずしも鈍感なふるまいではなく、何か緊急の案件に気を取られているからなのかもしれない。

新会社を設立したばかりの経営者が私にぼやいたことがある。会社でいつもドアを閉め切って姿を見せないため、オープンフロアで働いている社員たちから、「社長は社員のことを気にかけていない」と不評を買っているとのことだった。

私が「オフィスに閉じこもって何をしているんですか?」とたずねると、「気が狂うほど働いてますよ。会社をつぶさず、社員に給料を払うために必死です」という答えが返ってきた。

あえて注意を払わないという方法を、悪い行動を抑制するための手段として、意図的かつ建設的に使うこともできる。たとえば、**子どもが駄々をこねたとき、親は相手にしないほうがよい**と言われている。叱ると、子どもは駄々をこねると報酬(少なくとも親が自分に注意を向けてくれる)が得られることを学習し、わがままを助長する効果があるからだ。

また私の話になるが、かつての教え子から、授業と関係のない長いコメントで授業の進行を妨げる学生を私があからさまに無視していたことが、同窓生のあいだで笑い話になっていたと聞かされた。脇道に逸れないためには、ときにはだれかを無視しなくてはならないこともある。

「話をさえぎる」という権力の誇示

人の話を途中でさえぎるのはマナー違反だが、どこでも頻繁に起こっている。悪気はなくても、そうしてしまうことがある。

スタートアップを立ち上げて成功したかつての教え子が、きまり悪そうにこんな話を打ち明けてくれた。チームメンバーが会議であまり発言してくれなくて困っているとコーチに相談したら、あなたには人が話しているときに割り込む癖があると指摘されたという。「つい興奮して、話し始めてしまうみたいです」と彼は説明した。「アイデアが自然に浮かんで、あふれ出てしまうんです」。確かに彼が口を挟むのは、部下を黙らせるためでも、自分の考えのほうが重要だと言うためでもないのだろうが、それがメッセージとして伝わってしまう。

リーダーが人の話を中断させることによって会話を支配すると、メンバーは何か言おうという意欲を失うだけでなく、自分の意見には価値がなく、何か言うと罰せられるという不安な心理状態に追いやられる。

しかし、ある特定の文脈では、同じ行為が反対の効果をもたらす場合もある。リーダーが声の大きいメンバーの一方的主張をさえぎり、控えめなメンバーに発言の機会を与えるような場合がそれだ。黙ったままで終わっていたかもしれないメンバーから、貴重な気づきや提案がもたらされる可能性がある。これなどはパワーアップが全体の役に立つことの一例だ。

話をさえぎられたらどう対処すればいいでしょう、とよくたずねられる。そんなときは自分中心の視点をシフトすることをお勧めしたい。自分を押し通すことは、パワーバランスを変えるための最良の方法ではないからだ。

ほかのだれかが話をさえぎられるのを防ぐために助け船を出すとき——他者にとっての障害物を取り除いてあげようとするとき——私たちは最大の力を得ることができる。

これは私にとって人生のテーマでもある。**集団の中では、自分の利益を守るために権力を使ってもいい結果は得られない。** しかし、他者の利益を守るために権力を使うなら、ほとんどの場合、全体にとっても自分にとっても望ましい結果が得られる。

人の話に割り込む人や、割り込まれたら負けじと自説に固執する人のために働きたいと思う人がいるだろうか。自分の話をさえぎろうとする人を押しとどめてくれる人のために働きたいと思うのではないだろうか。

「ノー」を言うスキルを上げる

何でも「イエス」と言って賛成するのは簡単だ。そう言っておけば、とりあえず喜んでもらえる。

だが、「ノー」と言うのは難しい。それはパワーアップの訓練になる。同意しない、拒否権を行使する、方向を変えさせる、あるいは他者の願いを聞き入れないといった行動は、権限の明確な表明である。してもよいことと、してはならないことを告げるのが権限である。

「ノー」と言う能力は、権力を上手に使って責任を果たすために欠かせない。特に高度な役割を担っている場合には必要不可欠である。

チームに優先順位を守らせ、プロジェクトのスケジュールと予算を守り、脇道に逸れるのを防ぐために、「ノー」と言うことは必要だ。「ノー」と言うのが問題になるのは、権力を持った人間が全体の利益にならない個人的な理由で、提案や要求や機会をやみくもに却下する場合である。

教授としての責任を果たす過程で、私は「ノー」と言う術を学ばなくてはならなかった。

教授という役割には、ごくわずかな権力と、多少のステータスと、大きな責任がついてくる。学生が順調に学びを進め、単位を取得し、無事に卒業できるように努力すること、そして、学生の学習の進捗状況を公平な方法で評価することが私の責任だ。

当初、その責任にともなう難しさがよくわかっていなかったが、やがて、私が権限をもって行うべきことの多くは「特別扱いしてほしいという要求を断ること」だとわかってきた。ほとんどの学生は学ぶべきことを学び、やるべきことをやり、ルールに従っていて、私を煩わせることはない。しかし、常に何人かの例外があって、何かと無理な相談や依頼を持ちかけてくる。**私はさまざまな表現で「ノー」と言う方法を学んだ。**

面と向かってそれを言うときは、下手にうなずかずに話を聞き、口をつぐんで何も言わないでいるのが有効なこともある。メールはすぐに返信せず、彼らの要求とその正当性をじっくり検討し、拙速に対応するつもりはないことを示した。

彼らの〝緊急〟は私にとって緊急ではないと理解させることも必要だった。交渉の糸口を与えないため、できるだけ少ない語数で返事を書くことも学んだ。「あなたの依頼はクラスメイトにとって公平ではない」と指摘することも学んだ。「ノー」と言う方法には、さまざまなものがある。

権力の「アップ&ダウン」を使いこなす

以上の例からわかるように、パワーアップは何かの競争で勝つことと同じではない。パワーアップが他者とのやりとりで成功をもたらすかどうかは、文脈に依存する。状況、ねらい、相手、そして最も大事なこととして自分が実際に持っている権力——これらが文脈を構成する要素だ。

本書の残りの部分では、いつ、どのように、何をすればよいのかを詳しく説明していく。しかし、ここではさしあたり、パワーアップ（またはパワーダウン）は学習によって身につけられる行動であり、うまくできる人もいれば苦手な人もいるということだけを頭に入れておいてほしい。

読者の中には、なぜパワーアップやパワーダウンが必要なのか、と疑問に思う人がいるかもしれない。それは、あなたの助けを必要とする人のために、それを使わなくてはならないときがいつか必ずやってくるからだ。

ほかにも方法があると思うかもしれないが、大切な人に安心を与えたい場合、「自然な方法」や「自分らしい方法」で動くより、**パワーアップやパワーダウンで動くほうが成功する可能性が高い。**

だれもが、権威や威圧に頼らず、人の心を動かし、敬意を持ってほしいと望んでいる。ヒエラルキーのどの位置にいる人でも、それは同じだ。同僚と競う場合でも、上司としての責任を果たそうとする場合でも、部下の立場で仕事をする場合でも、パワーアップとパワーダウンのレパートリーは、バランスよく力を発揮するための有効なツールとなる。

それはシーソーの上に立つようなものだ。落ちてしまわないためには、反対側の人の動きに合わせて、重心を移動させる必要がある。これをハーバード大学の心理学者リチャード・ハックマンは「権威の平均台の上に立つ」と表現している。

パワーアップはケンカ腰で敵をつくる行為のように見えるかもしれないが、**集団の中では、それが最も思いやりのある選択肢であることも少なくない**。どんな集団でも、だれかが上に立って指示を出し、物事をコントロールする必要があるからだ。だれかが物事を軌道に乗せ、よからぬ行動を抑制してくれると知っていれば、だれもが安心して目の前のタスクに集中することができる。

責任ある立場の人は、その役割を進んで果たさなくてはならない。そうする意思と能力があることをまわりに知らせなくてはならない。だれも人に嫌われたくはないが、あなたを頼りにしている人たちのために正しいことができるよう、支配的な方法で権力を使う方法とタイミングを学ばなければならない。

「部下としての権力」を自覚する

下位の立場でもパワーアップを選択することはできるが、上位の立場でのパワーアップよりリスクは大きくなる。したがって、パワーアップによって上司をサポートしようとするときは、それが現実的かどうかを考えることも必要だ。

上司は間違うこともあるし、境界線を越えてくることもある。不要なリスクを取ろうとすることもある。そんな中で、部下に対する接し方を変えないなら自分は従うつもりはないと告げなくてはならないこともある。

自分を守り、ほかのメンバーを守り、そして権力ゆえの間違いから上司を守るためにも、部下である自分の権力を自覚することが大切だ。成功の鍵は、あらかじめ信頼関係を築いておくこと、分をわきまえていることを行動で示すこと、相手の利益を考えての行動であることを伝えておくことである。

相手が同僚なら、パワーアップが、ステータスや権力を得るための効果的な方法であることに疑問の余地はない。あらゆる種類のヒエラルキーに関する研究によって、**最初に頭角を現し、最も早く昇格する人材を最も正確に言い当てる予測因子の一つが、支配力（ドミナンス）である**ことがわかっている。

たとえば、カリフォルニア大学バークレー校のキャメロン・アンダーソン、ドン・ムーアらによる研究では、与えられた一連の問題に対する自分の解答に強すぎるほどの自信を持っていた実験協力者は、それほどの自信を持っていなかった協力者よりもステータスを早く獲得した。あとから、自信過剰気味であった人たちの解答は間違っていたと知らせても、いったん獲得したステータスはそのまま維持された。

この研究結果から、自信過剰は一般に思われているほど危険なものではないと言うことができる。私たちは、**集団を前進させるために個人的リスクを取る覚悟のある人を評価するからだ。**

このように、パワーアップはステータス競争に勝つための一つの方法だが、常に最善の方法とは限らない。パワーアップが有効に働くのは、集団が危機的状況にあって、方向を示してくれる強いリーダーシップが待ち望まれているときだ。そのようなときは、支配的で権威的なアプローチのほうが参加型アプローチよりも評価され、好まれる。

また、支配力や強制力や攻撃性を見せても、それが弱い立場にある人を擁護するためであれば問題視されることはない。

集団の利益のために危険を顧みず行動する人物は、有能さと思いやりを兼ね備えたリーダーと見なされることが研究によってわかっている。有能さと思いやりという二つの資質は、信頼できる人物かどうかを判断する重要な規準だ。集団のニーズに応えるために用いられる限り、パワーアップは権力の効果的な使い方だと言える。

CHAPTER 3

相手を優位に置く戦略

――パワーダウンとプレイ・ロー

パワーアップとパワーダウンはどちらも有効な方法であり、階層社会で成功するためには両方を使いこなす必要がある。

だが、どうしても一方に偏りがちだ。先頭に立って人を引っ張るために生まれてきたような人もいれば、そんな人を陰で支えるほうが性に合っている人もいる。攻めるのが得意な人もいれば、守りに長けている人もいる。威圧感を与える人もいれば、周囲を和ませる人もいる。

そうした違いの幾分かは生まれつきかもしれないが、生物学ですべてを説明できるわけではない。パワーアップやパワーダウンは、学習によって身につく行動のレパートリーである。どちらが自然に感じられるかは、その人の生来の性質と人生体験による。

「セコイア・キャピタル」の転換点

セコイア・キャピタルはベンチャーキャピタル最大手の一つだ。セコイアが出資した企業（アップル、グーグル、ペイパル、オラクル、ユーチューブ、インスタグラム、ヤフーなど）の市場価値は1兆4000億ドルを超え、ナスダック市場の22％に相当すると推定されている。セコイアはその力と名声で世界的に知られており、セコイアとのミーティングは起業家にとって夢でもあり悪夢でもある。セコイアの支援を得られれば、それだけで事業の成功が約束されたようなものだ。

しかし、居並ぶパートナーたちを前にプレゼンをするプレッシャーは想像するのも怖いほどで、創業者の中にはセコイアにアプローチすることを躊躇する者もいる。

ベンチャーキャピタルの世界では、セコイアのパートナーたちは鋭い知性と闘争本能で知られている。1972年にドナルド・バレンタインによって設立されたセコイアのアメリカでの事業は現在、ロエロフ・ボサによって運営されている。

ボサは南アフリカ共和国の外務大臣の息子で、ほぼあらゆる場合に、一緒にいる人たちの中で最も賢い（単なる形容ではなく文字通りの意味だ）。ケープタウン大学を大学史上最高の成績で卒業し、スタンフォード大学経営大学院ではクラスの総代を務めた。

ボサは大きな熊のような存在だ。性格は温厚で身体は屈強、そしてよく笑う。だが勘違いしてはいけない。彼はどんなに周到に準備されたプレゼンも一瞬で粗（あら）を見抜き、叩きのめしてしまう。

セコイアでボサのスター性は急速に輝きを増し、２０１７年にはアメリカでの事業のリーダーに抜擢された。その当時、世界的な知名度と評判を誇っていたにもかかわらず、セコイアは世界の変化に対応できずに苦労していた。一つ例を挙げると、当時、アメリカにはセコイアの投資パートナーが十数人いたが、女性が一人もいなかった。

ボサにはこの状況を変えなければならないことがわかっていた。

「わが社の問題は、これまで投資先企業から人を採用してきたことだ。既存のネットワークからの採用は、お互いに相手のことをよくわかっているから簡単だ。しかし問題は、**そうやって採用された人間は、物事を私たちと同じように見、同じように考える傾向がある**ことだ」

ネットワークの外に人材を求めるにはそれなりの努力が必要だが、ボサは、視点の多様性が事業の成功には不可欠であり、それが大きな恩恵をもたらすことを知っていた。

奇妙だが効果的な「ヘッドハンティング法」

2013年、ボサはセコイアのパートナーであるアルフレッド・リンとともにゴールドマン・サックスのカンファレンスに参加した。

彼が出席したあるセッションで、ポリヴォアというスタートアップの若い女性CEO、ジェス・リーが、将来の投資家に向けて事業の説明を行っていた。同社はデジタルスタイリングのプラットフォーム企業だ（のちにヤフーに買収される）。「強い印象を受けたので、あとで彼女にアプローチして、昼食に誘いました」とボサは言う。

リーは、ボサの自己紹介を受けたとき、天にも昇る心地だったと振り返る。「セコイアが私の会社に興味を持ってくれた！　と興奮しました。投資話だと思ったので」。ボサの目的がヘッドハンティングで、自分の会社を離れてセコイアで働くように説得することだと知って、リーはがっかりした。「投資家になりたいとは思いませんでしたから。その仕事には全然魅力を感じませんでした」

ボサはいったん引き下がったが、あきらめなかった。2年後、ポリヴォアがヤフーに売却されたとき、リーに電話がかかってきた。「今度は、オフィスに来て一日つきあってくれと言われました。サンドヒル・ロードに足を運んでチームに会い、いくつか投資案件のピッチミーティングに同席させられたのですが、何のことはない、それが私の採用面接だったのです」

彼らはオファーを提示しようとしたが、ヤフーで働いているチームへの忠誠心から彼女はそれを押しとどめた。

セコイアのパートナーたちは驚いた。まさか自分たちのオファーを、内容も聞かずに断る人間がいるとは思わなかったからだ。リーを引き抜きたいという彼らの決意はさらに強まったが、通常のアプローチではうまくいかないこともわかった。

長い求愛だったとボサは言う。豪華なディナーを楽しむいつものやり方ではなく、リーを観察し、**彼女がどんな人で、何が好きなのかを把握することに時間を費やした。**

「私たちは、セコイアはありのままの彼女を受け入れていて、彼女と自然な関係を築きたいと伝えたかったのです」とボサは言う。「彼女はすごく地に足の着いた人で、古い車に乗っていました。漫画のキャラクターのコスプレにはまっていることがわかり、ジム（ボサの前任者であるジム・ゲッツ）が、コスプレをしてコーヒーショップでオファーしようと言い出しました。二人で週末にコスプレ・ショップを回ったんです。最初、『原始家族フリントストーン』はどうかと思ったのですが、腕をむきだしにして棍棒を握ったのではマッチョすぎて、間違ったメッセージが伝わると思ってやめました。あり得ないですよね。結局『トイ・ストーリー』に落ち着き、私はウッディ、ジムはバズに決めました。携帯で連絡を取りあいながら、街中を手分けして探して、かぶりものを見つけたんです」

ただのコスプレではない。業界でも最有力の二人のベンチャーキャピタリストが、ピクサーを代表する作品に登場する、愉快で、愛すべき、そして最も忠実なキャラクターに扮して、新しい仕事仲間を勧誘しようというのだ。

二人のアイデアはそれだけではなかった。セコイアのデザイン部門の責任者であるジェームズ・バックハウスに頼んで、オファーを提示するクリエイティブな方法を考えてもらった。

「西部劇風の指名手配ポスターをつくろう」とバックハウスは提案し、「トイ・ストーリー2」に登場するカウガールのジェシーを完璧に表現してくれた。ポスターの下には「新しい挑戦に加わらないか?」と書かれていた。

権力者が「自分を下に置く」インパクト

彼らはリーにロスアルトスのピーツ・コーヒーの店に来てほしいと連絡した。「彼女にとっては予想外だったようです。私たちは不意を突くことができました」。彼らはドリンクをオーダーし、テーブルに座り、それぞれのキャラクターのかぶりものを着けて彼女を待った。

そのときのリーは、それまでより誘いに対してオープンだった。ヤフーでの状況が変わり、選択肢を再考していたからだ。

コーヒーショップに入ったリーは、北カリフォルニアの高級カジュアルに身を包んだ二人のベンチャーキャピタリストを探した。だが、ウッディ・プライドとバズ・ライトイヤーの格好をした二人の変人しかいなかった。

それを見た瞬間、彼女はこっそり写真を撮って、「WTF」(何だこれ⁉)とキャプションを付けてスナップチャットにアップしようかと思った。しかし、もう一度見ると、その二人がかぶりものを外して、〝指名手配〟の看板を掲げるのが目に飛び込んできた。

「大笑いしちゃいました」。彼女はつかつかと歩み寄り、「はい、加わります」と告げた。条件をたずねたのは、そのあとのことだ。

「条件を聞いてびっくりしちゃいました」とリーは言った。「本当に私と一緒に仕事をしたいと思ってくれているんだなと思いました。私をそのまま受け入れてくれていて、変な趣味も大丈夫で、一緒に仕事できたら楽しくて、チームになれることがわかりました。人生のパズルに大きなピースが嵌まった感じでした。この人たちとなら本当の関係を築けるなって。すごく特別な気持ちになりました」

ボサと彼の同僚たちが行ったことは普通のことではなかった。しかし、それは賢明な戦略だった。リスクがあるように見えるが、全然そんなことはない。彼らはいっさい強要することなくリーのハートに訴え、人としてのリーを理解し、違いを尊重していることを知らせたのだ。高額の報酬をちらつかせたり、資産や業界でのポジションを語るのではなく、1段階（あるいは2段階だろうか）パワーダウンしたのだ。

こんなやり方はばかげている？　そうかもしれない。

リスクを冒す価値があったのか？　もちろんあった。**何のコストもかけず、リーの信頼を得た**のだから。

彼らはリーに、安心してチームに参加してもらうためにどんなことでもやるという姿勢を示した。社内に向けては、多様性の目標を達成するためには必要なことは何でもやる、という姿勢を示すこともできた。

パワーダウンは「強さの表明」になる

リーの〝採用面接〟の日まで、セコイアはさしたる努力をしなくても、自然なパワーアップによって力を見せつけ、勝手知ったる方法で大成功を収めていた。

パワーアップというのは、意図してであれ意図せずにであれ、自分を高みに置いて目立たせ、自分は特別な存在だと告げることだ。支配力を主張し、尊重を要求する行為なので、多少なりとも強制や威嚇の要素がある。

前章で見たように、これは強い力を持つ人びとの戦略と思われている。しかし、セコイアとリーの話がはっきり示しているように、力を上手に使うという点では、パワーダウンも立派に合理的な戦略である。

リーを獲得するために、セコイアは意識的・計画的にパワーダウンすることを決めた。自分たちを低くし、獲得したい人を高い位置に置き、あえて優位なポジションを与えた。

パワーダウンは弱さを示すことではない。**リスクを取ってでも自分より他者の利益を優先できるほどの強さがあり、安全が確保できていることを示す**ものだ。相手に命令するのではなく、敬意、思いやり、尊重を示す行動だ。人とつながり、人を仲間に引き入れようとする行為だ。

パワーアップと同様、パワーダウンも戦略的な選択だ。自分たちは何も押し付けるつもりはなく、戦いを挑むつもりもなく、冷酷でもないということを示すための行動だ。

嘘をつくわけではない。「上に立つのではなくともに立ちたい」「支配ではなく連帯したい」という意思の表明なのだ。力を放棄することではなく、当面の戦いに勝つために——セコイアの場合はリーを仲間に迎えるために——ステータスや権威を棚に上げておくという決断である。

権力のある人は力を使えるからパワーアップを選択し、権力のない人はそうするしかないからパワーダウンを選択する、と思われがちだが、そうではない。

　また、パワーアップは威嚇や脅迫の要素を含む敵対的行動だと考えられており、実際そうなることもあるが、常にそうとは限らない。弱い立場にある人を助けるために使うこともできる。同様に、パワーダウンは譲歩や責任放棄の行動と見られがちだが、敬意を示し、信頼を築き、安心感を与える方法でもある。

　パワーアップもパワーダウンも、個々のアクター（行為者）の選択やスタイルだけで決まるものではなく、常にやりとり（カンバセーション）の中で表現される行為だ。ダンスやフェンシングのようなもので、**すべての行為はその前の行為に対する反応である。**

　両者がパワーアップを選んだら火花を散らす戦いになり、両者がパワーダウンを選んだら停滞した膠着状態になる。

「アルフォンスとガストン」という古い一コマ漫画が後者を描いている。二人のピエロのようなキャラクターが、何がなんでも相手を尊重して、「お先にどうぞ」「いえ、お先にどうぞ」「いえいえ、お先にどうぞ」と譲りあいを続ける。双方が相手を先に行かせることに固執すると、物事は進まなくなる。

　この理由だけでも、パワーアップとパワーダウンの両方が人間関係の重要なスキルだということがわかる。どちらの方法も、それにふさわしい文脈とタイミングで思慮深く使うなら、建設的な人間関係を築くことができる。

権力のバランスを「相手側」に傾ける

パワーダウンもパワーアップに劣らず役に立つ方法だ。ただし、両者は目的が異なる。パワーアップが権威を示す方法だとすれば、パワーダウンは近づきやすさを示す方法だ。パワーアップが相手と戦う意思の表明だとすれば、パワーダウンはチームとして戦う意思の表明だ。

パワーダウンすることについては、リスクを感じたり、弱いと見られることを心配する人が多い。しかし、**パワーダウンはコントロールの放棄ではなく、裏返しの強さの表明だ。**支配とつながりのバランスを取る方法であり、自分には相手のことを第一に考える能力があることを伝え、相手にもそうすることを期待していると伝える方法である。

パワーダウンすることで、グループの利益を前進させるために喜んで縁の下で支えるという気持ちが伝わり、相手からも同じ行動を引き出すことにつながる。

これは、本当は相手の利益など気にしていないのに、気にしているふりをするということではない。そんなことは、やろうとしてもできることではない。パワーダウンとは、権力のバランスを相手側に傾けて、相手に対する思いやりが伝わる行動を採用するということである。

パワーダウンは、自分が相手の下に立つか、相手を自分の上に立たせるか、いずれかで実行できる。

前者には、たとえば謝る、自分を笑いの種にする、目立たないように身を隠す、相手に決定権を譲る、自分はステータスや注目に値しないという気持ちを示す行動を取るといった方法がある。

後者には、敬意と尊敬を示す、話に耳を傾ける、同意する、相手のニーズを予想して動く、明示的であれ暗黙のうちにであれ、相手の課題達成を助けるといった方法がある。

プレイ・ロー
──自分を小さく見せる戦略

演出家のキース・ジョンストンは、そうした行動を「プレイ・ロー」(play low)と呼び、人は他者を刺激することを避けるために無意識にこれを採用すると指摘している。

人生において、私たちはしばしば意図せずにプレイ・ローを使う(それはプレイ・ハイでも同じだが)。しかし演劇では、俳優はリアルな人物描写をするために、意図してプレイ・ローを採用する。プレイ・ローでは、早口でたどたどしく話す。言葉に詰まったり、「えー」とか「あのー」などと口ごもったり、不確かさやその場しのぎや自信のなさを感じさせる話し方をする。

プレイ・ローの発話回数はプレイ・ハイより少ないが、話し始めると、プレイ・ハイより多くの言葉、より多くの音を、少ない発話時間の中に詰め込もうとする。

要は**沈黙を何かで埋めようとする。**ほかの人が話に割り込む隙を与えまいとして、だらだらと終わりのない話し方をする。話を本筋から逸らしたり、最後にイントネーションを上げて質問のような感じで話を終わらせる。

総じて声のピッチが高くなり、息づかいが荒くなり、口調がこわばる。大きな声を出したり、叫んだりするのもプレイ・ローのサインだ。コントロールを失って取り乱すことは、恐れ、フラストレーション、防御的心理の表れであり、優位さを失ったときにありがちな行動だからである。

プレイ・ローで演技しているときは、相手より先に視線を逸らし、きょろきょろとまわりを見回し、よそ見しながら話すことが多い。逆に相手が話しているときは、何も聞き漏らさないという姿勢を見せるためにじっと話し手を見つめる。

プレイ・ローでは、プレイ・ハイのときよりも笑みを浮かべることが多い。楽しいからではなく、だれにも不快な思いをさせないように、申し訳なさそうにほほ笑むのだ。無理につくった、弱々しく強(こわ)ばったほほ笑みだ。オスカー・ワイルドはこのような笑顔を「宥(ゆう)

和の徽章」と表現した。

笑いに関する科学は、クスクス笑いが服従の行為であることを示唆している。それはほほ笑みと同様、悪意のなさを保証しようとするものであり、自分のことは深刻に受け取めてもらう必要はないと伝えるためのものである。

ほほ笑みも笑いも、しばしば眉を上げたり、うなずいたり、身を乗り出したり、目を見開いて相手を見上げるといった動きをともない、子どもっぽいイメージを伝える。

プレイ・ローは、不確かさ、ためらい、エネルギーの拡散、コミットメントの欠如などを、弱々しく、ぎくしゃくした身のこなしで伝える。どれも自分は危険人物ではないことを相手に伝えるものだ。

プレイ・ハイが舞台を大きく使い、身体を大きく使う演技だとすれば、プレイ・ローは隠れ、引き下がり、縮こまる演技だ。素早く、音を立てず、小股で、人目につきたくないという気配で動く。プレイ・ローは、混乱、方向性の欠如、自己疑念を感じさせる方法で身体を動かす。まるで、そこにいること自体を詫びているかのように。

プレイ・ローは、物理的・心理的脅威から身を守ろうとする様子を演じる。服を整えたり、顔や髪を触ったり、そわそわしたりして、不快感を表現する。これらはすべて代償行為であり、いつのまにか出てしまうありふれた動きだが、抑えることが難しい。

プレイ・ハイが強さを示す演技で優越を伝えるのに対し、プレイ・ローは脅威にならないことを見せるために、身体的な脆弱性（ぜいじゃくせい）をどこかにつくったり表現したりする。プレイ・ローが伝えるメッセージは、ジョンストンによると、「噛まないでください、私にはこんな価値はありませんから」である。

身を引くことで「脅威ではない」と示す

プレイ・ローの行動は、意識せずに表に出ることが多いが、プレイ・ハイと同様、戦略的な行動だ。理由があってパワーダウンするのである。

ほとんどの動物（私たち人間のほとんどを含む）は、ほとんどの出会いにおいて、戦わずにすませることを好む。すばらしい生存本能だ。歯をむき出しにして威嚇してくる相手に対して、歯を隠してほほ笑み、さっさと身を引くのは安全な反応だと言える。「身を引く（バック・オフ）」というのは、動物が物理的に無力な状態で仰向けになるのと同じで、自分を攻撃する必要などないとアピールする方法である。

動物行動学の分野に、「服従行動」と「宥和行動」という用語がある。意味的に重なりがあって、ときに交換可能だが、相手に対して敵意はなく、希少な資源を奪いあうつもりはないことを示す行動のことだ。

人間の場合も、服従と宥和は、自分は脅威ではないこと、弱い存在であること、相手の利益を第一に考えるつもりであることを伝える行動だ。繰り返しになるが、力がないという意味ではなく、力を使うつもりがないことを示すものだ。力を控えること、つまりパワーダウンにほかならない。

「パワフル」と聞いて「控えめ」という言葉を連想する人は少ないだろう。しかし、本当にパワーのある人はパワーダウンを選択して控えめに行動することが多い。その理由の一つは、そのほうが何かと得をすることを経験から学んでいるからだ。

一般に、人は自分より上の階層にいる人に対して、損得勘定によって接近するが、内心では軽蔑していることが少なくない。本当に力のある人は、下位の人間のそんな本心を知っているので、目立たない行動をするよう動機づけられていることが多いのだ。

自分をネタにして笑う

人をからかうことは、自分をその人の上に立たせる一つの方法だ。反対に**自分をからかうことは、自分を低くし、相対的に相手を高める方法**となる。

だれもが自分をネタにしたジョークを言ったことがあるだろうが、特に女性のあいだで多く見られるという指摘もある。

人気コメディエンヌのエイミー・シューマーの愉快なコントが、自虐ジョークに向かいがちな女性の現実をよく捉えている。

一人の女性が「エイミー、あなたの帽子が大好きよ」と言うと、エイミーは「もしかして酔ってる？　アルメニアの男みたいに見えない？」と応じる。別の女性が「昇進おめでとう」と言うと、エイミーは「2秒でクビになるわよ」と応じる。

大げさだろうか？　たぶん大げさなのだろう。しかし、これが面白いのは、こんな会話がいたるところで交わされていて、だれもが身に覚えがあるからだ。

自虐的ユーモアは典型的なパワーダウンの方法で、褒められるのが苦手な女性が特によく使う。女性（多くの文脈で男性よりもステータスが低い）は他者に気持ちよく感じてもらうという方向で社会に順応させられているが、そのための簡単な方法が、自分の欠点をさらけだし、自分は人よりすぐれているなどと思っていないと知らせることだ。

自虐的ユーモアで好感を集めている人は、女性にも男性にも多い。そういう人と一緒にいると確かによい気分を味わえる。

しかし、そこには問題もある。全員がいつも自分を抑え込んでいたら会話は深まらず、率直さという美徳の出る幕もなくなり、何か意味あることをやり遂げることもできない。そして結局、だれも向上の機会を得ることができなくなる。

だれかが自分の成果に注目してくれたときに気恥ずかしく感じることに問題はない。謙虚だと思われたいのは自然なことだ。

だが、相手の気持ちをよくしたいなら、**褒め言葉を辞退するより、ありがたく受け取るほうがよい。**謙遜のゆえだとしても、あなたに感銘を受けたと言ってきた人にその感想は間違っていると言うことの意味は、よく考える必要がある。褒められたときは、そのことにお礼を言って、話題を別の大切なことに変えるのがよい。

「頼みごと」は仲間をつくる

人に助けを求めることは、ほかの人を持ち上げて敬意を示すのに最適な方法だ。私が知っている人の中に、これを一種の交渉戦略として使っている人がいる。

彼女は、上司に何かやってほしいことがあるとき、それをストレートに依頼するのではなく、**解決しなくてはならない問題というフレームの中で依頼する。**

たとえば、「他社から転職のオファーがありました。私はぜひここに残って働きたいんですけど、安心して断れるように、お力添えをいただけないでしょうか?」といった言い方をする。上司は悪い気がしないし、彼女は自分が望むものを得ることができるというわけだ（上司が彼女に残ってほしいと思っていなければ成り立たない作戦だが）。

私たちは、頼みごとをすると相手が煩わしく感じるのではないかと考えて、人にものを頼むのを遠慮しがちだ。だが、スタンフォード大学の同僚フランク・フリンの研究では、ほとんどの人は、自分にできることなら、人助けを好むということがわかっている。

だれも都合よく利用されることは好きではないが、助けを求められたときに応じれば英雄の気分を味わえる。自分が必要とされていると感じたり、人助けする力があると感じることは、だれでもうれしいはずだ。

助けを求めたり、自分の弱さを認めたりすることは、逆に強さの源になることがある。ハワード・シュルツといえば、最も成功したブランドとフランチャイズ網で知られるスターバックスの元ＣＥＯだ。シュルツが『ニューヨーク・タイムズ』のインタビューでこう言っている。「すぐれたリーダーやＣＥＯの強さの一つの要因は、**適切なときに弱さを見せられること**ではないでしょうか。人間的な一面を見せることで親近感が増すと思うのです」

高い地位にあるとき、それにもかかわらずだれかに助けを求めることは、自分とほかの人との距離を縮め、その人を自分の味方にする効果がある。

「境界線」を相手に決めさせる

パワーダウンのもう一つの方法は、境界線を相手に定義させることだ。

私たちは公私の境界線で区切られた領域(バブル)の中で動いている。ほとんどの文脈では、私的領域の大きさは当人の社会的地位に対応しており、ランクの高い人ほどその領域が大きく、他者との距離を保つことができる。

これが、ランクの高い従業員と低い従業員が離れて集まる傾向がある理由の一つだ。**地位が低い人ほど、会議では上司や責任者から遠く離れた場所に座る。**これは、上司には個人的スペースを確保する権利があることを認め、だれがその中に入れるかを決める権利もあることを尊重する姿勢を示している。

上位の人から離れた場所に着席するのは、自分を過大評価していないことを示す方法だ(過小評価しているのかもしれない)。

物理的にも社会的にも相手の境界線を尊重することは、あなたとの距離を決める権利は相手にあると認めることなので、パワーダウンの方法と言える。

上位の人が、快適な距離感をあえて下位の人に決めさせるなら、それは相手を高め、自分を低くするということだ。それは「あなたがルールを決めてください。私はそれに従います」というメッセージを送ることになる。

「承認」を求める

承認欲求は人間の基本的な動機だ。だれもが人に好かれたい、好意的に評価してほしいと思っている。相手の承認を求めるのはプレイ・ローの方法だが、何かする前に相手の許可を求める人もいれば、やってしまってから謝る人もいる。

許可を求めるのも謝るのも、宥和のための行動だ。どちらも**相手に決定権を献上し、自分の位置を低くする。**謝罪は、自分には相手に説明する義務があることを認めるという意味もある。

相手の地位に見合う以上の支配力や権利を受け入れることは、パワーダウンの有力な方法だ。相手のランクにかかわらず、その承認をもらうことが自分には重要だと示すことで相手への尊敬を示すことは、上下関係をうまく機能させるための有効な方法と言える。

媚びても好かれない理由

同意すること、従うこと、任せることは、どれも相手の利益を自分の利益より重視することを示す方法だ。これは階層社会における最も強い規範の一つで、相手の願いに合わせるという対応は、分をわきまえていることを示す方法と言える。

だが私たちは、ランクの高い人に対し、度を越してこれをやってしまいがちだ。「ノー」と言うより、とりあえず「イエス」と言うほうが楽だと考え、だれの利益にもならない場合でも「イエス」と言ってしまう。しかし間違っていようが何であろうがボスの言うことに賛成する「イエスマン」がステータスを得ることはない。

また、本音は違うのにうわべだけ同意したり、同意内容に従って行動するつもりもないのに同意するのも間違いだ。これはパワーダウンでもプレイ・ローでもなく、ただの嘘だ。別の意図を隠して何か言うなら、それが何であれその人の清廉(せいれん)さは汚され、信頼が失われる。これは、正直な意見を欲している相手のニーズより、保身という自分の利益のほうが重要であることを示す行為だ。

人に好かれたいという理由だけで、態度を曖昧にする人も多い。しかし、いつもプレイ・ローばかりで「みなさんのための私です」を演じていると、いざというときにボスとして行動するのが難しくなる（コメディドラマ「ジ・オフィス」でスティーブ・カレルが演じた勘違い上司のマイケル・スコットを思い浮かべていただきたい）。

デイビッド・マクレランドとデイビッド・バーナムは、2003年の『ハーバード・ビジネス・レビュー』の記事で、**部下に好かれているかどうかを気にしすぎるマネジャーは、皮肉なことに、職場に混乱と無秩序をもたらして嫌われる**、と報告している。

そういう上司は、扱いにくい部下の機嫌を取るためにルールを曲げて、えこひいきすることも多い。部下からは気まぐれで当てにならない人間と見なされる。

私は昨年、新規創業者が100人ほど集うリトリートに参加した。いずれも、つい最近まで、クールなアイデアを持った一個人にすぎなかったが、ベンチャーキャピタルの支援を受けて、一気に数百人の社員を抱える経営者へと立場を変えた人たちだった。

そこで話した**全員が、自分は社員に尊敬されていないのではないかと恐れていた**。社員の言いなりになる経営者と思われているのではないかと気にしている人もいれば、コントロールしすぎで嫌われているのではないかと心配している人もいた。

私は彼らに、経営者の仕事は、部下に好かれるか嫌われるかなどよりはるかに重要だということを伝えた。会社のことを本当に気にかけていることが伝われば——自分に権限を集中させようが社員に委譲しようが、それがそのとき会社が直面している課題を克服する最善の方法であることが理解されれば——自ずから道は開けていくものだ。

シェリル・サンドバーグの権力の源泉

もう何年も前、友人が呼びかけた食事会に参加したときのことだ。彼女にも私にも学校に上がる前の子どもがいて、関心を持っているテーマも共通していた。彼女は立派な成果を挙げたエグゼクティブで、転職の準備をしながら、共働きの夫婦に関する本を執筆中だった。

彼女はスタンフォードの卒業生と結婚していたが、女性のリーダーシップについて意見交換するために、経営大学院の卒業生、教員、その他の知人を招いて、形式張らないこぢんまりとしたディナーパーティを開いたのだった。

サラダを取り分けていると、ほがらかな女性が近づいてきて、私と話すことを勧められたと言って自己紹介した。その女性はグーグルで働いているとのことで、女性リーダーが抱える課題について私の考えに興味があり、たずねたいことがたくさんあるので座って話せないかと聞いてきた。とても有意義な話ができた。彼女はあたたかく、快活で、私の話に熱心に耳を傾け、自分の考えや観察や経験をシェアしてくれた。

夕食が終わって別れるとき、「ごめんなさい、お名前をもう一度教えてちょうだい」とたずねた。

「シェリル・サンドバーグです」と彼女は答えた。

すっかり好きになったのでその名前を記憶に刻んだが、そのときはまだ、彼女がだれであるかを知らなかった。

その後、彼女が書いた『LEAN IN 女性、仕事、リーダーへの意欲』（日経ビジネス人文庫）が世界的ベストセラーになり、そこから女性の活躍を後押しする「リーン・イン（一歩踏み出す）」の活動が広がっていった。

「リーン・イン」のアドバイザリー・ボードに加わった私は、彼女のことを深く知ることになった。シェリルは何といってもパワフルで、あちこちで名前を見るような多彩な活躍をしている。もちろん有名だし、裕福でもある。現在は毀誉褒貶の両面があるパワフルな企業の一つであるフェイスブックで、COO（最高執行責任者）という重責を担い、あらゆる課題に取り組んでいる。

しかし、シェリル・サンドバーグの個人的な力（これまでの彼女の成功のすべてを説明する力）は、何か一つの専門的な役割とはあまり関係がなく、むしろ人間関係へのアプローチの仕方とはるかに深く結びついている。

シェリルには卓越した才能があり、勤勉で、信じられないほど集中力がある。フェイスブックが敵対的な何者かに悪用されて大統領選挙に影響を与えたとして糾弾されたときは、きっと困難な状況に直面したはずだ。

彼女は私がこれまでに会った人の中で最も思いやりがある。あたたかく、親しみやすく、心を和ませてくれる人で、彼女自身もそれを知っている。

しかしもっと重要なことは、**他者に対する約束（コミットメント）を誠心誠意守ろうとする姿勢**だ。人への関わり方を見れば、彼女が人を助けたい、いい変化を生み出したい、役に立ちたいと願っていることは一目瞭然だ。人と人を引き合わせ、気づきやアドバイスをシェアし、就職や昇進や役員人事のために人を紹介し、ともに働く人たちに責任を持たせ、自分が重視する価値を推進するためにコミュニティを構築している。

シェリルには大きな権力があるが、権力とは何か、そして権力が何に由来するのかという話になると戸惑ってしまうようだ。「いまだに力は支配だと考えている人がいるのかしら？」。彼女の権力は、操作や統制から来るのではなく、存在感を強調することから来るのでもない。それは、まわりの人の中に生まれる、彼女とつながっていたいという願い、彼女の思いやりに恩返ししたいという願いから来ている。

相手に「敬意」を示す

パワーダウンは控えめな行為だが、大きなインパクトを生む。それは人とのつながりを築き、信頼関係を確立し、安心感を与える。パワフルな行動と聞いて、人に敬意を示すことを思い浮かべる人は少ないかもしれないが、競争の激しい21世紀にあっても、それは日常的に行われている現実的な権力の使い方であり、実際に効果的なことが多い。

考えてみれば当然かもしれない。ヒエラルキーの中で上に進むためには、まず他者に敬意を示さなければならない。あるエグゼクティブが言うように、「**人に敬意を示すことで、人を導く権利が与えられる**」。

ピアグループ〔年齢や立場が同じレベルの集団〕についての諸研究がそのことを裏づけている。心理学者のジョーイ・チェンらが行った研究では、実験に協力してくれる学生たちをグループに分け、グループで意思決定をする課題を与えた。その後、その意思決定に各メンバーがどの程度影響力を発揮したかを相互に評価させた。それに加え、いくつかの行動――他者をコントロールする、人の話を聞く、専門知識を共有する、自分の立場を守るなど――についても相互に評価させた。

事前に予想されていたことだが、「支配（ドミナンス）」――この実験では「威力や威嚇によって他者に恐れを感じさせること」と定義された――につながる行動は、その人物がステータスや影響力を持つことを予測する有効な因子であることが確認された。

しかし同時に、同等の確度のある別の予測因子があることも判明した。それが「名声（プレステージ）」――この実験では「専門知識やノウハウを共有することで得られた尊敬」と定義された――

につながる行動である。

それは自分の意見を明確に話す熱心な学生に見られた行動だったが、彼らは一方的に主張したり同意を強要するのではなく、人の話を聞き、応答し、押しつけがましくない話し方をし、必要に応じて自分のアイデアを語った。

他者への敬意を忘れないこのような参加の態度は、支配と同程度にステータスや権力、影響力の予測因子であることが判明した。

名声と支配という二つのアプローチの違いは、名声と結びつけられた学生は、**敬意を集めただけでなく、実験が終わるころにはメンバーから好かれていた、**ということである。彼らは特別な能力を持ち、価値ある貢献をし、成功する可能性が高いと見なされた。

それに対して、支配と結びつけられた学生が得た権力には代償がともなった。

ここから導かれる教訓は、ピアグループの中でステータスと影響力を競いあうとき、選べる方法は一つではないということだ。パワーアップして怖がらせる方法もあれば、パワーダウンして愛される方法もある。

どちらの方法でも、価値を提供することができるのであれば——リスクを取って進んで自分の知識をシェアするなら——権力のあるポジションを獲得することができる。

「参加型リーダーシップ」を効果的に使う

実際、チーム全体を管理するためにはパワーダウンのほうがいいと考えている人は多い。責任者が下からの情報を必要とする場合や、部下が自分で動かなければ仕事が回らないような場合、あるいは経験豊富な人びとで構成されるチームの場合は、パワーダウンのメリットはコストを上回る。

権威的で支配的な権力の使い方は、人の恐れに働きかけるものだが、上司が仕事のことをいちばんよく知っていて、実行する人たちが完全に命令に従う場合にのみ良好なパフォーマンスが期待できる。

独裁的なマネジメントは、ボスが現場にいて監視している場合は高い生産性が期待できるが、そうでない場合は、部下への敬意を忘れない民主的なマネジメントのほうが高い生産性や創造性、学習、そしてコミットメントにつながる。

マネジメントの専門家は、意思決定に部下を参加させるスタイルを「参加型リーダーシップ」と呼ぶ。部下に知識と経験のインプットを求め、（コントロールを放棄するわけではないが）自分は一歩下がって、部下の強みと関心に注意を払い、高度な戦略にも主体的に関与させるアプローチだ。

結果とそれに至る方法を上司がコントロールするのではなく、部下に権限を与えて方法を選ばせる。上司は話す量を減らし、問いを投げかけ、押しつけがましさのない話し方をする。言い換えれば、参加型リーダーシップはパワーダウンによるマネジメントである。

危機的状況下では、権威主義的な政治家が人気を集めるが、それ以外のときには参加型リーダーシップが好まれる。

言語学者のアリ・デクター＝フレインとジェレミー・A・フライマーによる最近の研究では、有権者の支持率は、政治家が「押しつけがましくなく語り、ポジティブな感情だけでなく不安な気持ちも見せ、人間的な言葉を使った」ときに高まることがわかった。政治の文脈では、**リーダーの影響力の予測因子としては能力よりあたたかさのほうが重要**だというのが彼らの結論だ。

この観察結果と一致するのが、イェール大学のヴィクトール・ヴルームによる発見だ。平均的マネジャーのほとんどが権威主義的リーダーシップを重視しているが、実際には多くの文脈で、参加型リーダーシップのほうが望ましい結果を生んでいた。

別の研究では、自分は参加型リーダーシップを採用していると考えているマネジャーが、じつはあまり上手にパワーダウンを使えていないという結果も出ている。上司の自己認識に反して、部下は上司を権威主義的と見ていることが多いという研究もある。

「パワーダウン」をマスターする

要するに、ほとんどのマネジャーはパワーアップして成果を挙げたいと努力しているが、じつはパワーダウンをマスターするほうがメリットが大きいかもしれないということだ。

理屈で考えればわかる話だが、自分の権力の不足を心配しているマネジャーにとって、権力を手放してパワーダウンするのは簡単なことではない。

だれもが自分を真剣に受け止めてもらいたいと思っている。しかし、それがいつでも最も大事なこととは限らない。以前の教え子で、大きな多国籍支援組織を率いたことのある女性が、その理由を説明してくれた。

彼女はアメリカの本部にいて世界中のチームを監督していたが、そのうちの一つは、アメリカより階層的な組織運営が行われるインドにあった。彼女にとって、インド人の部下の慇懃な態度に慣れるのには時間がかかった。「いつもリモート・ミーティングが終わるとき、みんな正直に話していないのではないかという感覚がありました。自分の意見を抑えて私に同意しようとしているように感じました」

この状況を改善して組織に活力を生むためには、自分とチームの距離を縮める必要があると彼女は考えた。そこで、チームとの関係構築を目的としてインドに出張した。

一人ずつと個別に面談したが、仕事の話をするのではなく、相手のことを知り、相手に自分のことを知ってもらうために時間を使った。昼食は自分のデスクで食べず、チームと一緒に食べるようにした。まだ時差ボケが抜けていないうちから、チームと一緒に夕食を食べにいった。「レーザー銃を使ったサバイバルゲームで一緒に遊んだりもしたんですよ」と彼女は話してくれた。

それが功を奏した。意図的にパワーダウンすることで、「チームと私の関係が変わり、考えを率直に話してくれるようになりました。おかげで、以前より効果的に活動できています」と彼女は当時を振り返った。

「集団への貢献者」が権力をつかむ

たいていの場合、だれでも自分にとって自然に感じられる行動をしている。これまで、それで特別な問題はなかったかもしれない。だが、それではうまくいかないときや、新しい課題に直面したときには、どうするのが最善かを考え、意識的に行動することが必要だ。

新しい仕事を与えられたばかりで、まだ自分の役割が曖昧なとき、チームのみんなからいい第一印象を持ってもらうにはどうすればよいか、という質問をよく受ける。

ざっくり言うと、新しい状況の下では、まず相手がどこから関係を始めようとしているのかを把握したうえで、**軽んじられないようにパワーアップしながら、脅威を与えないようにパワーダウンを組み合わせる**のがよい。

そのとき意識しておくべき重要なことは、権力は——少なくとも持続する権力は——グループの共通の目標や利益を推進するために最善のことをすることで得られる、ということだ。

たとえリスクがあっても、うまくいく確証がなくても、結局はそのような行動が権力をもたらす。自分に権力があるかどうかわからなくてもプレイ・ハイを選ぶべき場合もあるし、プレイ・ローを選んでほかのだれかに責任をゆだねるべき場合もある。

常にうまくできるとは限らないが、やってみることが大事だ。そうすれば、上司はあなたにサポートされていると感じ、部下はあなたに守られていると感じるだろう。仲間はあなたのことを一緒に働きやすいと感じるだろう。あなたのその行動は他者を生きやすくする。そして、それがあなたにステータスを与える。

パワフルに行動するためには、本能のままに自分を守ろうとするのではなく、自分の権力を把握したうえで意識的に動かなければならない。幸い、そのような権力の使い方は学習によって身につけることができる。

PART 3

権力を感じさせる

——パワフルに行動する方法

CHAPTER 4

権力を「演じる」

──権力はプロットで決まる

プロの俳優や舞台監督をＭＢＡの教室に招いて授業を始めたとき、学生たちは半信半疑の興味を示した。頭では、演技を学ぶことが権力をうまく使うことにつながる可能性があるとわかっていても、実際の生活の中で「演じる」という考えになじめなかったのだ。操作的で嘘っぽく感じたのだと思う。

学生たちは、よりよい自分自身になりたいとは思っていたが、自分ではないだれかになりたいとは思っていなかった。

毎回の授業が始まる前は、どの学生も自分自身であろうとしている。

「調子はどう？」とたずねられると、彼らは「最高！」と答える。「休暇はどうだった？」

「パーティはどうだった?」「就活はうまくいってる?」……問いかけの内容はさまざまだが、答えは、表現は違っても「すばらしい」に決まっている。

みんな快活な笑顔を浮かべている。そこだけ見ていると、全員が悩み知らずの平和な暮らしをしているように思えてしまう。

しかし、私はもう少し学生たちのことを知っている。彼らは私の研究室では仮面を外す。するど健康上の問題、家族の悲劇、留学ビザの問題、人間関係の問題などが顔を出す。落第寸前で学業の悩みを抱えている学生もいる。ついさっき「最高!」とか「すばらしい!」と言っていた学生たちなのに。

彼らは嘘をついているわけではない。演じているのだ。自分自身のどの面を人に見せ、どの面を隠すかを選択しているのだ。

演技とは自分を「マネジメント」すること

学生たちのそんな行動は異常でも何でもない。いくつかの点で有用でさえある。社会学者のアーヴィング・ゴッフマンは、有名な著書『行為と演技』(誠信書房)で、「自分自身である」ということは本質的にはパフォーマンス(演技)だと指摘している。だれでも可能な限り最高の自分を見せたいという動機があり、そのためには努力と計画が必要だというのが彼の主張だ。

私たちは戦略的に衣装や小道具、話し方や身体の動かし方を選び、どの舞台で演じるかを選ぶ。それは人を騙して偽りの自分を信じさせるためではなく、自分自身を定義し、一貫性のある安定したアイデンティティを表現するためであり、それがあれば避け難い内的経験——無秩序、自己疑念、混乱など——に落ち着いて対処することができる。

ゴッフマンによると、社会的相互作用とはパフォーマンスのことであり、「自分自身であること」は演技である。

演技とは、自分以外のだれかになろうとすることではない。**演技とは自分をマネジメントする規律あるアプローチ、つまり行動規範だ。**

演技が行動規範だなどと言うと撞着語法のように聞こえるかもしれないが、俳優も一般人と同じで、自分の中のざわつく部分——つまり感情、ニーズ、不安、欲望、習慣、パフォーマンス不安、恐れなど——をコントロールして、舞台の上で、必要なときに有用な部分を発揮しなくてはならない。

それは、だれもが望んでいることではないだろうか。自分を表現せずに立ち去りたいと思う人はいない。身を隠したり、身を引くのではなく、自分自身の最高の部分を引き出したいと思っているのではないだろうか。

主体的な個人を神聖視する文化では、人は個性（パーソナリティ）によって定義される。個性とは、その人の行動のすべてを説明する、どんな文脈でも変わらないさまざまな性格特性のユニークな組み合わせのことだ。

内向的でも外向的でも、神経質でもおおらかでも、愛想がよくても理屈っぽくても、あるいはその他どんな性格であれ、状況に関係なく、自分はいつでも「本当の自分」であるべきで、常に変わらない行動をすべきだと考えられている。他人の期待に合わせて行動を変えたり、自分の見せ方を変えることなど間違っているというわけだ。

だが、**じつは私たちは四六時中、理屈では嫌っているそんな生き方を続けている**。それは否定すべきことではなく、むしろ、ときにはそうすべきなのだ。いや、ほとんど常にそうすべきなのである。

「現実」に合わせて役を演じる

人生においては――劇場においてと同様――だれもが果たすべき役割を持っている。権力が付随する役割もあればそうではない役割もあり、役割によって異なる台本（スクリプト）が存在する。人がどのようにふるまうべきかという大枠を規定する人生の台本を、心理学者は「スキーマ」と呼ぶ。

家庭では、親は子どもを守り、子どものために選択し、必要に応じて子どもに命令することになっており、子どもは大人の言う通りにすることが期待されている。

教室では、教授は何が真実で正しいかについて権威を持って話し、そうするのが適切な場合には、学生の知識や経験よりも自分の知識や経験のほうが妥当性があると主張することになっている。

学生は、その気があってもなくても、講義中は教授の話を聞き、発言の許可を求め、時間通りに課題を提出することになっている。

職場の会議では、主催者は議事を脱線させずに進め、何が議題で何が議題ではないのかを定義し、出席者に議事進行のルールを守らせる。それ以外の出席者は時間通りに出席し、指示を待ち、それに従うことになっている。これがスキーマである。

私はべつに「できないのにできるふりをせよ」とか「自分ではない別人になりすませ」と言いたいわけではない。私が提案しているのは、**自分が置かれている舞台の現実を受け入れる**ということだ。

その場に身を浸(ひた)し、そこで起こっていることにコミットし、そこで意味のある自分の一面を表現するということだ。

自分を貫くとか、本能のままに動くとか、自分が自然だと感じることや習慣に従って行動するだけでは足りない。立ち止まってまわりを見渡し、妥当な思考の枠組みの中で自分を見つめ——それを学生の一人は「場にふさわしい靴を履く」と表現した——自分の役割を果たすための行動をする必要がある。

めざすべきは自分を輝かせることだけではなく、ほかの人も輝かせることだ。そのためには、プロット（筋書き）から外れる行動をしてはならない。

セレナ・ウィリアムズの失敗

セレナ・ウィリアムズは2018年、プロテニス界最大の舞台である全米オープンの決勝戦で、だれも予想しなかった行動をしてしまった。いつも平常心を保ち、自分をコントロールできるウィリアムズは、これまで何度も感情を抑制する能力とスポーツマンシップを示してきた。ところがその日のセンターコートで、束の間、それを見失ってしまったのだ。

セレナは大坂なおみを相手に苦戦していた。セレナに憧れて大人になった大坂は、その時点ではセレナほど有名ではなかった。過熱した試合の最終盤、審判はウィリアムズに最初のペナルティ——2回受けると1ポイント失う——を宣告した。

ペナルティはスタンドにいるコーチからアドバイスを受けたことに対するものだった。ウィリアムズは最初は静かに異議を申し立てたが、すぐにパワーアップし、プレイヤーとしての自分の実績を知らないのかと声を荒らげて審判に噛みついた。

審判がペナルティを撤回しなかったので、彼女はラケットをコートに叩きつけてへし折り、2つ目のペナルティを宣告された。気が収まらないウィリアムズは主審に歩み寄って謝罪を要求したが、その際の〝暴言〟に対して3つ目のペナルティが宣告された。

そしてウィリアムズは敗れた。試合だけでなく、彼女は3つのコードバイオレーションで1万7000ドルを失った。

試合後、まだカメラが回っているときに、彼女はさらに審判に食ってかかり、彼の対応は性差別的だと抗議した。

公平のために言うと、彼女の主張は、その後何日も専門家による議論が続くほどには正当性があった。しかし、**その日のコート上の彼女の行動は、まったく彼女のプラスになっていない**し、正々堂々とウィリアムズを破った大坂なおみにとっても後味の悪いことになってしまった。

もちろんセレナ・ウィリアムズには、怒る権利もあるし、自分が公平に扱われているかどうかについて疑義を呈する権利もあった。しかし、権利行使の方法とタイミングが悪かった。彼女は押しも押されもせぬチャンピオンだが、どんなに有名で輝かしい戦績があったとしても、審判がボスなのである。

イギリスにはこのような場面を表現する「プロットを見失う（ルージング・ザ・プロット）」というフレーズがある。意味は、予想外の危険な行動を取るということだ。文脈に合わず、社会的規範に違反し、だれの役にも立たないような不適切な方法で暴走することを指す言葉だ。

人生においても、演劇と同様、プロットとは前提条件、ストーリー展開のことだ。自分が何をするためにステージに上がっているのか、どう演じることに同意したかを定義する、与えられた状況のことだ。

「プロットを見失う」というのは、役を演じるために舞台に上がったのに、そして劇が進行中なのに、自分がどこにいるのか、なぜそこにいるのか、何をするのかを見失ってしまうことだ。いわば、デス・スターのブリッジでダース・ベイダーが歌いながら踊り始めるようなものだ。

「プロット」から外れるな

権力をうまく使うためにはプロットから外れないことが必要だ。自分は、他者と共有するストーリーの中で、自分の役割を果たすために存在している、ということを受け入れる必要がある。役割を果たすということは、他者を尊重し気づかうことだ。それは、他者と共有する現実——だれが、何を、いつ、どのように行うかという現実——とのつながりを保ち、社会のルールや約束に従うことでもある。

プロットから外れない能力——割り振られたキャラクターであり続け、台本に従い、共通の目標に向かって行動する能力——は、舞台上だけでなく日常生活においても、まっとうな社会的アクターであることの大きな部分を占める。

自分の力以上にふるまったり、無意味な卑下や遠慮をすると、プロットを見失う。自分自身のドラマに圧倒されたときもプロットを見失う。

私は大学院生としての最初の学期に、ゼミのプレゼンテーションに向かう有名教授に「がんばって（グッド・ラック）！」と言ってしまい、その瞬間、自分が犯した間違いに気づいた。教授は新入生に激励してもらう立場ではない。私は台本を忘れ、現実を見失い、不適切なことを言ってしまった。

「先生のお話を楽しみにしています」と言ったほうが、教授への敬意が伝わっただろう。教授の前で私は不安を覚えて動揺し、その不安を教授に投影してしまったのだ。

「週末は楽しめた？」とたずねてきた上司にうっかり個人的なことを話しすぎたという程度なら、プロットから外れても大した問題ではない。だが、脱線はときには深刻な、犯罪的とさえ言える結果をもたらすことがある。

自意識過剰や恐怖や不安によって役割や責任を見失うと、自分の評判や人間関係にいつまでも残るダメージを被る危険がある。

現在の役割を十分に果たすためには――さらには、新しい役割に自信を持って踏み出すためには――古い習慣を手放す必要がある。自分の中にある子ども時代からの恐れを寝かしつけ、目覚めさせないようにする必要がある。自分自身を理解する方法においても、他者に関わっていく方法においても、時代遅れの方法を超えて意識を広げる必要がある。

恐れに基づく行動は、正直な自分の行動だと感じられるかもしれないが、常に役に立つわけではない。だれもが、大人になってからの役割にまで持ち込んでいる、権力をめぐる過去の経験が一つや二つはあるものだ。古いやり方ではうまくいかない新しい役割を引き受けるときは、やり方を変えなければならない。

権力を上手に使うためには、役割をこれまでのやり方でそつなくこなしたり、自然さと安全を感じる方法で果たすだけでは十分ではない。たとえ不自然に感じても、いま立っているステージの上で意味のある新しいことを、無理なくこなせるようにならなくてはならない。

プロットから外れないというのは、自分自身であり続けるとか、別のだれかになるとか、そういう問題ではない。**自分の考え、感情、行動を、自分が他者に対して負っている責任と一致させるのが、プロットにとどまるということの意味である。**

「責任」を引き受けることで権力が機能する

権力という言葉を聞くと、権利や特権という言葉を連想する。しかし権力は役割に付随するものであり、責任と表裏一体のものである。

自分を属性（たとえば知的、楽しいことが好き、内向的など）ではなく役割（たとえば夫、妻、子ども、マネジャー）によって定義している人は、ニーズより責任を優先するという研究結果があるが、権力に関する研究でも同様のことが判明している。

第一子は早く大人になる

政治心理学者のデイビッド・ウィンターの調べでは、第一子であるアメリカ大統領は、末っ子や一人っ子である大統領に比べ、スキャンダル（不倫や性的不品行、依存症など）と無縁のキャリアをまっとうしていることが多い。この結果は、出生の順番が、うれしいことをあとに取っておく能力や責任感と関係があるという研究と一致している。

一般的に兄や姉は、弟や妹と異なり、個人的犠牲を払ってでも年下のきょうだいの幸福に気を配らなくてはならず、いつまでも「赤ちゃん」ではいられない。赤ちゃんの役割は新しくやってきた弟や妹に引き継がれ、兄や姉は早く「大人」になり、自分本位の衝動をコントロールして、ほかの人のニーズを第一に考えなければならなくなる。

その理由を心理学者は、第一子はまだ幼いうちに、自分と同等以上のニーズを持った他者を家族の中に迎えるため、欲しいものを欲しいときに得られるとは限らないことを早い段階で学ぶからだと考えている。

他者（弟や妹）を第一とすれば報われることを学んだ人（兄や姉）は、喜んでそうするようになり、そうすること自体が目的となる。その意識は大人になっても変わらず、それが権力の使い方に影響を与えることになる。

女性は男性より責任感がある

それと同じ効果を、男性と女性の違いの中にも見ることができる。ほとんどの文化圏で、女性——子どもでも大人でも——は養育者や世話係の役割を果たすという方向で社会化されている。そのため、多くの研究で、平均すれば**女性のほうが男性より責任をもって権力を使い、不正に手を染めることが少ない**という結果が出ている。

開発援助の分野におけるマイクロファイナンスの実績もこの結論を裏づけている。バングラデシュの貧困地域で、個人や中小企業に少額融資（マイクロローン）を行うグラミーン銀行を創設したムハマド・ユヌスは、女性は男性より責任感をもってローンを利用する傾向があることを明らかにしている。

女性はニワトリやヤギ、作物の種など、将来につながるものに投資して収入を得、子どもに栄養のある食事をさせたり学校に通わせたりする。女性のほうが男性よりもローンをきちんと返済する率が高いこともわかっている。

自分を「集団の一員」と定義する

もっとも、これはジェンダーの違いだけが理由ではない。ジェンダーにかかわらず、自分をどう定義しているか——個と見るか集団の一員と見るのか、単独の出演者と見るかキャストの一人と考えるのか——という問題である。

自分を何よりも集団の一員と考える人は、自分の利益を他者の利益と同一視する傾向があって、それが責任ある権力の使い方につながる。

つまり、**社会的ヒエラルキーは、全員がそれを尊重するなら、社会や組織に建設的な影響をもたらす**ということだ。

権力のある者が、自分の権力が他者に対してどんな意味を持つかを考えず、権力の獲得自体を一つの達成と考えたり、自分と他者のあいだに存在する役割や権力の違いを無視するなら、人びとの心が離れて正しい行動ができなくなる。不安の文化が醸成され、ヒエラルキーを維持させている信頼関係が崩れてしまう。

上に立つ者が自分の役割にコミットせずにいると、他者も自分の役割を果たす方法がわからなくなる。だれもが他者を無視し、どうふるまえばよいのかがわからなくなる。

ヒエラルキーが機能するのは、下位の者が下位の役割を果たし（それに満足しているかどうかとは関係なく）、上位の者が上位の役割にコミットしている（自信の有無とは関係なく）ときである。役割は、いったん割り当てられたら個人の選択を離れる。しかし、その役割をどう果たすかはすぐれて個人の選択である。

学生たちが教室で、「調子はどう？」とたずねられて、「最高！」と笑顔で答えるとき、彼らは演技をしていた。セルフイメージを意識していたこともあるだろうが、それだけでなく、学友にとっての最善を考えたうえで自分の一面を表現していたのだ。

つまり、ハッピーで、可能性があり、しかし自分のことだけを考えているわけではないMBAの学生という役割を演じることが、この文脈で自分に期待されていることだとわきまえていたということだ。学生は学ぶためにクラスに現れる。もし全員が個人的な事情や心配を表に出して教室に入ってきたら、だれも満足に学べなくなるだろう。

自分のどの面を見せてどの面を隠すかという選択は、その人の度量の大きさを示す行為であり、社会の秩序を維持するために必要なことだ。だとすれば演技とは、だれもが安心して他者に対する責任を果たせる環境をつくるために、まず自分自身を整えて他者に対する責任を優先するということにほかならない。

自分の「役割」を正確につかむ

もちろん、役割は常にだれかから割り当てられるわけではなく、努力して勝ち取らなくてはならないこともある。そこでも権力が働くことになる。

私たちは公式な肩書きや上下関係が存在しない非公式な文脈でも——いや、むしろそういう場合こそ——ステータスや安全をもたらす役割を確保しようとする。少なくとも、集団から排除されるリスクのある最底辺よりは上の役割を求めようとする。

明確なヒエラルキーが存在しない場合、私たちは自分が暗黙の階層のどこに位置しているのかを、臨機応変に把握しなくてはならない。

たとえば家族の中で、きょうだいがまったく同じ役割を果たしているというケースは少ない。きょうだいは互いに差別化しようとし、「スポーツマン」「ひょうきん者」「秀才」、場合によっては「助けが必要な弱い存在」といった特別なステータスを主張する。**だれもが自分ならではの貢献ができ、価値を付加できる独自の役割を求めている。**

正式な肩書きや上下関係のないところで役割を確保するには、だれに権力があるかだけでなく、その権力が何に由来するのかを理解する必要がある。専門知識のおかげなのか、人脈のおかげなのか、その場で最も威圧的だからなのか、あるいは威圧的でないからなのか。

ある女性弁護士が私に不満を打ち明けた。彼女は企業の顧問弁護士をしているのだが、クライアント企業が、法的な助言には従ってくれるが、ビジネスに関わる意見は取りあってくれない、というのだ（彼女はビジネスでも豊富な経験の持ち主なのだが）。彼女は、自分が女性であることが影響しているのではないかと考えていた。

私は彼女に、企業の顧問弁護士というのは、いわば交通違反を取り締まる警官の役どころだから、組織の人びとはどうしても顧問弁護士を保守的な人物と見ることになり、それがビジネス上の提案が疑いの目で見られる原因なのではないかと指摘した。

チームでの自分の役割は「歓迎されないアドバイスをすること」だと気づいたことで、彼女は役割の果たし方を変えた。与えられた役割が自分にアウトサイダーであることを要請していると気づいたことで解放された。そのおかげで、より強く主張したり、より強くプッシュすることが容易になり、「自分の領分を守れ」と言われても気分を害することがなくなったのである。

私たちは、相手が自分をどう見るかも、自分にどんな役割を期待しているかも、コントロールすることはできない。しかし、それに対して自分がどう応答するかは常にコントロールすることができる。

「格上の部下」に対応する

ジョン・クレンデニンの話は、何度聞いても印象深い。彼はビジネススクール在学中にゼロックスでインターンとして働いた。修了後、ゼロックスにマネジャーとして入社し、いきなり社歴20年のトム・ガニングの上司となった。ガニングはインターン時代のクレンデニンの上司であった。

クレンデニンは役職によって正式な権力を手にしたが、社内でのステータスも経験も、部下でありかつての上司であるガニングのほうが上だった。間違いなく、やりにくい状況だ。しかしクレンデニンはそれに正面から向き合った。

クレンデニンは元上司のお気に入りのレストランを調べ、ランチに誘って率直に話し合った。「この状況は私が望んだものではありません。あなたはこれをウィン・ウィンの関係にすることができます」と切り出した。

クレンデニンは、自分が成功するためには、組織のことを熟知し、人脈も豊富なベテランの助けが必要だとわかっていた。「私にはあなたの助けが必要です。私は信義を重んじる人間です。そして、あなたの味方であるつもりです。でも、そのためにはあなたに助けてもらわなければなりません。もし、そうするつもりがないなら、せめて邪魔はしないでください」

クレンデニンは部下であるガニングに対し、自分の役割を効果的に果たすために必要ならパワーアップするが、自分をサポートしてくれるなら自分もあなたに配慮すると明快に伝えた。のちにガニングは、クレンデニンの素直さのおかげで二人は親しい同僚になったと語っている。

権力をうまく使うためには、自分の役割を真剣に受け止め、自分をより大きなものの一部と見なす必要がある。自分の利益を求めるのではなく、全体にとっての利益を自分の目的とする必要がある。人にそれぞれ個別の役割が与えられているのは、まさに集団にとって大切な目的を達成するためだ。自分の役割を真剣に受け止めるなら、そのことが人を強くするのである。

コラムニストのデイヴィッド・ブルックスがこう書いている。

「目的がわからないとき、自分の役割に潔く身を投じていないとき、だれかのために尽くしていないとき、果てのない海で泳いでいるように感じるとき、私たちは脆(もろ)く壊れやすい。人間は何らかの真理や使命、あるいは愛を信じて身を投じるとき、初めて真の強さを身につけることができる」

プロットを誤解すると、権力を生かせない

私たちはしばしば、共有されたプロットにではなく、自分が自分の都合で思い描くドラマに基づいて、果たす役割を（無意識のうちに）決めてしまい、権力を効果的に使えずにいる。

そのことを私は、あるアシスタントとの関係を通して、痛い目に遭って学んだ。

彼女はそれまで私のために働いてくれたほかのアシスタントと同じように聡明で勤勉だった。初めて会ったときから私に敬意をもって接してくれた。その点は、ほかのアシスタント以上だった。いま思うとそれが、自分の要求を私に知らせる彼女なりのやり方だったのだろう。**彼女は私に、ボスとしての権威を示し、責任を引き受けてほしいと願っていたのだ。**

だが、そのことに私は気づかなかった。私は彼女に私のことを好きになってほしかったし、私のそばで居心地のよさを感じてほしかった。彼女に何かを要求する権利が自分にあるとも思っていなかった。だから私はフレンドリーにふるまった。だがそれは、あまりにも彼女に任せっぱなしにする態度につながった。配慮を欠いたし、関与が足りなかったし、失敗にもつながった。

要するに、私はパワーダウンを選んだのだった。それが最も自分らしいと思ったし、そ

れまでうまくいっていた方法だったからだ。いまにして思えば度が過ぎていた。彼女には私が真剣に役割を果たしていないように見え、イラつき、無理もないが受動的な攻撃性を発揮した。思いやりと責任をもって上司としての役割を果たさない上司に対し、彼女は敬意を払うつもりはなかったし、部下としての役割を果たすつもりもなかった。

私は、彼女との関係がぎくしゃくし始めたことを感じたが、理由がわからなかった。それまでも同じやり方をしていたが、柔軟な放任に問題を感じないアシスタントもいた。だが、この女性には確固たる構造が必要だった。だれかが手綱を取らなければならないのに、上司の私がそれをしなかったので、彼女に苦労を強いることになったのだ。

この問題の解決策は思いがけないところから――なんと寝ているあいだに――やってきた。

有無を言わさぬ厳しいマネジャー

話は数十年前にさかのぼる。大学生のころ、私はマイクという名前の男性の下で働いたことがある。退役した海兵隊員で、キャッツキル山地の大きなリゾート地でフィットネス施設を管理していた。とても個性的な人だった。肩幅の広いがっしりした体格で、胸を張り、顎（あご）を突き出し、髪はフェザーカットを完璧にきめ、いつも白一色の服を着て、任されたエリアを見渡しながら最高司令官のように闊歩(かっぽ)していた。

マイクは規律を重視するマネジャーだった。私を面接したとき、速射砲のように質問したかと思うと、鉛のパイプを拾い上げてプールの反対の端に投げ込んで指差し、「取って来い」と言った。私はびしょ濡れになりながらその命令に従った。

私は採用された。大学で最初の1年が終わった5月、私は他の5人の学生と一緒に出勤した。小遣いを稼ぎながらリゾートで楽しい夏を過ごすことを期待していたが、最初の仕事はトイレ掃除だった。マイクは私たちをトイレに案内して指差し、「磨け」と言った。その場で辞めた者もいたが、私は文字通り鼻をつまんでブラシを手に取った。

6月になり、ゲストが訪れ始めたとき、逃げ出さなかったアルバイターは、プールサイドのデッキの管理を任された。1人につきラウンジチェア100個、分厚いマットレス100枚、かなりの重量があるパラソル10本が割り当てられ、毎日それを並べ、整頓し、塵(ちり)ひとつない状態を保たなくてはならなかった。相当な重労働だった。

毎晩、やれやれ終わったと思ったころにマイクがやってきて、私たちの持ち場をチェックした。白い服を着た元海兵隊員は腹ばいになり、左右の頬を交互にプールサイドのデッキに押しつけるようにして、デッキチェアの下にゴミが落ちていないか、鷲の目でチェックした。何かを見つけたらチェアの番号を叫ぶか、黙って指差した。

マイクのことはもう何年も思い出したことがなかったが、ある晩突然、夢に出てきてデッキチェアを指差した。下にはゴミも落とし物もなかったが、チェアの上には1人の女性が寝そべっていた。よく見たら、私のアシスタントだった。

目が覚めたとき、面白い夢だと思ったが、あり得ない光景にはたと思いついた。夢の中の私はプール係の女の子で、私のアシスタントはお客様だった。私の潜在意識がマイクを呼び出して、教訓を伝えさせたのだ。私には整理すべき混乱があった。

しかし、どうやって整理すればよいのだろう？　私はマイクだったらどう対処するだろうと考えた。すると、彼が指差す先にあるものが見えた。

自分らしくなくても「パワーアップ」すべきとき

その後まもなく、私は件（くだん）のアシスタントから嫌なメールを受け取った。言葉づかいには敬意が感じられなかった。私は時間を指定して、彼女をオフィスに呼びつけた。メールを印刷し、侮辱的な文言に線を引いて強調した。彼女が私の部屋のドアをノックした。私は立ち上がって、椅子に座るよう促した。彼女の前にメールのプリントアウトを置き、マイクと脳内交信（チャネリング）しながら、指差した。**「これはどういう意味かしら？」**

紙から指を離し、彼女の目をまっすぐに見ると、彼女の顔から血の気が引くのがわかった。彼女はすぐに謝罪し、考えられるあらゆる方法で言い訳をした。私は黙って彼女が話し終わるのを待った。その後、数秒の間を置き、こう告げて〝対決〟を終わらせた。「わかりました。来てくれてありがとう」

後にも先にも、こんなやりとりはこの一回だけだった。このとき私はパワーアップし、彼女はパワーダウンし、二人は正しい方向に向かった。変化はすぐに表れた。私たちはお互いに少し注意深くなり、自分の役割へのコミットを強めた。それ以来、メールとそれに続く〝対決〟について話をしたことはないが、私たちの関係はうまくいき始め、それはいまも続いている。

あの日の面談は、私の成長にとって大きな瞬間だった。あのとき私は自分の演技をわざとらしく感じた。**芝居がかっていて自然ではなく、普通でもなかった。**しかし、彼女や彼女のあとに続く多くの部下のために正しいことをしたいなら、自分自身であることへのこだわりを捨て、責任ある者としてふるまう必要があることがわかっていた。

権力者を演じる

演技とは目的を持った自己表現であり、意味のあるパフォーマンスをするためには、自分の役割にコミットする必要がある。劇中の俳優はストーリーの結末を知っているし、自分が演じるキャラクターが成功するか失敗するか、そしてその理由も知っている。

しかし、人生では私たちはストーリーの結末を知らず、自分で道を切り開いていく必要がある。リハーサルはないし、監督からの演技指導もない。私たちはほとんど即興で人生という舞台を乗り切らなくてはならない。

この不確かさは怖いもので、慣れ親しんだ方法にしがみつきたくなるのも無理はない。しかし、この世界で成功するためには、**舞台上と同様、自分の快適な空間から一歩踏み出す勇気を持つ必要がある。**

俳優のように、私たちも自分の役割を効果的に演じるためには、もっと自分を総動員する必要がある。心からの思い、胆力、明確な目的意識、そしてこれが重要なのだが、豊かな想像力をもっとふるい立たせるのだ。

逆に、自分を抑えることが必要な場合もある、恐れ、恥ずかしさ、「こうでなくてはならない」という気持ちを抑えるのだ。そして演じるときは、自分でも恐れている自分の一部を隠したり〝普通〟を装うことにエネルギーを無駄づかいするのではなく、それらすべてを受け入れ、深く掘り下げ、そこにさえ命を吹き込む勇気を持つことが必要だ。

どこから手をつければよいかわからない場合、役割を演じることは難しいと感じるかもしれない。そんなときプロの役者は、もちろん演劇の世界で開発された「テクニック」を使う。俳優は自分と自分が演じる登場人物が別の存在であることを理解している。俳優も私たちと同じで、**日常の自分と演じる人物のあいだのギャップを埋めなければならない。**

最も自然で真実味のあるパフォーマンスのために、俳優はキャラクターの境遇を内面化し、それを自分のものにするために努力している。次に、その方法を見てみよう。

「途切れぬ線」というテクニック

コンスタンチン・スタニスラフスキーは、いまでは「メソッド演技法」と呼ばれている方法を開発した演技指導者として広く知られている。しかし、彼は俳優であり、演出家であり、名門モスクワ芸術座のオーナーでもあった。サーカス、バレエ、人形劇をこよなく愛したことでも知られている。

スタニスラフスキーは、「登場人物になりきって」世界に出ていくことで演技に磨きをかけた。占い師や放浪者に変装して街を歩き回り、別人としてその人生を体験した。そうすることで、舞台上でそのキャラクターをより忠実に演じることができると考えたのだ。

スタニスラフスキーのメソッドは20世紀初頭に開発されたものだが、今日でも使われている演技技法の基礎となっている。

スタニスラフスキーは、ただリハーサル通りに演じたり登場人物を装ったりするのではなく、俳優は演技しながらその役を体験し、生きることをめざすべきだと提案した。

俳優は演技において、経験の「途切れぬ線（アンブロークン・ライン）」をめざして努力すべきだと考えた。それは、登場人物になりきることではなく、**その人物のリアリティを個人的に体験したらどうなるかをできるだけ詳細に想像する**ということだ。「途切れぬ線」とは、俳優とその役を結びあわせる縫い目のようなものだ。

スタニスラフスキーの理論をベースにしたもう一人の伝説的な演技指導者であるサンフォード・マイズナーは、こう言っている。「演技とは、与えられた想像の状況下で真実に生きることである」。私たちはみな、舞台芸術家のように、パフォーマンスに個人的解釈を持ち込むことで自分の役割と向き合うことができる。

「ドラゴンの母」になりきる

多くの俳優は、実際には体験したことのない状況の中で生きる人物を演じきるために、スタニスラフスキーの手法のバリエーションを使って、その人物の状況をあたかも自分の状況であるかのように想像し、内面化しようとする。

数年前、ある訴訟で被告側の重要証人となった私は、この手法を試す機会を得た。原告側弁護士が私の信憑性（しんぴょうせい）を崩すために攻撃してくることはわかっていた。彼は私に恥ずかしい個人的な質問をして、私が何かを隠しているように見せかけようとしてくるはずだ。

私は集中砲火を浴びようとしていた。こちらの弁護士は私に、毅然とした態度で、正直に、慎重に言葉を選んで証言し、陪審員に信憑性を感じさせることを期待していた。敵陣に引っ張り出される私は、攻撃されても個人的な境界線を守り、冷静さと明晰さを保たなければならなかった。

私はあの日あの舞台で、自分が何者であるかを敵に決めさせたくなかった。そのため、証人席に座る前に、**強い別の自分を内面化させる**必要があった。

宣誓証言の前夜、私は「ゲーム・オブ・スローンズ」を見た。毎週見てはいなかったし、それまではあまり注目もしていなかった。しかしその夜は、王の娘のデナーリス・ターガリエンのストーリーに釘づけになった。公正な小柄な女王だ。子どものとき兄に性的奴隷として売り飛ばされたが、ストーリーの中で最もパワフルな支配者の一人となっていた（シーズン5だったと思う）。

デナーリスは正義を志すが、同時に恐れてもいる。ドラゴンの卵を発見し、世話をし、孵化させたことで、彼女は火を吐く巨大な3頭のドラゴンの母となった。ドラゴンたちは彼女のボディガードだ。彼女は一見弱そうだが強い権力を持っていた。ドラゴンの保護者であると同時に、ドラゴンの庇護を必要としていた。ドラゴンの母という彼女のキャラクターに私は惹かれた。

翌朝、家で宣誓証言の準備をしていたとき、デナーリスの姿が頭に浮かんだ。鏡を見ると、小さな翼のように見える肩章（エポレット）の付いたマントを着た彼女が、荒地を歩いて私のほうに近づいて来るのが見えた。黒のセーターをやめて肩パッドの入った青のブレザーを着たら、恐れ知らずの人間になった気がした。私がドラゴンの母だったらどうだろう？　私はどうするだろう？

考えれば考えるほど、想像が現実味を帯びてきた。私がドラゴンの母なら、私には子どもがいることになる。実際に私には子どもがいるから、子どもがいるというのがどんなことかはわかっている。

ドラゴンは見えなかったが、私はドラゴンの母親のように、心と身体の中にドラゴンを感じた。ドラゴンは娘たちの寝室に入れるには大きすぎたから、ネコのサイズの彼らを想像した。彼らはドライブウェイの日だまりでたむろし、私が家から出てきて行き先を告げるのを待っていた。

裁判所に向かうとき、ドラゴンたちは私の車の後ろを飛んで守ってくれた。私が法廷に入ると、彼らもあとに続いた。私のヒールの音に合わせるように、彼らの大きな爪が床を叩く音がした。彼らは私の席の後ろに陣取った。

私は私に攻撃をしかけてくる訴追側弁護士と目を合わせた。

「やれるものならやってみなさい」と私は内心で叫んだ。「ドラゴンが火を吐くから」

マジック・イフ
——望ましい自分を内面化する

気が変になったのかと思われそうだが、冗談を言っているわけではない。俳優は登場人物が経験しているであろう光景、音、手触り、匂いを想像するために五感を研ぎ澄ませることで、脆弱な自分を守ろうとする防衛本能を解除できる、とスタニスラフスキーは考えた。

この理由から、ハーバード大学の精神科医ベッセル・ヴァン・デア・コーク（心的外傷後ストレス障害に関する先駆的な研究で有名）は、防衛機制で圧倒されそうになっている患者のための治療に演劇（ドラマ）を利用することを推奨している（演劇情動療法）。

自分を防御する必要がなくなると、私たちはもっと多くのことができるようになる。それまでの自分を一変させて、まったく新しい状況に置くことができる。

これは俳優がキャラクターに命を吹き込む方法であり、演劇の世界に限らず、「自分らしさ」では仕事が効果的に進まないときにパワフルに行動するための有効な方法だ。

「マジック・イフ」は想像力を使うエクササイズだ。

あなたが実際に何者であるか、あるいはあなたの実際の状況は変えられないが、それをあなたがどう経験するかは変えられる。

自分や自分の状況をどう解釈するかはきわめて重要で、解釈の違いは結果に大きな影響をおよぼす。「自己達成的予言」〔思い込みに影響されてその通りに現実化する現象〕や「ステレオタイプ脅威」〔ステレオタイプを意識することで、自らパフォーマンスを落とす現象〕に関する研究も、**そうなるかもしれないと恐れていることは実際に起こる可能性が高くなる**ことを示している。

自分は無力だという恐れに基づく現実ではなく、「強力な自分ならどうするか」という〝魔法の仮定（マジック・イフ）〟に基づいた現実を創造してみよう。

自分が無力に思えるような困難――新しい役割、厳しい議論、慣れない状況など――に直面したとき、その場に臨む前に、そうはなりたくないと恐れる弱い自分の姿ではなく、こんな姿で立ち向かいたいと思う「望ましい自分の姿」を想像するのだ。この状況で、自分が望むインパクトを与えるには、どんな性格の人間になればよいかと想像しよう。

以下は、私の受講生たちが、自分のパフォーマンスに必要な性格を有していると想像した人物の例だ。

パットン将軍の勇気と不屈。子ども向けテレビ番組で一世を風靡したミスター・ロジャースの常識はずれの思いやり。サッカーのトビン・ヒースの自信満々の遊び心。バラク・

オバマの鷹揚としたクールさ。ロナルド・レーガンの陽気な楽観主義。コメディ女優エレン・デジェネレスのお茶目なやさしさ。ビヨンセの激しさ。CNNのアンカーマンであるアンダーソン・クーパーの洗練された執拗さ。ジェフ・ベゾスが事もなげに発揮するスケールの大きな明晰さ。「賢く、飾り気がなく、無条件にポジティブな私のおばあちゃん」というのもあった。

「自分には1万人がついている」と考える

数年前、オプラ・ウィンフリーはスタンフォード大学に招かれ、「トップからの眺め（ビュー・フロム・ザ・トップ）」という連続講演会で話をした。会場は600人の聴衆で満員になった。公演後、1人の学生が質問をした。重要な集まりに参加して、女性は自分だけ、あるいは有色人種は自分だけということがわかったら、どう対処すればいいでしょうか？

ウィンフリーは間髪を入れず、1人では参加しません、と答えた。「**私は1人だけれど、1万人なのです**」

それはマヤ・アンジェロウの「私たちの祖母たち」という詩からインスピレーションを得たフレーズだ。「私たちの祖母たち」は詩人が自分の先祖たちとその戦いに捧げた賛歌だ。アンジェロウはこう書いている。「だれも私をつぶせない。100万人でもつぶせない。ただ1人、私は進む。1万人と一緒に」

全員白人、全員男性の役員会議室に入るとき、ウィンフリーは自分の役割をどう演じるかを選択する。**一瞬のうちに、魂の大隊を招集する。**彼女はただ1人の有色人女性として部屋に入ることはない。彼女は頭の中、心の中、経験の中にいる同志と一緒に部屋に入る。さまざまな時代に、さまざまな場所で、大きな役割や小さな役割を果たした無数の有色人種の女性の1人として、部屋に入る。

全米黒人地位向上協会（NAACP）で栄誉ある賞を受けたときのスピーチで、ウィンフリーは、大きな舞台で自分が果たす役割と、自分に力を与えてくれる文脈とのつながりについて語った。

彼女は、1万人の中の何人かの名前を挙げ、彼女らが発揮した力を「1万人の10乗の力」と呼んだ。彼女らは自分と愛する人のために理想を追求した女性であり、アフリカ系アメリカ人だ。懸命に働き、偏見と戦い、差別の壁を壊し、自由と機会が訪れることを信じながら、それを見ることなく天に召されていった人たちだ。「彼女たちがいたから、いま私は揺るがない岩の上に立っていられるのです。彼女たちが種を蒔いてくれたから、私は実を結ぶことができたのです」

スタンフォードの講演会で彼女は、知らない人が見たら、私は白人男性ばかりの部屋に

1人でいるように見えるかもしれないけれど、それは私に見えている真実ではない、と言った。自分と一緒にいる人の姿はだれにも見えないけれど、本当にいないのではない。先人たちはウィンフリーの経験の中に生きていて、彼女とともにいる、それが彼女にとっての真実だ。だれも彼女からそれを取り上げることはできない。

「小道具」が心理に影響する

自分はオプラでもドラゴンの母でもないと思うかもしれないが、事に臨むとき、同じ考え方を生かすことはできる。私が法廷に入ったとき、火を吐くドラゴンがそばにいたわけではないが、真実と正義は私の味方だと信じて証言に臨んだ（事実、真実も正義も私たちの側にあった）。援軍ということで言えば、応援してくれている家族や友人の名前をポストイットに書き、それをポケットに忍ばせて法廷に入るという人もいる。

心の中であれポケットの中であれ、何を携えて事に臨むかは重要だ。演劇で言えば、**プロットと役柄にふさわしいリアリティを醸し出す小道具**がそれに当たる。たとえば、上級幹部はタブレットやモレスキンのノート、革のバインダーなどを持ち歩いているかもしれない。もっと偉い人なら何も持ち歩かないかもしれない（だれかが代わりに持ってくれるだろう）。

ワシントンDCで働いている知人は、よく議会で証言するが、証言の際は薄いバインダーを持参する。厚いものを使わないのは、しっかり準備できていて、必要なことは頭に入っていることを示すためだ。この場合のバインダーが小道具だ。

私はベンガジ事件公聴会（リビアのベンガジで起きた総領事館襲撃テロに関する公聴会）でのヒラリー・クリントンのイメージが気に入っている。眼鏡越しに資料をのぞき込みながら紙をめくる様子から、ほとほとうんざりしている気分が伝わってきた。

持ち物は、持ち主が何をする人か、状況をどう解釈してどう対応しようとしているか、役割をどう演じるかということに影響を与える。

服装が「周囲の目」と「自分の心理」を変える

衣装にも同様の効果がある。私たちは服を着、役者は衣装を身につけるが、効果は同じだ。私たちは実用性や審美性、スタイリッシュという理由だけで着るものを選ぶことはない。持ち物（小道具）と同様、服もそれを着ている人が何者であるかを示す。

服は、他者に意味を伝えて影響を与え、それが反射して着ている当人に影響を与える。身にまとう服と手に持った物は、自分にも相手にも自分は何者であるかを伝え、共通の現実を強化する。そしてそれが「途切れぬ線」となるのだ。

この目的のために、劇場の外やカメラが回っていないときでも、劇中の衣装を身につける俳優がいることはよく知られている。演じる人物のように歩き、話し、文字通りキャラクターになりきるためだ。俳優ではない私たちも、パワフルに行動しようとするときは、着る服を慎重に選ぶ必要がある。それは目標を助けもするし、妨げもする。

サラ・シスラー・ゴフ博士は、アメリカ聖公会の司祭としての仕事を始めたとき、自分の役割の重大さに不安を覚えた。教区の人びとにとって、彼女は神の代理人だった。それはさまざまな責任のある司祭の仕事の中でも、とびきり高度な責任だった。まだあまり知らない人の中に入っていき、親密で個人的な領域で向きあい、安心や意味、慰めを与えるのが彼女の仕事だった。

司祭に叙任される前のある夏のこと、病院のチャプレン〔施設や組織で働く聖職者〕として働いていた若いサラは、死の瞬間を迎えようとしていた教区民の枕元に呼ばれた。「私はチャプレンでした」と彼女は振り返る。しかし、彼女には自分がチャプレンだという実感はなかった。家族がベッドを囲んで立ち、彼女が聖職者としての務めを果たすのを期待して待っていた。

「全員が、まさか初めてじゃないだろうな、という目で私を見ていました」。だが、臨終に立ち会うのは彼女にとって初めてのことだった。「もちろん『初めてなんです』などと言える場面ではありません。私は圧倒され、どうすればいいのか頭の中が真っ白になりました」

立襟の祭服を着るという単純なことが助けになった。その服に身を包むと、司祭の役割を果たす許可をもらえたような気がしたし、**それを着ているとほかの人も安心してくれるように感じた。**役割にふさわしい衣装を着ると、人びとは彼女に敬意をもって接してくれ、その敬意によって彼女は自分の仕事をすることができ、人びとのニーズに応えることができた。

時間と経験を重ねるうちに、司祭の役割を果たすことは次第に難しくなくなってきたと彼女は言う。いまでは、短パンとTシャツでも務めを果たせると感じるし、実際にそうすることもある。

「私は司祭ですが、神が私の責任を引き受けてくれています。私はただ信頼して、神に身をゆだねればいいのです。その中で司祭としての役割を果たすことができます。いまここにとどまり、正しいことさえしていれば、何を言うかはあまり問題ではありません。司祭であるということは、いまここにいてもいいという許可を与えてもらえるということです。気まずい沈黙や厳しい瞬間、奇妙な出会いの中でも、自意識過剰に陥ったり、場違いな感じを抱くことはありません」

世の中のドレスコードには理由がある。実用的な理由としては、たとえば警官が銃を携行するのは、市民を犯罪者から守る責任があるからだ。防護服や防弾ベスト、ヘビーブーツなどで重装備することもある。

こうした装備の目的は、もちろん警官の安全を守ることだが、警官の意識と行動を変える効果もある。制服を着た警官はシルバーバック・ゴリラのように堂々としている。警官が近づいてきたら、善良な市民も悪漢も、場を仕切るのは自分ではなく警官のほうだというこことがわかる。

制服はそれを着ている人の役割を示している。それはストレスの多い混沌とした世界に確実性と予見可能性をもたらし、安全を保つ行動のプロトコルを想起させてくれる。

医師である私の友人は、白衣と聴診器なしに患者の病室には入らないと言う。いずれも常に診察に必要なわけではない。しかし多くの医師は、医師という役割や専門知識を象徴するものを着用したり携帯することは、**患者には安心感を与え、自分には責任と権威を自覚させる効果がある**と考えている。私たちが身につけているものは、まわりの人の反応を変え、それが私たちを変えるのだ。

「ハイヒール」は身長を高くするだけではない

仕事をしている女性の多くは、ハイヒールは履きたくないけれど、どうしてもやめられないと言う。なぜか？　文字通り、ハイヒールは履く人の背を高くしてくれて、権威ある人のような印象を与えるからだ（男性の中にも同じ理由で踵の高い靴を履く人がいることはよく知られている）。

しかし、ハイヒールが高くしてくれるのは身長だけではない。たとえば、ハイヒールが硬い床を叩く音は、だれかの到着を告げる音だ。兵隊が伸ばした脚を高く上げて行進する様子を連想してしまうのは私だけだろうか。

女性の場合ほど劇的ではないが、私が知っているワシントンDCの政治関係者は、議会での証言に呼ばれたときはソールの硬い靴を履くという。**大理石の床を叩く自分の足音が舞台を整えるのに役立つ**と考えているからだ。「私が来たことを足音が告げるという雰囲気が好きなんです」。それが彼の登場の仕方だ。彼の足音は、議場の人びとに、この人物は侮ってはいけないということを告げる音なのだ。

女性にとっては、ハイヒールはセクシーなものでもあり、そこに権力が生まれる。服や靴で女性らしさや身体的魅力をアピールする人がいるのは、それが自分の権力を高めてくれると信じているからであり、多くの場合確かにその通りだ。ただし注意が必要だ。プロフェッショナルとして仕事をする場合には、細く尖ったヒールはさほど効果を発揮しない。それに、物理学的に言っても細いヒールのほうが転びやすい。

「スーツ・アップ」（suit up）という言葉は、プロフェッショナルが大きな仕事をする前に行うメンタル面での準備という意味で辞書に載っている。プロっぽく見えるというだけでなく、**スーツを着ると、男性でも女性でも、身体のラインが角張り、肩幅が広がって身体的に頑強そうに見える。**

人びとと共有する現実ではなく、むしろ自分だけのプライベートな現実の強化が必要なこともある。いずれにしても、パワフルに行動しなければならない状況では、着る服や持ち物は私たちに自信を与え、自身ありげに見せ、その役割にふさわしい気分にしてくれる。

自分の「縄張り」をつくる

「縄張り」は権力を得るためにとても重要だ。動物は縄張りを確保するために涙ぐましい努力をするが、人間も同じだ。私たちは本能的に、その場を所有している者がルールも決めることを知っているからだ。

コメディアンのジミー・キンメルは、トランプ前大統領が閣僚たちとテーブルの席に着くと、自分のスペースを広げるために物を動かす――ときにはほかの出席者の物さえ動かす――ことを笑いのネタにしたことがある。

だが、その衝動はどうやらトランプだけのものではないようだ。別の政権の時代に、ホワイトハウスで開かれたある会議に出席した知人が、そのときの模様を教えてくれた。

そうそうたる権力者たちが、テーブルのそばに並べられた座り心地のよさそうな大きな椅子に陣取っていたが、私の知人は遠く離れた場所に置かれた標準装備のような椅子に座らされた。壁際に詰めて置かれていたので、苦労して身体をすべり込ませなくてはならなかった。**「この場ではだれが権力を持っているのか」というシグナルを発するのが縄張りなのだ。**

自分の本拠地にいるときや自分が場を仕切っているとき、縄張りは権力を主張する根拠を与えてくれる。たとえば、あなたの部屋（オフィス）で会議をするときは、たとえあなたが最も格上でなかったとしても、パワーバランスはあなたに有利な方向に傾いている。

私がスタンフォードの教室——つまり私の縄張り——で企業のトップたちとミーティングをするとき、だれもが私に質問をするときに挙手をする。ほとんどの人が私より格上だが、それでも私の縄張りでは学生のようにふるまう。

どうすれば他者の敬意と注意を自分に向けさせ、〝場の主役になる〟ことができるのか？その方法をよくたずねられる。

これを自信や押しの強さの問題だと思っている人が多いが、実際は縄張りの問題だ。だれかの家に夕食に招かれたとき、主役になるのは難しい。パワーダウンしてホストに敬意を払いたいと感じるのが普通だ。場面が変われば、パワーアップして自分のスペースを確保したいと思うこともあるかもしれない。

この問題を考える際、学校の教室はうってつけの例だ。『世界のエグゼクティブが学ぶ誰もがリーダーになれる特別授業』（翔泳社）の著者である経済学者のハーミニア・イバーラは、ハーバード・ビジネススクールの教授だったころ、学生が入ってくる前に教室をくまなく歩き回って縄張りを確立してしまうというやり方で、講義室の主役の座を確保していた。

私もエグゼクティブのためのコースで教えていたときに同じようなことをした。そのコースの授業は、使い慣れたスタンフォード大学の教室で行われたが、私を含めてさまざまなゲスト講師が入れ替わりで教えたので、私は自分が教えるとき、「エグゼクティブたちの縄張り」に入っていく侵入者になったように感じた。落ち着かない気分になり、緊張し、何か知らされていないルールを破ってしまわないかと不安を覚えた。

そこで私は早めに教室に入って中を歩き、ここは自分の教室であり、自分はコースに招かれたゲスト講師ではなく、エグゼクティブたちが私のゲストなのだという意識化を行った。そうすることで、上に立って支配するのではなく、客人を招くホストのようにふるまえるようになった。

「客を招く（ホスティング）」というのは、場の主役になるためのすばらしい方法だ。歓迎する気持ちが伝わるし、ゲストにはそこにいることを光栄に感じてもらえる。にもかかわらず、そこが自分の家であり、ルールを決めるのも自分である、という事実は揺らがない。

「場所」が権力に影響する

一方、中立的な場所は、権力の不均衡を減らすことができる。多くの企業がオフサイト〔自社以外の場所〕で会議を行うのはこのためだ。職場ではステータスの違いが参加者を分断しがちだが、中立的な場所に集うことで意思疎通が促進される。

スーパーボウルの会場が、出場するチームと関係なくあらかじめ決められる理由もここにある。ビジネスでも政治でも、大きな交渉が中立地で行われるのも同じ理由からである。

縄張りの種類も重要な意味を持つ。女優たちを食い物にしたハーヴェイ・ワインスタインのおかげと言ってよいのか、いまではほとんどの人が、ホテルの部屋で仕事のミーティングをするのは危険だと認識している。

私は博士課程の学生に、カンファレンスでは夕食後のパーティは避けるようにアドバイスしている。夜にお酒が出る場所でくつろいでいるときに受容される行動と、昼間のプロフェッショナルな集いでの行動規範はまったく別ものだからだ。

特に、**そうした場において年少者は、ほかの人の行動に合わせることになりがち**なので困った状況に置かれることが多い。

その種の不品行とは別に、会話の中には、オープンな場で行ったほうがよいものと、目立たないように当事者だけで行ったほうがよいものがある。プライベートな空間でパワーアップをするのが有効なこともあれば、パブリックな場でパワーダウンするのが適切ということもある。

たとえばCEOは、公の場では後継者を尊重したり称賛したりして箔をつけ、アドバイスや注意はプライベートな場で行うのがよいかもしれない。同様に、部下や同僚がミスしたときは、まわりに人がいない親密な場で注意したほうが親切だし生産的だ。相手の面子に配慮するのは寛容な気持ちを示すパワーダウンの行動で、相手がつぶれてしまうのを防ぐことができる。

言うまでもないが、部下が悪いニュースを上司に伝えるときは、内輪で行うほうがはるかに安全だ。他方、他人を危険にさらすような悪質な行動に対しては、ヒエラルキーの上下と関係なく公の場で指摘して、知らせるべき人に知らせることが重要になる。

「離れる」ほど権威は弱まる

縄張りという点では、インターネットは考察に値する興味深い場だ。そこは権力に関する伝統的ルールが存在しない所有者不在の空間である。だれの縄張りでもなく、同時にだれの縄張りでもあると言える。

近年、フェイスブックやツイッターのようなソーシャルメディアのプラットフォームが強大な〝パワー平準化装置〟となっている。あまり「重要でない人」や「普通の人」が、この装置がなければとうてい得られなかったであろう巨大な数のフォロワーや強力な拡散能力を、専門知識や実体験に基づく発信によって獲得している。

ソーシャルメディアによって、対面であれば採用しないような方法や言葉づかいで影響力を行使したり意見を表明したりすることが可能になった。ツイッターで何らかの見解に同意を表明したり、地位や権威のあるだれかを攻撃することは、リアルライフで同じことをするよりはるかに簡単だしリスクも少ない。

そのことは、「従順」というテーマでイェール大学のスタンリー・ミルグラムが行ったいくつかの研究の結果とも一致している。

その研究では、**実験協力者と権威の物理的・心理的距離が広がるほど、権威を権威と認める反応が弱まる**ことが確認されている。驚くことではないかもしれないが、名前がわかる電子メールでさえ、送信者は社会的に適切とされる規範に従わないことが多い。また、ネットの世界では、最も攻撃的な人間が縄張りを確保して主導権を握ることが多い。

縄張りについて押さえておくべきポイントは、何者として相手と向きあうか、何を着てそこに立つかだけでなく、どこで会うかを選択することによっても舞台を設定することができ、事態の展開に影響を与えることができるということだ。

若い女性が「ボス」になるには？

私が知っている若い女性エグゼクティブは、ＭＢＡを取得して仕事に就けたことを喜んでいた。28歳でフォーチュン５００に名を連ねる某社に地域ディレクターとして採用され、苦戦している15の事業所の黒字化という重要な役割に取り組むことになった。直属の部下の大半は彼女より年上で、経験も豊富だった。

彼女はスピード感をもってミッションに取り組むとともに、良好な人間関係を築きたいと願った。そこで最初の数か月をかけて部下全員と面談した。

彼らはあらゆることに不満を持っていた。何もかもうまくいっていなかった。彼女は自分を証明しなければならないと感じた。そこで彼らの問題を解決すべく取り組み始めた。

「自分が取り組めばやり切れるとわかっていました。しばらく、それにかかりっきりになりました」

彼女が学ぶ必要があったのは、ボスになる方法、職場の新しい〝保安官〟になる方法だった。彼女は新しい基準を設定し、部下たちに自分のパフォーマンスに責任を持たせなくてはならなかった。部下に振り回されるのではなく、上司である自分が示す問題の解決に部下を集中させるような関わり方を身につけなくてはならなかった。

彼女は部下を遠ざけない方法で、自分をパワーアップする必要があった。彼女は私に、

「どうすれば彼らの縄張りで、嫌なヤツだと思われることなく主役になれるのでしょう?」

とたずねた。

私は、**自分をパーティに招かれたゲストではなく、ホストだと考えたらどうか**と提案した。彼女はそれを実行した。

「ここで働き始めて、ほぼ一年でした。従業員の定着率も士気も低下していました。私は彼らに、もっとがんばってくれなければ辛い決断をせざるを得ないと告げる必要がありましたが、同時に、困難な状況下でも仕事に前向きに取り組む文化はつくれることも知ってもらう必要がありました。その点、ホスティングのアイデアは心に響きました。ふだんの生活を考えれば、人間関係を築きたければ家に招待して、喜んでもらおうと思うでしょうからね」

部下を家に招くことはできなかったので、彼女は職場に少しだけ家を持ち込むことにした。ワッフルメーカーと材料を注文し、毎朝早起きしてオフィスに早く入り、ワッフルをつくった。「休憩時間のスケジュールを調整してもらって、みんながワッフルを食べに来られるようにしました。私はそれに合わせて、できたてのワッフルをふるまって、腰を下ろして話をしました。私と話したくないのか、休憩を取らずに仕事を続ける人もいましたが、

それ以外は上々の反応で、ワッフル作りを手伝ってくれる人もいました。コミュニティができたという感じがしました」

彼女は部下の話に耳を傾け、彼らに何をしてほしいのかを、やさしいけれど明確な言葉で伝えた。全員がすぐに反応したわけではなかったが、だんだんと期待した方向に動き始めた。

「若い女性リーダーが、初めての職場環境に、エグゼクティブとしての存在感を持って入っていくのは難しいことでした」と彼女は振り返る。「ほかの人と同じになる必要はなくて、自分の強みを、自分を有利にするために使うしかありませんでした。私は会社の男性たちのようには行動できませんでしたが、裏表のない思いやりのある人間でいることはできました。私はそれがリーダーのあるべき姿だと思っています」

「役割」を演じきる

役割を果たすことを考えるとき、二者択一に陥って葛藤する人が多い。「自分に正直に行動する」か、「別の人間になったつもりで自分らしからぬ行動をする」かの二者択一だ。

それは社会科学の見方であって、俳優はそうは考えない。スタンフォード大学のかつての同僚で、現在はアップル・ユニバーシティ〔アップル社の研修施設〕の学長を務めるジョエル・ポドルニーは、この二者のあいだの緊張を二つの論理のせめぎ合いと捉えている。役割を性格、習慣、自分らしさという観点から考える「個人の論理」と、文脈、役割、社会規範という観点から考える「状況の論理」の二つである。

パワフルに行動するとは、役割を引き受けるという挑戦だ。その際、その行動が自分らしいかどうかは関係ない。舞台でも人生でも、大事なのは真実を伝える方法を見つけることだ。たとえ台本に書かれている台詞や動きであっても、それを自分の真実な言葉や動きとして表現する方法を見つけることだ。

役割の表面をなぞるだけの演技と、役割を自分のものとして演じきることは違う。前者は、たとえ本番でも結局はリハーサルのようなものであって、真実ではない。台本通りに台詞をしゃべることであって、発せられるのは自分の言葉ではない。「いつでも相談してくれ」と言う上司の部屋のドアがいつも閉まっているようなものだ。

他方、後者は、「個人の論理」と「状況の論理」を二者択一ではなく一致させようとする挑戦だ。自分らしさに逃げ込むのではなく、誠実さ（インテグリティ）を追求することだ。

誠実とは、「全体性が保たれている状態、分割されていない状態」のことだ。状況がどうあれ、役割にともなう責任を果たす準備が、精神的にも情緒的にも100%整っている状態のことだ。独自の経験や世界観を含めて真の自分を役割に注ぎ込むことだ。そこから芸術性や解釈や意味が生まれる。

そのためには、まず自分がいる舞台の上に立つ必要がある。**自分から離れ、他者にとって自分は何者か、自分の行動は世界にとってどんな意味があるのかということに意識を向ける必要がある。**

自分から離れるとは、これまで歩んできた人生、葛藤、疲労、フラストレーション、注目やサポートに対する欲求、あるいは、自分にはどの程度の権力がふさわしいかという自己評価などを忘れるということだ。人からどう見られるかとか、自分がどう感じるかではなく、仕事そのものを意識するということだ。

パワフルに行動するとは、責任ある行動を可能にするマインドセットを獲得して、完全性を追求するということだ。

演じることで「新しい自分」を解放できる

演劇では、難しい役を演じるときに俳優としての成長の機会が訪れる。ある役を演じたことで自分はすっかり変わった、という俳優は多い。演劇は、心理的にも肉体的にも感情的にも、現実にはあり得ない体験をさせてくれる数少ない機会の一つだ。

実生活では、新しい役割は思ってもみなかった方法で権力を使う機会を与えてくれ、人として成長する機会を与えてくれる。そう考えれば、**演じることは抑制ではなく解放であ**

り、**力の付与（エンパワー）でさえある**。演じることによって、それまでの自己認識の殻を破り、新しい考え方や存在のあり方へと自分を開くことができる。

私の受講生の多くが、役を演じることには中毒的な魅力があると言う。授業が終わると、もっと演じたいという気分になるらしい。演じているときは、本当の自分ではないという感覚や、堅苦しさや、自意識を感じることはなく、リアルさを感じ、演技に没頭でき、活力を感じると言う。演者間のかけあいにも、わざとらしさや気まずさ、隔絶感がなくなり、親密さを感じると言う。

実生活において、私たちは自制にこれ努め、自分の中にある最も奔放で、最も熱心で、最も傷つきやすい部分をカーテンの後ろに隠そうとしている。しかし演じることで、もっと多様な自分を受け入れてもよいのだという気持ちになれる。隠していた自分のさまざまな面をステージに上げることを通して、演じなければ知らずに終わったであろう自分を知ることができるのだ。

すぐれた劇作家デイビッド・マメットが言うように、俳優は何も付け加えてはならず、何も取り去ってはならない。自分自身であるとは演じること、演じるとは自分自身であることだ。社会生活の中でこの真理がわかれば、権力を正しく使うことははるかに簡単になるだろう。

CHAPTER 5

「助手席」で力を発揮する

――脇役として力をつかむ

役割を果たそうとするとき、何に困難を感じるかは人によって違う。大きな責任を背負うのが怖い人や、自分はまだ準備不足だと感じている人は、人の上に立ってリードすることに苦労する。反対に、下に立つ方法がわからなくて困っている人もいる。

だれにでも、上にはだれかがいるのだから、**権力を効果的に使うためにはサポート的な役割をこなす術をマスターする必要がある。**

パワフルに行動するとは、人の上に立ってリードするだけではなく、人の下に立ってサポートすることでもある。この章では、後者での正しい力の使い方を説明しよう。

権力は持ち運べない

忘れがちだが、権力は、ある場所から別の場所へと持ち運べるものではない。役割は常に変化しており、それにともなってパワー・ダイナミクスも変化している。権力をうまく使うには、新しい役割を真摯に受け止め、その役割をどう演じるかを選ぶ必要がある。

私が授業でこの話をしたとき、あるエグゼクティブに突然ひらめいたことがあった。その半年ほど前、彼はコンサルティング会社のCEOを辞めて、かつてのクライアントが経営する企業に転職していた。残念ながら、そのキャリア転換はうまくいっていなかったのだが、私の話を聞いてその原因がわかったというのだ。

「私はコンサルタントのCEOモードのまま、自分のほうがよく知っているという態度で話をしていたことに気づきました。いまは彼が私の上司であることを忘れていました」。彼は笑いながら首を振った。「トーンダウンして話す方法を学ばなければなりませんね」

元CEOは、慣れ親しんだ行動パターンを新しい職場でも続けてしまい、プロットから逸脱してしまっていた。自分が新しい役を演じていることに気づかずに、これまで成功していた方法を続けてしまっていたのだ。

ＣＥＯとしての彼のスタイルはパワーアップだった。能力を発揮し、方向を示し、専門家としてふるまうことで権力を維持していた。それがうまくいっていたからこそ、クライアント企業も彼を迎え入れた。元ＣＥＯの力もクライアントの力も、転職の前後で何も変わっていなかったが、役割の変化がすべてを変えてしまった。関係をうまく機能させるためには、元ＣＥＯは「ボス」から「相棒」になって、新しい演じ方をする必要があった。

「いい部下の条件」は上司次第で変わる

ときには、自分の役割は変わらなくても、上司が変わったために調整が必要になることがある。

いい部下の条件は、上司がだれなのか、上司がどんな部下を好むのかによって変わる。パワーアップが得意な上司は、パワーダウンする部下との相性がよく、パワーダウンを好む上司は、パワーアップする部下のほうがやりやすいと感じる。**ある上司の下ではステータスを得るのに役立った行動が、別の上司の下では逆効果になることがある**ということだ。

私はそのことを、新しい上司の下についたとき、ばつの悪い体験をして学んだ。

それまでの上司は何でも部下の私に任せる人で、ほとんどすべてのことに「イエス」と言った。私が必要だと言えば何でもやらせてくれた。説得力のある説明ができれば「ノー」

とは言わなかった。だから私は、自分の希望とその理由だけ伝えれば、上司を管理することができた。私がパワーアップすることで、上司と私の関係はうまく回っていた。

別の人が上司になったとき、私はそのやり方が問題を生むとは思いもしなかった。新しい上司の承認が必要になった最初のケースで、私は電話で自分の要望とその理由を話した。彼にはそのような話の進め方自体が予想外だったようで、承認してくれなかった。私は、上司はこの仕事がよくわかっていないのだろうと考えた。なんといっても彼は新参者で、私は前からここにいるのだから。

いま思い出すと冷や汗が出るが、私はなんの屈託もなく、今度はメールで、上司が考えているやり方はうまくいかないと説明した。

すると翌日、彼は予告なしに私のオフィスに現れてデスクの端に腰かけ、頭を冷やせ、と言った。私はすっかり驚いて「何かとんでもないことをやってしまったのでしょうか？」と叫んだのを覚えている。そしてこれまでのやり方で進めてしまったと釈明し、謝罪した。

上司は冷静に、私のことを攻撃的すぎると感じたと説明してくれた。何をするかを決めるのは上司である自分の仕事で、私が権限外のことに口を出していると指摘した。私は完全な宥和モードで、「確かにこれはあなたが決めることですから、決定に従います」と言った。

このような変化——新しい役割や新しいプレイヤー——は、だれにとってもストレスや不安のもとになる可能性がある。野生のヒヒのストレス反応を研究しているスタンフォード大学の生物学者であるロバート・サポルスキーは、新しいアクターが登場して古いやり方が崩れると、サルでさえ神経質になり、ストレスホルモンの変調が起こることを発見した。

ヒエラルキーの不安定さが恐怖心と不安感を刺激すると、新しい方法を試さなくてはならないまさにその瞬間に、古い習慣にしがみつく脊髄反応を引き起こしてしまう。

「スーパーヒーロー・コンプレックス」が問題を生む

政治学者のハンス・モーゲンソウは、私の好きな「愛と権力について」というエッセイで、愛のニーズと権力のニーズは二つの同じ衝動であり、同じ実存の泉から湧き出すと書いている。モーゲンソウは、人生における最大の恐怖は、一人ぼっちになることや集団から追い出されることであり、**私たちはさまざまな方法で、無意識のうちに愛と権力を求めているい**と考えた。

特に、仲間はずれにされる恐れが高まったとき、愛と権力の動機の引き金が引かれる。

拒絶されるのが怖いときには愛のニーズが高まり、承認を得るために相手を喜ばせようとする。これは人の下に立つ役割にあるときに役に立つ行動だ。

自分が重要な存在だと思えないときには権力のニーズが高まり、期待されている役割から外れる行動をしてしまう。

心理学者のデルロイ・ポウルフスとオリバー・ジョンは、このような性格特性を「スーパーヒーロー・コンプレックス」と呼んだ。ドイツのエグゼクティブを対象として行った彼らの研究では、権力のニーズが増すと、自分についての肯定的な幻想を肥大化させて不安に対処しようとすることがわかった。

スーパーヒーローは、仕事で人の上に立つことを最優先し、自分は昇進に値する人間だという態度で行動する。知的能力と人間関係のスキルについて、周囲の評価より高い自己評価をしている。

自分を立派に見せようとする気持ちを抑えられない行動をすると、ほかの人は――実際の上位ランク者も含めて――引き下げられたと感じる。

スーパーヒーローとは、能力がなく傷つきやすい人を助けることで自分の権力を感じていなければやっていけない人なので、そのためには何でもやってしまう。

たとえば、はた迷惑なアドバイスをする、自分は何でも知っているとアピールする、有力者の名前を持ち出す、自分より詳しい人の意見に反対する、自分の業績を吹聴するといったことだ。

ちなみに、スーパーヒーローの原型は、女性より男性にわずかに多く見られる。

この例を見れば、スーパーヒーロー・コンプレックスが部下としての役割を果たす妨げになることがわかるだろう。

スーパーヒーローはトップに立たなくてはならず、人に譲ったり、引き下がったり、声がかかるまで待っていることができない。無視され、軽視され、過小評価されることへの恐れのせいで、おとなしく自分の役割にふさわしい行動をすることが難しい。

自分の「立場」を見きわめよ

ある求職者と面接をしたときのことだ。彼は持参するよう頼んでいた資料を持たずに現れ、椅子に座ってそっくり返り、なんと私のデスクに足を乗せたのだった。採用面接としては想像しにくい光景だ。〝同じクラブ〟に属していることを示して絆を深めたかったのかもしれないが、当然逆効果だった。主役を張る自信を持つのはよいが、キャスティング・ディレクターとタメ口をきいてはならない。

採用面接では、自信を持ってオープンな態度でふるまうのは一つの方法だが、自分が場を支配しているかのようにふるまうのは賢明ではない。極端にリラックスしたり、面接官になれなれしくしたり、会話の主導権を握るのもよくない。もっと悪いのは、自分がくつろいでいること、立派な存在であること、この仕事に向いていることを上から目線で面接官に話すことだ（デスクの上に足を置くのは論外すぎる）。

だれもが、会議や交渉の場では自分を主張して〝席〟を確保しなくてはならない、というアドバイスを受けた経験があるだろう。特に女性はそうかもしれない。

一般的には正しいアドバイスだが、一つだけただし書きがある。**その席に着くには、その席に属する人間でなければならない**ということだ。すべての部屋のすべての席が平等に設けられているわけではない。上司を押しのけてその椅子に座っても、根っからのアシスタントが上司としてのステータスを得ることはできない。

注目されたいときや仲間はずれにされたくないときは発言せよ、というのもよく聞くアドバイスだ。これは発言の内容が（もしくは発言したという事実自体が）、その場にいる人にとって価値がある場合にのみ正しいアドバイスだ。

すでにステータスがあれば別だが、そうでない場合、もし人びとにあなたの話を聞くニーズがなく、その話に特段の価値もないとしたら、このアドバイスはほぼ確実に裏目に出る。自分の発言が少ないことを気にして、とってつけたような発言をしても、それでステータスを得られるはずがないことは想像すればわかる。

「過大な自己評価」はダメージが大きい

実際より力があるかのようにふるまうのは、経験の乏しい人にありがちな初歩的なミスだ。理由は理解できる。会議やプレゼンに備えてTEDトークの動画などを見ると、登壇するだれもが「パワーポーズ」を決めているように感じられ、虚勢を張ってでも好印象を与えるべきだと思ってしまうのだ。

しかし、うわべを取り繕うような戦略は成功をもたらさない。求めるべき力は、自分が果たす役割が生む力であり、他者に敬意を示したら失われてしまうような力ではない。

同僚から聞いた失敗談なのだが、彼はエグゼクティブたちを相手にコーチングをしているときに、やりすぎてしまったという。彼が話し始めたとき、グループの中で最も高位のクライアントがスマートフォンの画面を見ていることに気づいた。注意を喚起する目的で、彼はみんなの前に立ち、小学校の先生がするように、黙ってそのクライアントを見つめたそうだ。

その場の主導権を取り戻そうとする試みだったが、自分とクライアントのあいだのパワー・ダイナミクスを完全に読み間違えた行動だった。彼は自分のステータスを過大評価し、プロットから逸脱し、クライアントを失った。

私たちは集団内での自分のランクを過小評価することによる損害を、過大評価することによる損害より心配しがちだが、これは計算を誤っている。

社会階層について研究している心理学者のキャメロン・アンダーソンは、実験協力者をいくつかのチームに分けて作業を行わせ、自分自身とチームメンバーのステータスを評価させる実験を行った。

すると、自分の社会的ランクを他者による評価より高く自己評価した者は、チームメンバーから嫌われただけではなく、チームに対する貢献度も低く評価され、**手堅い自己評価をしたメンバーのほうが好待遇にふさわしいと見なされた。**つまり過大評価のほうが損害が大きかったということだ。

間違ったパワーアップは「社会的自殺」になる

必要以上に他者に敬意を示すことは、たとえ間違っていたとしても比較的安全な間違いだ。しかし、自分をパワーアップすることは、他者をパワーダウンさせずにはおかない。集団の中で尊敬されている人に敬意を示さないなら、自分の立場をわきまえていない人間と思われて損をする。これは社会的な自殺と言える。パワーアップが常にうまくいくとは限らないのはそれが理由だ。

自分を実際より重要であるかのようにふるまう人に、私たちはいわく言い難い不快感を覚える。それはなぜだろう？　一つには、**高い自己評価が、相対的に他者を低く評価しているというメッセージを発信してしまう**からだ。

上司に対しては、あなたは地位にふさわしくないというメッセージを伝えてしまう。同僚には、あなたより私のほうがすぐれているというメッセージを伝えてしまう。つまり、パワーアップはまわりの全員を侮辱するようなものだ。

場の空気を読む（リード・ザ・ルーム）能力の欠如は、雇用主やクライアントにとってだけではなく、だれにとっても、あらゆる状況で障害となる危険信号だ。それは、自分の見栄えだけを気にしていて、ほかの人のことを気にしていないことを示している。

私の娘は8年生〔日本の中学2年生に相当〕のとき、見学旅行でワシントンＤＣに行き、最高裁判事のルース・ベイダー・ギンズバーグに会う機会に恵まれた。しかしクラスメイトのだれかがギンズバーグに向かって、「**もっと大きな声で話してくださーい、聞こえませーん**」と叫んだときにはぎょっとしたという。

教室では大きな声で話すことを奨励されている13歳の子どもが、最高裁判事には注文をつけられないということを理解していなかったとしても、目くじらを立てることではない。だが、私がこの話を知ったのは、その場に居あわせた子どもたち自身が、信じられない、と

郵 便 は が き

料金受取人払郵便

渋谷局承認

6631

差出有効期間
2022年12月
31日まで
※切手を貼らずに
お出しください

150-8790

130

〈受取人〉
東京都渋谷区
神宮前 6-12-17
株式会社ダイヤモンド社
「愛読者係」行

フリガナ		生年月日				男・女
お名前		T S H	年	月	日生 年齢 歳	
ご勤務先 学校名		所属・役職 学部・学年				
ご住所（自宅・勤務先）	〒 ●電話 （ ） ●FAX （ ） ●eメール・アドレス （ ）					

◆本書をご購入いただきまして、誠にありがとうございます。

本ハガキで取得させていただきますお客様の個人情報は、
以下のガイドラインに基づいて、厳重に取り扱います。

1, お客様より収集させていただいた個人情報は、より良い出版物、製品、サービスをつくるために編集の参考にさせていただきます。
2, お客様より収集させていただいた個人情報は、厳重に管理いたします。
3, お客様より収集させていただいた個人情報は、お客様の承諾を得た範囲を超えて使用いたしません。
4, お客様より収集させていただいた個人情報は、お客様の許可なく当社、当社関連会社以外の第三者に開示することはありません。
5, お客様から収集させていただいた情報を統計化した情報（購読者の平均年齢など）を第三者に開示することがあります。
6, お客様から収集させていただいた個人情報は、当社の新商品・サービス等のご案内に利用させていただきます。
7, メールによる情報、雑誌・書籍・サービスのご案内などは、お客様のご要請があればすみやかに中止いたします。

◆ダイヤモンド社より、弊社および関連会社・広告主からのご案内を送付することがあります。不要の場合は右の□に×をしてください。 不要 □

①本書をお買い上げいただいた理由は？
（新聞や雑誌で知って・タイトルにひかれて・著者や内容に興味がある　など）

②本書についての感想、ご意見などをお聞かせください
（よかったところ、悪かったところ・タイトル・著者・カバーデザイン・価格　など）

③本書のなかで一番よかったところ、心に残ったひと言など

④最近読んで、よかった本・雑誌・記事・HPなどを教えてください

⑤「こんな本があったら絶対に買う」というものがありましたら（解決したい悩みや、解消したい問題など）

⑥あなたのご意見・ご感想を、広告などの書籍のPRに使用してもよろしいですか？

1　実名で可　　2　匿名で可　　3　不可

※ご協力ありがとうございました。

【スタンフォードの権力のレッスン】065891●3110

いう口調でこの話をしていたからだ。

13歳の子どもですらこうした行動が「ずれている」と感じられるのに、なぜ大人がこの種の行動の不適切さに気づかないのだろう。

人は個人の論理が状況の論理を上回ったり、自分の心の声が大きくなりすぎると、ヒエラルキーの規範を見失う。自分のステータスの存続がかかる重要な局面では、不安を感じるのは自然だが、そのような状況での不安は、役割を果たすうえで不適切な衝動のトリガーとなる危険がある。

授業でスーパーヒーローの話をすると、自分をわかっている学生の何人かが私の研究室にやってきて、こんなことを言う。「いつも競争心が強すぎる、攻撃的だ、傲慢だと言われます。それではいけないと思うんですけど、批判されたり、けなされたと感じると、どうしても受け入れられないんです。議論に負けるのも我慢できません」

あるスーパーヒーローの学生が、ロールプレイ形式の授業での体験を話してくれた。

彼は、創業間もない若い起業家という設定で事業計画のプレゼンを行った。相手は、その日来校していた本物のエグゼクティブたちから成る仮想の取締役会だ。彼は何時間もかけて周到な準備をして臨んだのに、取締役会によっていきなり〝解任〟されてしまった。

「そのとき、彼らと言い争ってしまいました。ぼくは説明を求め、解任は不当だと主張し、あなたたちは間違っていると本気で主張してしまいました」
彼はＣＥＯにふさわしい優雅さ、回復力、礼儀正しさを発揮すべきときに、怒りを爆発させてしまったのだった。

「助手席」で力を発揮する

ヒエラルキーの中での役割というと、「導く」か「従う」かの二つに一つしかないように思いがちだが、実際の集団はそんなに単純なものではない。サポート役の人びとが自分たちを上位ランクの人びととのパートナーだと思えるような集団は機能する。そのためには、だれもが集団から必要とされているという認識が必要で、それが個人に力を与える。だが、それにはそれ相応の責任がともなう。

車に乗ることにたとえれば、後部シートに座って、走行中前も見ずに隣の人と座席のスペース争いをすることもできるが、助手席に座ってドライバーを支えることもできる。それには別のレベルのコミットメントと、自分より他者を優先する意志が必要だ。

「助手席に座る（ライディング・ショットガン）」という姿勢と、役割を踏み台にして自分がビッグになるということは相容れない。**いまの役割をどこか別の場所に行くための機会と捉えるなら、真にその役割を生きることは難しい。**

あるエグゼクティブは常にこの問題と向きあっている。彼は有名な大企業のリーダーだが、そこで役職に就きたがる人の中に、組織に奉仕したり、ミッションを推進することより、自分のブランディングやキャリアアップの踏み台、見栄えのいい職歴、実力者として目立つことに関心がある人がいるのが不満だ。

ところが、権力について書かれた多くの本によれば、そのような動機には何の問題もなく、推奨さえされている。しかし私にはまったくナンセンスな考えだと思える。

こういう発想に陥るのはプロットを見失った人、いや、そもそもプロットなど気にしたことのない人びとだ。組織や役割は、個人が自分の昇進のために使う資源ではなく、もっと重要な何かに貢献するために使うものである。

だれもが人に好印象を与え、尊敬され、プロフェッショナルとして成長したいと考えている。小さな役割を担うと、自分が小さく見えたり、弱く見えたり、重要でないと見られるのではないかと心配にもなる。

しかし、**ほかのだれかが拍手喝采を受けるあいだ、静かに座っていられるような自信**を持つことは、スポットライトを浴びる能力と同じくらい力の源泉だと言える。

ジョシュア・ウルフ・シェンクは、著書『POWERS OF TWO　二人で一人の天才』（英治出版）の中で、重要なイノベーションの多くは一人の天才の努力によるものと思われがちだが、実際にはペアの仕事であると指摘している。たとえばジョン・レノンとポール・マッカートニー、スティーブ・ジョブズとスティーブ・ウォズニアック、ビル・ゲイツとポール・アレンなどだ。

「スポットライトを浴びるメンバーが一人いて、舞台袖に別のメンバーがいる」「皮肉なことに、私たちの目は自然に光を発する星を追いかけるが、**ペアの重心はあまり注目されていないほうにあることが多い**」とシェンクは書いている。

「組織を優先する」ことが信頼をもたらす

スポットライトを浴びたいと思っている人の陰には、裏方の仕事を好む人が必ずいる。オバマ元大統領のトップ・スピーチライターの一人であるデイビッド・リットは、大統領のスピーチにジョークや一発ネタを入れることを専門としていたが、大統領1期目のとき、オバマは彼の名前すら知らなかったという。彼は『ニューヨーク・タイムズ』紙にこう語っている。

「『ザ・ホワイトハウス』〔大統領と側近たちを描いたアメリカのテレビドラマ〕とは違います。歩きながら大統領と話すようなことはありませんでした。私は歩きながら大統領と話している人に紙切れを渡しては走り去る、大勢の中の一人にすぎませんでした。歴史に残るようなことはできませんでしたが、それで何の問題もありません」

仕事の中身、自らのスキル、高次の目標に集中し続ける能力は、たとえそれが当人に個人的栄誉をもたらさなかったとしても、大きな力を与える。その役割が大統領のスタッフであれ、メンターであれ、コーチであれ、アドバイザーであれ、パートナーであれ、COOであれ、その他何であれ、**脇役を演じるにはだれかにスポットライトを譲る謙虚さ、柔軟性、そして自信が必要だ。**だれかをよく見せるために何でもするという仕事に誇りを持たなければならない。

たとえば、ローリング・ストーンズの長年のバックアップ・シンガーであるリサ・フィッシャーは、典型的なグルーピーではない。ミック・ジャガーのオーディションを受けたとき、彼女がデモテープを入れて歌い始めると、ミックは腕を振ったり、踊ったり、彼女のまわりをグルグル回ったり、好き勝手なことを始めた。しかし彼女は平然として動じず、ただ音楽に集中した。「有名になるためなら何でもする人もいるけど、私はただ歌いたかっただけなの」と彼女は『ニューヨーク・タイムズ』に語っている。

仕事に集中し、完璧をめざすことに集中するのは、自分に対する評価よりグループへの貢献を重視していることの表れだ。またそれはアーティストとして有名になることよりも、アートそのものを大切にしていることを明確に示している。これはサポート役として信頼を獲得するために重要なことだ。

個人の役割は、集団が高次の目標に向かって前進するためにある。**仕事を引き受けるということは、組織を第一に考えることに対して報酬を受け取るということだ。**私の役割は「私のもの」ではない。私は役割を所有するわけではなく、ただ一定期間その役割を担うだけだ。

私の目標は、個人的な権力、富、名声を得るために必要なことを何でもすることであってはならない。私たちは、他者に肯定的な影響を与える有用な存在になることによってのみ、権力を得ることができる。

結果としてそれが富や名声をもたらし、出世でもすれば、それはすばらしいことだ。しかし、自分個人を高める役に立つのは何かという観点から行動を選択するなら、ほぼ確実に逆効果に終わる。

ロケットに乗るのに「席」を選ぶ必要はない

多くの人は、ステップアップにつながらない役割を担いたがらない。しかし、自分のステータスや進歩ばかりを追いかけていると、大きな意味のあるものの一部になる機会を失うことになりかねない。

シェリル・サンドバーグは2001年、グーグルへの入社を当時のCEOエリック・シュミットからもちかけられたとき、船(ロケット船というべきか)に乗るのをためらった。グーグルで与えられる役割はさほど大きいものではなく、自分を前進させるのではなく後退させるのではないかと心配したからだ。

シュミットは彼女に、「**ロケット船のチケットを提供されたら、どの席かなどとたずねず、ただ乗ればいい**」と言った。彼女はそれに従い、うしろを振り返ることはなかった。それは彼女がそれまでに受けた最高のアドバイスだった。

人生の達成感を与えてくれるのは、世の中に真のインパクトを与える高次の目的に仕えることであって、履歴書の見栄えをよくする仕事に就くことではない。

「リスク」を引き受ける姿を見せる

従属的な役割を担っているときは、すべての行動にリスクを感じることがある。しかし、**集団のために個人的リスクを取ろうとする意志は、最も信頼できるステータスの源泉だ**。他者を気にかけ、他者の利益のために自分の利益を犠牲にしてでも行動するという姿勢が伝われば、信頼を獲得できる。

反対に、集団の利益より個人の利益を重視していると思われれば、信頼とステータスは失われる。

他者を気にかけ、集団の利益を重視しているかというなら、ほとんどの人が気にかけているだろう。**問題は、そのことをはっきり示せるかどうかだ。**

それは突きつめれば、犠牲を払うかどうかに帰着する。他の人が勝つためにどれだけのリスクを取る用意があるか？　何を懸けるのか？　これは見せかけでごまかすのは難しい。

サポート的な役割を効果的に果たすには、パワーアップとパワーダウンの両方が使えるが、役に立つ存在になって信頼を築くためには、いま起きていることとしっかりつながり、相手が重要と考えていることに耳を傾け、注意を払っていることを示す必要がある。

全員の利益のためにリスクを取るには、そうすべき瞬間を捉えなければならない。そのためには、ステージの上で起きていることとつながり、自分をその一部と考えなくてはならない。

「覚悟」が力を生む

この点を説明する最良の例を、スタンフォードの「エグゼクティブ・チャレンジ」で目撃した。これは卒業生と470名ほどいる1年生とがロールプレイ形式で行う、伝統ある教育的イベントである。

当日、現役学生と、このプログラムのために世界中から集まった優秀な卒業生が顔を合わせる。学生にはビジネスケースと約1時間の準備時間が与えられる。

学生はビジネスパーソン（起業家、チームリーダーなど）として二人でペアを組み、卒業生はステークホルダー（役員、ベンチャーキャピタリスト、クライアント、顧客など）を演じる。学生側がめざすのは、30分間のミーティングで合意（投資決定、契約締結、売買完了など）を成立させることだ。

各ミーティングには審査員（卒業生と教員のボランティアで構成される）が立ち会う。審査員は、一日のうちに、同じセッティングで6組の学生ペアを採点する。学生はソリューションを提案し、数字を駆使して議論しながら、困らせてやろうと手ぐすねを引いている卒業生に対処しなければならない。

もちろんシミュレーションだが、結果の違いは大きい。チームメイトの学生が見ているし、教授が見ているし、将来ビジネスでつながるかもしれない卒業生とのやりとりがある。登場した瞬間に第一印象が決まり、とっさの言動が、役割の中で彼らが何をするか、つまり彼らが何者であるかを明らかにする。

学生たちは総じてこの課題をしっかりこなし、期待に応えてくれる。聡明で、目は輝き、粗削りだが頼もしい若者たちだ。借り物のスーツを着ているように見える学生もいる。怖がっていて当然だが、それを隠すことに成功している学生もいる。そんな若者たちに私は何度も感心させられたものだ。

しかし、**ある年、ある学生があっと驚くようなことをした。**私は彼女から、脇役として力を使うとはこういうことだと学んだ。

それについての私の記憶は、記録映画というよりスナップショットのようだ。部屋には二人の学生がいるが、私は一人だけを見ている。肌の色の濃いアフリカ系アメリカ人の女性だ。小柄で愛らしく、ネイビーブルーのスーツを着ている。

彼女以外は少しぼやけている。役員として席に着いている卒業生（ほとんどが白人男性）の背中や横顔が見える。彼らは高価な服に身を包み、騒々しく、しきりに姿勢を変えながら、厳しい質問のパンチを繰り出そうとしている。中心にいる彼女は静かだが生気を感じさせる。台風の目のように、すべてが彼女のまわりを回っているようだった。

彼女の横にはもう一人元気のよい若者がいる。話すのはもっぱら彼のほうだ。彼女はもの静かだが沈黙しているわけではなく、じっとしているが固まっているわけではない。恐れているようには見えない。エネルギーを集中させている。リラックスした表情だ。ほほ笑むと白い歯がのぞいた。

役員役の一人が突然立ち上がり、彼らに歩み寄って問い詰めた。

「間違いだったらどうするんだ？　失敗したらどうする？　だれが責任を取るのかな？」

これは学生ペアが予想していなかった質問だ。

「さて、この件については、だれと話せばいいのかな？」

男子学生はこの質問にうろたえ、姿勢を変えて彼女のほうをちらりと見た。彼女は動揺した素振りもなく、「**私に話してください**（ユー・カム・トゥ・ミー）」と答えた。

これを書いているだけで鳥肌が立つ。彼女の一言で全員が息をのんで言葉を失い、彼女が部屋を支配した。役員は席に戻って座った。それが最後の質問だった。

彼女とペアを組んだ男子学生は疲れ切っているようだった。あの一言で、彼女はどんなリスクも自分が責任をもって引き受けると伝えたのだ。彼女には、実際にそうするだろうと感じさせる何かがあり、その能力もあると感じさせた。彼女は役員たちの支持を獲得し、企画は了承され、ディールは完了した。

チームは制限時間まで数分を残して合意に達した（他のチームは、ほとんどの場合、要求さえ出せないうちに時間切れになっていた）。女性とそのパートナーは部屋の全員と握手をして部屋を出た。

エグゼクティブたちは目を丸くしてお互いの顔を見て、何か特別なものを見たことを認めあった。振り返りのミーティングでは、話題は彼女のパフォーマンスに集中したが、何が彼女をあれほどパワフルにしたのかを特定することができなかったのを覚えている。

「違いを生むチャンス」を見逃さない

彼女は大声で台詞をしゃべるアクターではなかったし、部屋の中で最も賢い存在になろうともしていなかった。支配的でも、人を怖がらせるわけでも、外向的でもなかった。口数は少なく、自慢せず、注目を集めようともしなかった。

しかし、完全にそこに存在していた。エネルギーに満ちていた。忍耐強く、規律を重んじ、みごとに自分をコントロールしていた。人の話を聞いていた。

ほかの全員がステータスを獲得するために競いあっている中で、彼女だけが大人に見えた。彼女は演技しようとはしておらず、違いを生み出すことに集中していた。それはロールテイキング・エクササイズでの出来事だったが、私にとって彼女のパフォーマンスは感動的で忘れられないものとなった。そこには彼女の生来の素質が表れていたと思う。

個人主義的な世界では、ステータスや注目を得るために戦うのが当たり前と考えられ、自己主張することが成功の条件と考えられているが、このアクターはその反対のことをすることで自分自身を際立たせた。

彼女の行動は、「**私はあなたのためにここにいる。何が起きても、私はそれを処理することができる。私に話してください**」と語っていた。

彼女は部屋にいる大物たちと彼らの恐怖のあいだに足を踏み入れた。彼女はチームに何が必要なのかわかっていたが、ペアを組んだパートナーにはわかっていなかった。パートナーが審査員の銃口の前に立つのをためらったとき、彼女はチームのために前に進み出た。

彼女の行動はパートナーの許可を得ずにステータスを主張するものであったが、自分のためではなく、チームを救うための行動であり、彼女はそれを正しいタイミングで行使した。彼女がそのとき立ち上がれたのは、全身全霊でそこに参加していたからにほかならない。

演劇の世界では、キャスティング・ディレクターは俳優について多くのことを観察している。役へのコミットメントはその一つだ。過去の演技の記録も重要だ。ほかの俳優や関係者とうまく仕事をしてきたか、プロとしての行動規範を尊重してきたか、といった評判も重要だ。最重要事項ではないが見た目も大切だ。

すぐれた俳優は、どんな端役(はやく)でも与えられた役を献身的に完全にこなし、観る者の心をつかんで存在感を示す。

力をうまく使いたければ、カメラに近寄って自分を目立たせるだけでは十分ではない。変化を生む機会を探し、自分のプラスになるかどうかにかかわらず、全力で必要なことをしなければならない。それが将来、大きな役割を獲得する一助となる。

CHAPTER 6

権力の「プレッシャー」に勝つ

――力には責任がともなう

権力に興味を持つのは、おそらく人間の本性だ。ただ興味を持つだけではなく、権力に引き寄せられ、強い権力を持ちたいと願い、自分のために権力を追求する。

この動機を最初に論じた一人がドイツの哲学者フリードリヒ・ニーチェで、彼はこれを「権力への意志」と呼んだ。ニーチェは、**あらゆる機会を捉えて最高の位置に到達するために努力するのが人間**だと考えた。そして、そのような努力は健全であり、人間の存在を正当化するために必要だとさえ考えた。

それにしても、権力を持つことは、多くの人にとって実際以上に魅力的に映るようだ。

私自身は同僚たちと、大きな仕事のオファーはあればうれしいけれど、あればあったで悩むかも、などと冗談を交わすことがある。スポットライトを浴びるより舞台の袖に控えているほうが心地よく、恐れられるより愛されるほうがよいと思う人も少なくない。

監獄実験でわかった権力の影響

「パフォーマンス不安」〔パフォーマンスをする際に感じる不安〕は、責任が大きいときほど深刻な問題になる。1990年代半ば、私はノースウェスタンのケロッグ経営大学院の夜間プログラムで組織行動を教えていた。学生たちは、一日の仕事を終えてクラスに来る企業のマネジャーたちだった。仕事で疲れていても、職場で直面する問題について学ぶことで元気を回復するという熱心な人たちだった。

ある年、私は組織の中で役割がおよぼす影響について議論するために「監獄実験」の記録動画を見せた。1971年に、権力の心理的影響を研究する目的でスタンフォード大学のフィリップ・ジンバルドーが行った有名な実験である。

大学の心理学部の地下に模擬刑務所が設けられ、研究に協力する大学生が集められた。学生たちは無作為に囚人役か看守役のどちらかに割り振られ、ジンバルドー（刑務所所長役）と彼の研究アシスタントが見守る中、2週間の実験が始まった。

この実験の結果のいくつかは、のちに広く知られることになる。「看守」の何人かが「囚人」に加えた心理的拷問は、イラクのアブグレイブ刑務所で米兵が手を染めた囚人虐待になぞらえられている。実験は醜悪な様相を呈し、**実験協力者が異常な心理状態に追い詰められるなどしたため、6日間で打ち切られた。**

授業でこの映像を見せる前に、私は受講生（全員がマネジャーとしての経験を持っていた）に看守の気持ちになってほしいと頼んだ。そして、自分が看守で、明日が勤務初日だとしたら、「どんなことを考えると思いますか？」とたずねた。

どんな答えを期待していたのか思い出せないが、権力が善良な人間を虐待者に変えてしまうことについて何か興味深い視点が得られると期待していたのだと思う。

しばし沈黙があったのち、一人が発言した。

「怖いと思うでしょうね」

「何が怖いんですか？」質問の意図を誤解しているのではないかと思いながら、私はたずねた。「あなたは看守、つまり囚人をコントロールできる立場ですよ」

だが、他の受講生も同様の感想を述べた。しっかり看守の役目を果たしたいと思うが、できるかどうか自信が持てないと言った。

囚人をコントロールするのが看守の仕事だが、この実験では、力ずくで抑え込むことはできないことになっていた。囚人たちは扱いに不満を抱くだろうし、彼らが従わなかったら看守は困ったことになる。「刑務官」という肩書きをはずせば看守に本当の力はなく、囚人もきっとそれに気づくだろう。看守として囚人と対峙する事態を想像することを求められた私の受講生たちは、明らかに見透かされることへの恐れ、つまりパフォーマンス不安を感じた。だから「怖い」と言ったのだ。

伝説のベンチャーキャピタリストであり、初期のインターネット・ブラウザであるネットスケープを開発したマーク・アンドリーセンが、スタートアップの責任者には幸福感か恐怖か、二つのうちのいずれかしかないと言ったことは有名だ。ジェットコースターが好きな人なら知っているだろうが、両者の違いを見分けるのは難しい。

スタンフォード大学の監獄実験は、人間は権力に酔うということの典型例として、あるいは、権力を持ったら弱い者を虐(いじ)めて楽しむようになることの〝証拠〟として、何十年ものあいだ引き合いに出され続けている。

しかし、私の受講生たちに刑務所の看守の役割を想像してもらったとき、そのようなメンタリティの兆候は見られなかった。彼らの脳裏に真っ先に浮かんだのは「恐怖」だったのである。

看守による「権力行使」の3つのパターン

監獄実験での看守は冷酷で残虐、さらにはサディスティックでさえあったと考えられている。その中には、役割を果たすために受刑者を罵ったり、マットレスを取り上げてコンクリートの上で寝させたり、「独房監禁」の罰を与えるなど、あらゆる手段で受刑者を痛めつけた看守もいた。実験中に看守が行った行動はのちに明らかになって、世間を驚かせた。

しかし、監獄実験であまり知られていないのは、**すべての看守が残虐な反応を示したわけではない**ということだ。問題発覚後の調査報告書によると、看守は3つの異なる方法で付与された権力を使ったことが判明している。それぞれの人数はほぼ同数であった。

攻撃——全力で役割を果たす

実験終了後、何年にもわたり、実験協力者にさまざまなインタビューが行われた。囚人を虐待した看守たちがさまざまな表現で説明しているのは、危害を加えようとする欲求ではなく、いい仕事をしたいという欲求だった。ある協力者は最近のインタビューで、ジンバルドーが望んでいた結論——「権力を持つことは虐待につながる」——が出ることを望んでいたと語った。

看守たちは囚人に徹底的に無力さを感じさせて指示に従わせるために、看守にできることとして提示されていたあらゆることを行ってパワーアップした。**彼らの動機は、研究者に認められることや、他の実験協力者に自分を証明したいという願望に根ざしていた。**

依頼されたことを最高レベルで実行したかったのであって、囚人に不当な強制をしたり危害を加えたかったわけではなかった。彼らは与えられた役割を果たすために必要なことを何でもしたのである。

官僚的遵守——ただ規則に従う

囚人をコントロールする能力を研究者に示すために、期待されている以上のことをした看守がいる一方で、期待されている通りの行動を（自分の願望に反してでも）しようとした看守もいた。規則を完璧に守り、与えられた役目を要求以上でも以下でもなく正確に行おうとした。看守の役割を律儀に演じた彼らは良心的であり、研究者からは断固かつ厳正と見なされた。彼らはよい働きとは「瑕疵（かし）のない仕事」だと定義した。

創造性やイニシアチブを役割に持ち込み、行き過ぎた攻撃性を発揮してしまった人たちは、実験の中で個人的リスクを取ったと言えるが、役割を正確に果たそうとした人たちはリスクを避けようとする人たちだった。**彼らは看守に与えられた権力を放棄することで役割を果たした。**彼らはただ秩序に従ったのだ。

宥和——戦略的に仲よくする

監獄実験では、あまり議論されていない別の看守のグループがあった。汚い行為に手を染めるのでも、律儀に役割を果たすのでもなく、親切な看守を演じた人たちだ。**彼らは囚**

人の頼みごとを聞いたり特別な対応をすることで、囚人と宥和し、仲よくしようとした。食事を与えて機嫌を取っておけば囚人に好かれ、反乱を起こされることもないだろうと考えた。

人の上に立つ際の「恐怖」

監獄実験の看守のあいだで見られたパフォーマンス不安に対する3つの応答パターンは、権力やリーダーシップに関する他の研究が示しているものと大差はない。権力を持ったとき、パワーアップする者もいれば、パワーダウンする者もおり、どちらでもなくそれまでと同様の行動をする者もいる。表れ方は違うが、どれもハイパワーな役割にともなうパフォーマンス不安に対処するための方法であることには違いがない。

人の上に立ったのに恐れを感じるというのは理屈に合わない。しかし、私たちは安全と統率力を得るために主導的な役割に就こうとする一方で、**そうした役割に就いたとたん、自分がわずかな統率力しか持っていないことを悟る**のである。

すべての親、マネジャー、チームリーダーが知っているように、場を仕切る力も自信もないのにそういう立場に立たされるのは文字通りの悪夢だ。

時間通りに授業を始めたいのに故障したエレベーターに閉じ込められたり、教室が見つからなかったり、全然授業の準備ができていなかったり、別の授業の準備をしてきたり、教壇に立っている教師を無視して学生が立ち歩いていたり……これらはすべて私が実際に経験した悪夢だ。

もちろん、悪夢の原因は 統率力だけの問題ではない。大舞台で大失敗をしでかすことへの恐怖でもある。ハイパワーな役割の人はパフォーマンスのプレッシャーを感じないと思われがちだが、そういう人をそばで観察すれば、まったくそうではないことがわかる。

インポスター症候群

一夜明けると、あなたはチームの一員からチームリーダーになっているかもしれない。相棒からボスになるかもしれない。そんなとき、自分では別人になったと思わなくても、権力がすべてを変える。

確実に起こる変化は、ほかの人があなたを見る目だ。だれもが今日のあなたは昨日のあなたより権力があると考える。パワフルな役割は注目を集め、オーディエンスを増やし、しばしば厳しい評価を呼びよせる。責任と期待が増し、周囲の嫉妬と憤りに火がつくこともある。

大きな役割に就けば、大きな舞台に立つことになり、それが必然的に自分を小さく感じさせる。スポットライトに照らされて、自分の弱さが露呈し、裸になったような気分になる。マネジメントの世界では、大きな役割を担うことにともなう恐怖を「インポスター症候群」と呼ぶ。これはパフォーマンス不安の一種で、自分の能力を超える役割を引き受けていると感じているあらゆる種類のアクターを悩ませる感覚だ。**資格がないのに、あるかのように行動している詐欺師（インポスター）のように感じる**ということだ。

インポスター症候群とは、馬脚を露わすことへの恐れ、スタニスラフスキーの言う「途切れぬ線」の途切れが露呈してしまうことへの恐れ、アクターと役柄のあいだのギャップが明らかになることへの恐れだ。それは、『オズの魔法使い』（「カーテンの後ろにいるのはただの手品師」）や『裸の王様』のように、見透かされることへの恐怖なのだ。

だれもが資格がないと感じる役割に就き、自分には備わっていない権威を求められ、期待に応える自信のなさに悩んだ経験があるだろう。ハーバード大学の近くで開業している精神科医が、これに苦しむノーベル賞受賞者をカウンセリングしたことがあると言っていた。

私が知っている教授の一人は、終身教授となって久しいが、駆け出しのころにインポスター症候群に悩まされ、ありとあらゆる方法で逃げ出そうとした。彼はマルクス、ニーチェ、フロイトという三人の権威の著作を講じるコースを担当した。三人の著作については隅から隅まで熟知していたが、コースの名称をつい「マルクス、ニーチェ、フロドゥ〔詐欺師〕」と呼んでしまったことがあるという。

インポスター症候群は化けの皮がはがされることへの恐怖だ。ときには、フロイト的言い間違いをした教授のように、自らそれを露呈させてしまうことがある。

この症候群への古典的対応は、**相手に自分の首根っこをさらすような行動に出て**無意識のパワーダウンを行い、「噛みつかないで、私にはそんな価値はない」というメッセージを発することだ。

インポスター症候群に対処する方法はこれだけではない。ただのパワーダウンではなく、動きを止め、口を閉じ、身を隠すことで身を守ろうとする人もいる。逆に、必要以上に権威をひけらかし、パワーアップによって弱さを隠そうとする人もいる。それ以外で多いのは、知識や専門知識を蓄え、自信を強めてから役割を引き受けようとして、時間をかけすぎてしまうことだ。

パフォーマンス不安を手なずけるテクニックを習得せずに大きな役割を引き受けると、さまざまな形で、こうした衝動が襲いかかる。

リーダーは「現場」に立て

部下の信頼を獲得したいと思うとき、無能だと思われることへの恐れがあると、大事なことがおろそかになってしまう。上司として大事なこととは「どれほど部下の利益を重視しているか」を知ってもらうことだ。

本当かと思うかもしれないが、**人はヒエラルキーの上位にいる権力者には当然能力があると思っている**ことが、研究によって明らかになっている。したがって、能力があるところを見せようとして苦労する必要はなく、部下を重視していると知ってもらうことのほうが重要である。

大きな昇進や役割の変更があった直後の人から、部下に自分をどう紹介すればよいだろうと相談されることがある。話を聞いてみると、自分を表現するのは部下や職場のことを知ってからにしたいと考えている人が多いことがわかる。職場の事情を知り、そこでの文化や政治を把握してから、どういうスタイルで臨むかを決めたいというわけだ。

重要な課題に対処する方策がまとまらず、答えがないまま前に出ることを恐れている人もいる。しかし、**登場するまでに時間をかけすぎたり、形式的に顔を出すだけという登場の仕方には問題がある。**

ブッシュ元大統領はハリケーン「カトリーナ」が去ったあと、大きな被害を受けたルイジアナ州を視察するのが遅すぎたために多くの支持者を失った。さらに、行ったはいいが、飛行機で上空を飛んだだけで被災者と会わずに帰ってしまい、さらに批判を浴びた。ニューヨークのルディ・ジュリアーニ元市長があの9月11日に、ヘルメットをかぶって世界貿易センターの瓦礫の中に立ち、全米から称賛されたのとは対照的だ。

責任者なら、非難を浴びたり立場を悪くするリスクがあっても、現場に立たなければならない。ハリケーンが発生したのはブッシュのせいではないが、市民には大統領がカトリーナの悲劇から距離を置いているように見え、助けようとする気持ちが感じられず、責任逃れをしているように見えた。犠牲者に対して冷淡で、敵対的でさえあるように見えた。

後日、視察した結果を大統領が深く憂慮していることが報じられ、現地を訪問しなかったのは救助活動の邪魔をしたくなかったからだという側近の釈明もあったが、彼の行動から人びとが受け取ったメッセージはそういうものではなかった。

このことから学ぶべき教訓は、**人びとは責任者の行動をすみずみまで見ている**ということだ。特に、自分たちがリーダーにとってどれほど重要な存在なのかを見ようとしている。

上に立つ人は、人びとに自尊心を与える存在でもある。ハイパワーな役割にはさまざまな特権がともなうのだから、人びとに対し、「あなたがたはリーダーである私の時間と注意を払う価値がある存在だ」と示すことを優先させなければならない。

黙っていてもわかってもらえると期待してはいけない。ことリーダーの態度については、疑わしきは罰せずという理屈で大目に見てもらえることはないからだ。

「準備万全」まで待っていたら手遅れになる

最近、テクノロジー企業の経営幹部に抜擢された友人と話をした。その会社の新製品は、革新的技術に基づくもので、新しい市場を生み出し、話題にも事欠かなかった。唯一の問題は、そのエキサイティングな新製品がどのように機能するのか、彼女には見当がつかないということだった。

彼女は、一刻も早くチームの役に立ちたいと思う一方で、テクノロジーのことがわかっていないと思われたくもなかった。なじみのない業界で、大きな役割を担うことになった彼女は、身についたマネジメント・スタイルを変えるべきなのだろうか?

賢明な彼女は、入社前に数週間の準備期間を確保して、テクノロジーと業界の状況は把握していた。そのうえで、チームとミーティングを行う前に、もう少し時間をかけて主要な部下のことを知っておきたいと考えていた。

「準備できるまで先延ばしにするのはよくない」と私は彼女に言った。「大事なことは、そこにいること。**何を言えばいいのかわからなくても、すぐにみんなと会うべき**だと思う。彼らが何をしていて、何を願っていて、何を心配しているのかを知ることに意味がある。完璧なデビューにはならないだろうけど、彼らを気にかけていることを示し、彼らの重大事に関心があることを示すの。彼らの目を見て話し、彼らがあなたの優先事項だと知らせる必要がある。あなたが彼らを尊敬し、彼らから学びたいと願い、注意を払っていることを理解してもらう必要がある。準備できたと思えるまで先延ばしにすべきじゃない。それが最初の一歩だと思う」

「逃げる人」は信頼されない

リーダーは物理的に姿を現さなければならない。だが、経験豊富な俳優も言うように、物理的にステージに立ちさえすれば良好なパフォーマンスが保証されるわけではない。

大舞台に立つ恐怖は彼らをも苦しめる。有名なラッパーでありレコードプロデューサーでもあるジェイ・Z（ショーン・コーリー・カーター）が、初めてのライブで〝窒息〟しかけた体験を話している。

「言葉を忘れちゃったんだ」とカーターは言う。「ただ突っ立ってるだけ。一緒にロッカフェラ・レコードを設立したデイモン・ダッシュにマイクを渡そうとしたんだけど、『俺はラップなんかしないよ』と言われて慌てたよ」

同様に、何十年も経験を積んだ伝説のシンガーソングライターであるパティ・スミスも、彼女らしからぬステージ恐怖症に陥ったことがある。

テレビ放送されるノーベル賞授賞式で、ボブ・ディランを称えるために登場したときのことだった。ディランが授賞式への出席を断ったので、著名な詩人であり、作詞家であり、パフォーマンス・アーティストでもあるスミスが、彼の代わりに演奏することに同意した。しかし、いざそのときになると、彼女は歌うことができなくなってしまった。

「オープニングのコードが始まり、自分が歌っている声が聞こえてきた」とスミスは書いている。「最初の歌詞はなんとか無難にやりすごせた。少し声が震えていたが、なんとか落ち着けるだろうと確信できた。でもそうはならず、私はさまざまな感情に襲われ、自分ではどうしようもない激しい雪崩に巻き込まれてしまった。視界の端にはテレビカメラの巨大なブームスタンドが見え、舞台上には世界各国の要人の姿があった。慣れない緊張感で、私は歌い続けることができなくなった。私の一部となっている言葉を忘れたわけではない。ただ、それを引き出すことができなかった」

要するにスミスは〝固まって〟しまったのだ。自分の快適なゾーンから遠く離れたために、歌いに来たのに、歌うことができなくなってしまったのだった。

大きな会議やプレゼンテーションの前に、「早く終わってほしい」と言う人が多い。これもまた、弱さを見せることへの恐れと、パフォーマンス不安の表れだ。

多くのエグゼクティブは、権力にともなう不安や責任を果たせないことへの恐れを、早々にその場から退散したり、おざなりな対処をすることでやりすごしている。真正面からぶつからなければ木っ端微塵になることもないというわけだ。

そのくせ、なぜ部下が自分を信頼してくれないのかと不思議がっている。だが、**その場にいたくないと思っている責任者を信頼する部下はいない。**

これは責任者に限った話ではない。

大きな会議などでは、だれかが発言しているとき、隣の人と別のことを話している人がいる。そういう人は、身体はそこにあっても意識はそこにない。会議とその結果を意識するとパフォーマンス不安が悪化するので、ただ参加しているふりをしているのだ。その場に座り、表面だけ参加者の役を装い、批判し、めんどうなことは他の人に押しつけている。自分の考えを述べるリスクを取りたくないので、スポーツイベントの観客のようにふるまい、スタンドからプレイを論評している。

だがチームのためにプレイするというリスクを取らなければ、チームのメンバーと見られることは難しい。

多くの人は1位より2位を好む

――「責任を負うことへの恐れ」を克服せよ

だれもが上に立ちたがると考えたニーチェとは対照的に、心理学者のジークムント・フロイトとエーリッヒ・フロムは、ほとんどの人は権力を恐れ、権力の使用にともなう責任を避けようとしていると論じた。

多くの経営者は、スタンフォードの監獄実験に出てくる「官僚タイプ」のように行動することで、この不安に対処している。つまり、**自分の意思決定に責任を持つのではなく、ルールに従い、既存の方針や原則、上位の人びとを参照しながら行動する**のである。

まさにこのことを描いているのが、フィクションではあるがイギリス映画の「アイ・イン・ザ・スカイ　世界一安全な戦場」だ。経験の浅い二人のドローンパイロットがネバダ州の地下施設にある〝操縦席〟に座り、ケニアのナイロビの住宅街に姿を現した自爆テロ犯を殺すべく、ドローンの発進命令を待っている。

イギリスのキャサリン・パウエル大佐（演じているのは名女優のヘレン・ミレン）はミサイルを撃ち込みたいのだが、必要な承認を得ることができない。だれも責任を取りたくないからだ。法律顧問に相談すると、作戦の指揮を執っている中将に承認を求めろと言われる。中将が承認するためには内閣の同意が必要だが、やはりだれも承認したくなかったため、中将は外務大臣に照会し、外務大臣は中国を訪問中のアメリカの国務長官に判断をゆだねようとする。

短いコミック・リリーフ〔深刻な劇中の滑稽なシーン〕の中で、アメリカの国務長官はあっさり攻撃を承認する。紆余曲折ののち、タカ派女性大佐はようやくミサイルを発射させる手続きを終えるが、それは彼女より大きな権力を持ちながら、作戦失敗の責任は負いたくない多数の権力者の責任回避行動をかいくぐった末のことであった。

多くの人にとって（いや、ほとんどの人にとってというべきか）、**肝心のときに自分で決断をしたくないと思うほど説明責任への恐怖心は深い**。大きな事態が動く現場には立ち会いたいのかもしれないが、自分では動かしたくないのだ。

ほとんどの人は準優勝より優勝、2位より1位を好むと思うかもしれないが、私の同僚であり博士課程の学生でもあるエム・リートが中心になって行った研究では、多くの人（半分を少し超える割合）が1位より2位になることを好んでいることがわかった。

その理由は、集団の中でできるだけ高い地位は確保したいが、権力の行使にともなう責任は負いたくないからだろうと彼女は推測している。

要するに、多くの人にとって、集団の中で1位になることで生じる説明責任は、1位になることの価値に見合うものではないということだ。

ステータスは欲しいが責任は回避したいという場合、私たちは現状を強化する行動を取る傾向がある。必ずしも悪いことではないが、線からはみ出さないような塗り絵をしていたのでは、ハイパワーな役割は果たせないし、傑出した成果も得られない。

「ただ好かれたい人」には難しいゲーム

ほとんどの人は、ほとんどの場合、相手の敵意を刺激することを恐れている。この点で、権力の使用にはリスクがある。特に、人から好かれたい人にとってはリスクが高い。

法学者ウィリアム・イアン・ミラーは、ハイパワーな役割の人は、ほぼ例外なく羨望と憤りの対象になると指摘し、**「偉い人を軽蔑する（アップワード・コンテンプト）」ことは階層社会の必然的な特徴**だと論じた。人気投票で勝つことに没頭していると、権力をうまく使うことは難しい。

最近、企業の役員たちを相手に話をしたとき、その傾向がいかに一般的であるかを学んだ。

話が終わると、あるベンチャーキャピタルのCEOが近づいてきて、「あなたが話したことは、わが社の最大の人事課題です」と言った。「わが社には優秀な連中が集まってきますが、その中でも特に優秀なスーパースターは、最初は急上昇するのですが、なぜか失速してしまいます。**仲間の上に立ちたくない、みんな同じだと思いたがるんです。**それでも、やがて友人の上司になってその業績に責任を負うことになるわけですが、それは自分の仕事ではないというふりをしたがります。それが原因で、私たちは多くの優秀なパフォーマーを失ってきました。そんなマネジャーが率いる部署は崩壊し始めます。上に立つ者のことを信頼しないし、上に立ちたくもないという風潮が、全員に最悪の事態をもたらしてしまうんです」

政治心理学者のデイビッド・ウィンターは、アメリカの歴代大統領の個人的ニーズと、それが在任中の行動にどう影響したかを研究した。ウィンターは、リチャード・ニクソンは、好かれたいというニーズに支配されてしまった権力者の典型例だと書いている。

ニクソンが民主党本部を盗聴して党幹部の動向を探ったのは、自分はワシントンでは身分の低い部外者と見なされ、内部の人間から攻撃されるのではないかという被害妄想が原因だったという。それは、めぐりめぐって恐れている通りのことが起こる物語にほかならなかった。

「パフォーマンス不安」を克服するテクニック

要するに、パフォーマンス不安は、大きな役割へと進んでいく際にだれにでも起こる当然のことだ。プロの俳優でさえステージ恐怖症に襲われることがある。しかし彼らは、その**ネガティブな神経エネルギーを建設的な方法で利用するテクニック**を知っているので、その恐れを歓迎さえする。以下にそのテクニックを6つ紹介しよう。

1.「ウォーミングアップ」をする

基本的に、不安は生理学的反応であり、身体に変化をもたらす。アスリート、ダンサー、ミュージシャン、そしてもちろん俳優は、本番前にウォーミングアップをして、いまから何をするのかを身体に知らせてパフォーマンス不安に対処する。

ストレッチをしたり、身体をゆるめたりして、エネルギーが滞ったり消えてなくなったりしないようにする。ウォーミングアップは、心の重荷を振り払い、すんだことを忘れさせ、慣れ親しんだ身体の使い方を思い出させ、柔軟性や敏捷性を与え、状況に適応させるための方法だ。

事前のウォーミングアップにはいろいろな方法がある。私のクラスで一緒に教えてくれている俳優たちはそれぞれ違う方法を使っていて、私はすべての方法を試したことがある。まず、**不安とはどのような感覚かを認識する方法を学ぶ**ことが役に立つ。私はそれを最初の演技の先生であるケイ・コストプロスから学んだ。

「目を閉じて、自分自身を確認すること」と彼女は言う。「あなたはどのように立っていますか？　顎はどこにありますか？　自分の体重を、身体のどこに、どのようなバランスで感じますか？　軽いと感じますか、重いと感じますか？　何が頭の中で起こっていますか？」

コストプロスは、これを「自分の棚卸し（パーソナル・インベントリー）」と呼んでいる。私はこのプロセスを、自分がいまここで体験している感情やボディランゲージを感じる方法というだけでなく、よそから運び込んできた厄介な荷物に気づくための方法でもあると理解している。

不安はエネルギーであり、モーターのように唸（うな）りながら動いている。それ以外の音はさえぎられ、不安の音だけが聞こえる。

私は不安を自分の顔で感じる。噛みしめた口、引き攣ったほほ笑み、しかめられた眉、そして胸、肩、手で感じる。呼吸が浅くなることで感じる。ときには息が止まることで感じる。これらは恐怖や不安に対する自然な反応で、負のエネルギーを弱めたり遮断しようとする身体の試みなのだ。

実際に「身体」を動かす

こうした身体感覚を意識すると、緊張をゆるめてエネルギーを体内にめぐらすことに集中できる。不安障害を治療している心理学者は患者に、不安は寄せたり引いたりする波のようなものだと教える。波を堰き止めたり消し去ろうとするのではなく、流れ去らせることを勧めている。

私は仕事中、ときどき部屋の外に出て、ただ歩き回り、手をぶらぶらさせ、口から空気を吐き出し、身体を伸ばす。その場で飛び跳ね、気合いを入れると、浅くて短い呼吸が深くリラックスした呼吸に変わる。**ウォーミングアップは、頭から身体にエネルギーと血液を移動させる。**こうしたことを行い、身体に行動する準備をさせると、恐れが前向きな興奮のように感じられるようになる。

身体的ウォームアップは、緊張していてもリラックスしているように見せるのにも役立つ。クライアントに対する重要なプレゼン、上司との面談、インタビュー、バーチャルなミーティング（カメラを使っていてもいなくても）など、あらゆる種類のパフォーマンスにとって効果のある事前準備だ。

最近、重要な会話の場面を想定してロールプレイを行うエグゼクティブたちを観察する機会があった。頻繁なまばたき、瞬間的なチック〔顔面痙攣〕、身ぶるい、つくり笑い、しかめっ面が目についた。私が行ったアドバイスは、かつて自分が習ったことだが、まず最初に表情筋をできるだけ伸ばすことを意識し、次にできるだけギュッと引き締め、それからリラックスさせるという顔の反復運動だ。これだけで彼らのチックはなくなった。

身体的ウォーミングアップの魔法は、**自意識にとらわれなくなり、行為そのものに集中**

できるようになるということだ。一般的に、パフォーマンスを気にするのをやめると、重要なことに集中できるようになる。

2.「リハーサル」をする

何事によらず、練習は裏切らない。何度も繰り返すことで行動が習慣となり、心理学者が「優位反応」〔出現しやすい反応〕と呼ぶものに変わるからである。

社会的促進〔他者の存在によって個人の行動が促進されること〕の研究では、あらゆる種類のタスクで、オーディエンスがいると優位反応が起こる可能性が高まることがわかっている。だから、オーディエンスがいないうちに優位反応をリハーサルすることが重要となる。さもなければ、本番で、身体にしみついた役に立たない反応が表れてしまう。

オーディエンスの存在がトリガーとなって惹起される反応が適切なものなら、人に見られることはあらゆる種類のパフォーマンスの強化につながる。

経験豊富なアスリートは観客がいるときのほうがいいパフォーマンスができる〔アスリートに限らない〕。**不安が力の源になるからであり、不安に襲われたときは何に集中すべきかを知っている**からだ。一方、経験の浅いパフォーマーは、観客がいると、余分なエネルギーの持って行き場がわからず平常心を失ってしまう。その場合、観客の存在は事態を悪化させる。

心理的プレッシャーのエネルギーを上手に使う必要があるのは、俳優やスポーツ選手だけではない。あらゆる種類の専門家、特に緊急事態の中で人を守る責任がある人にとって、練習は必要不可欠だ。警察官、消防士、救急救命士、そして最近では教師も、恐怖でアドレナリンが放出されるときは意識をどこに集中すべきかを知っておく必要がある。

それが防災訓練の理由の一つだ。サイレンが鳴り、恐怖に襲われたときに適切に行動するためには、リハーサルが必要だ。火事を見つけたら現場に駆けつけ、本能の命令に逆らって燃え盛る家に飛び込み、人命を救わなくてはならない。

マサチューセッツ州アーリントンのフレッド・ライアン警察署長は、警察官として最も恐れている瞬間の一つは、重大な自動車事故の通報を受けることだと語った。「やりたい仕事ではありません。しかし、アドレナリンが噴き出すんです。だれかが私に、早く来て助けて、と叫んでいる。一刻の猶予も許されません」

唯一絶対の秘訣は「練習」

あらゆる分野で、最高のパフォーマンスを発揮する鍵は練習だ。練習とは、セールストークやプレゼンの話し方やスライドショーの操作のことだけではない。自分の役割を果たすことに慣れるというのも練習である。

私たちは何事も練習によってマスターする。練習すればするほど、力をもっと自然に、もっと巧みに、もっと自動的に使えるようになる。動きを身体に覚えさせ、注意力、マインドセット、身体生理をコントロールするためのルーチンを確立することができる。

大舞台でスピーチをするような場合、ほとんどの人は何を話すかに意識を集中させる。かつての私は、大きなプレゼンテーションが近づくと、意志に反して脳の中を言葉がグルグル回って（筋の通った内容のこともあれば、脈絡のない内容のこともある）眠れない夜が続いた。

それは生産的な準備の仕方ではない。もっといい方法は、立って、プレゼンのときに着る服の少なくとも一部を身につけ（私はたいていプレゼンの日に履く靴を履いた）、小道具（ラップトップ、レーザーポインタ）を操作しながら、歩きながら話すことだ。自分が話す言葉を自分に浴びせかけ、身体で覚えてしまうのだ。

これから大事なプレゼンに臨むという人を指導するとき、私はプレゼンの最初の30秒をリハーサルしてもらうことがある。部屋に入る、ステージの上を歩く、マイクを握る、挨拶をする、持ち物を台の上に置く、椅子を引いて座る、会議の出席者を歓迎するといった最初の行動である。そうすることで、本番でも小道具をそつなく扱い、ぎくしゃくせずに着席し、手を震わせずに物を扱えるようになる。

リハーサルは緊張のエネルギーを流し去り、予期せぬ事態に備えるための方法だが、同時に、**自分はやるべきことを完璧にこなせるし、何が起こっても対処できる**ということを自分自身に言い聞かせ、望ましい結果を期待するためのコンディションづくりでもある。

3. 自分を忘れる

パフォーマンスの最適化に関する科学では、ピークパフォーマンスを生む状態のことを「フロー」と呼ぶ。それは時間、空間、行為の中で自分自身が消えてなくなる経験、すなわち自己意識が消失する無我の境地のことだ。

俳優やアスリートが望んでやまないのがこの状態だ。この状態に達するためには、自分の注意の向かう先をコントロールする術を学ぶ必要がある。

舞台でも人生でも、パワフルに行動しようとするときは、自分に意識が向かう。自分にスポットライトが当たっていると感じ、オーディエンスを意識し、すべての視線が自分に向けられていると感じるのは自然なことだ。

パフォーマンス不安の核心は自意識過剰だ。したがって、パフォーマンス不安に打ち克つ唯一の方法は、何かをしているときに「自分」を消し去ることだ。ステージや部屋や瞬間を自分のものとするための鍵は、いま行っていることだけに集中して我を忘れることだ。

自分の外にあるものに意識を集中させることで、自分を意識するのをやめることができる。自己評価に使える心の空きスペースがなくなるくらい、自分以外の何かに意識を集中させるということだ。

緊張をほぐすために「客はパンツ一枚で座っていると思え」などと言う。行儀の悪い表現だが、意識を自分の外に向かわせる効果を狙ったものと言える。実際、外の世界に注意を集中させることは、あらゆる種類の不安を軽減する方法として広く受け入れられている。自分の注意をどこに向けるかを選び――そよ風を感じる、扇風機の音を聞く、海の波の音に耳を傾ける――それに完全に集中する練習をするとよいだろう。

演技をするときは、気が散るだけで関係のない何かに意識を奪われるぐらいなら、ほかの俳優に注意を向けるほうがよい。俳優の中にはこの方法をステージ恐怖症の対策として使っている人がいる。

私も同様のテクニックをよく使う。**恐れや不安を感じたら、前にいる相手に視線を向けて、相手を受け入れることに意識を集中させる**。いわば、目で相手の言葉を聞くということだ。審判を下すのではなく、好奇心を持って注意深く観察し、自分の中で問いかける。「この人はいまどんな気持ち？　何を考えている？　何をしている？　この人にいま何が起こっている？」

自意識過剰から脱するためには、自分のことなどだれも気にしていないという事実を認めることが役に立つ。

私たちは、人に見られていると思いすぎる傾向がある。私を「魔性の女」扱いするニュースが流れたとき、友人がすばらしい知恵をさずけてくれた。以来、私も困っている友人へのアドバイスとして何度も使わせてもらっているが、彼女はこう言った。「ほとんどの人は、ほとんどの場合、自分のことしか考えてないの。**あなたのことなんか、考えるのは4秒間だけ。**そのあと、すぐまた自分のことを考えてるわよ」

4.「恐れ」を受け入れる

連邦通信委員会（FCC）にヘッドハントされたとき、マイケル・パウエルはまだ34歳だった。FCCといえば、放送通信事業の規制監督を行う政府の重要な独立機関だ。

コリン・パウエルの息子であるマイケルは、大学を卒業すると最初に、アンベルク（ドイツ）に駐留していた第2機甲部隊第3中隊の小隊長に任命された。24歳のとき、訓練中に転倒したジープの下敷きになって大怪我をした。1年以上かけて回復はしたが、軍からは引退した。

国防総省で短期間働いたのち、ロースクールで学んで司法省に就職した。ビル・クリントン大統領からFCCでの仕事をオファーされたとき、予想もしていなかった抜擢にパウエルは驚いたが、国に尽くすことを教えられて育った才能豊かな若者にとって、それを断るという選択肢はなかった。

私がパウエルに会ったのは、ケーブル通信事業の団体が企画した女性のためのプログラムでのことだった。パウエルも私も、そこで講演を行った。プログラム終了後、パウエルは自分の話をしてくれた。

「FCCに誘われたとき、膝が震えました。自分は若すぎるし、資格がないと感じたので。オファーを受けるべきかどうか悩みました。そこで父親のアドバイスを受けたことを彼は認めた。「父はこう言いました。**自分の能力について、ときには自分より他人のほうがよくわかっていることがある。**それを受け入れろ」

パウエルの話は、パフォーマンス不安の典型例と言える。彼は重要な役割を果たし、人生で何かを成し遂げ、父親が示した模範にふさわしく生きたいと思っていた。退役陸軍大将、のちに統合参謀本部議長を務めた父親は、息子に高い規準で生きることを求めていた。軍人の家庭で育った彼は、人生では意味のあることを成し遂げ、重要な社会問題を解決するために努力しなければならないという責任を常に感じていた。

「私は奉仕とリーダーシップの精神を叩き込まれて育ちました。父は軍の大将ですから。自分に託された責任の重さを感じています。私の地位は私のものではなく、アメリカ国民の利益に奉仕するためのものです。それは神聖で名誉ある務めなのです」

最終的には、「奉仕したい」という願望が恐れより大きかったとパウエルは言う。責任を回避したいという衝動を克服し、役割を引き受けたときの自分の気持ちを、「恐れを受け入れたということです」と表現した。

「知らないことがたくさんあると認めるのは怖くはありませんでした。私は奉仕し、能力を磨きたいと思いました。そのためにはメンターや手本が必要でしたが、新しい仕事はすばらしい学習の機会を与えてくれ、多くの師やメンターを得ることができました」。知らないことを恥ずかしいと思うのではなく、学ぶことに夢中になった。「本をむさぼるように読みました。準備すれば自信が生まれることを学びました。準備すればするほど自信を持つことができました」

「恐れ」をモチベーションにする

パウエルが自分は準備不足だと感じたのは、そのときが初めてではなかった。「最後でもないでしょうけど」と彼は言う。「あの選択をして以来、選択肢が二つあるときは怖いと感じるほうを選ぶ、というのが私の原則になりました。恐れがあるからこそ、コミットもできれば集中もでき、凡庸であってはいけないと思えるのです」

彼はその原則に従って歩んだ。最初の任命から3年も経たないうちに、ジョージ・W・ブッシュ大統領はパウエルをFCC議長に任命した。彼はためらうことなくその機会をつかんだ。消費者の利益を守る政策を強く推進し、ケーブルテレビ業界を一変させる抜本的改革を断行し、ＦＣＣの知名度を飛躍的に高めた。パウエルはパフォーマンス不安を行動に変え、役割に基づく力を使って前例のないインパクトをもたらしたのである。

パウエルは、自分でも知らないうちにすばらしい演劇技法を実践していた。**恐れを受け入れ、それをモチベーションにして全力を尽くした**のだ。役割を義務と捉え、自分に対する称賛や評価とは考えなかった。大きな役割が自分に与えてくれた権力を、他者の問題を解決するための機会と捉えたのである。

彼は、人に認められるかどうかを心配するのではなく、国に対する責任に焦点を合わせることで不安を抑えた。

「自分なりの考えを持ち、何かを成そうとすることが重要だと思います。でも、与えられた仕事をこなすだけで、事を荒立てず、何も問題が起こらないようにしているだけの人が多い」と彼は言う。「明確な目的意識と方向性がなければ、人に振り回され、首尾一貫せず、反応と応答だけの受け身の人生で終わってしまう。私にとっては、新しい大きな仕事のプレッシャーよりそれが怖かった。ＦＣＣの重要性はわかっていました」

心理学者のデイビッド・マクレランドは、**権力を追求する人は自分の利益を超える高い目標のために行動することが重要**だと言った。それは、パウエルが自分の役割を果たすために取った行動そのものだ。マクレランドの研究で、ハイパワーな役割における効果的パフォーマンスの条件とされたのが、まさにこの達成のニーズと権力のニーズのバランスであった。

5．「愛」を選ぶ

オプラ・ウィンフリーは、スタンフォード大学で行ったスピーチでこう語った。「結局、人を動かす感情は愛と恐れの二つだけです。人生のあらゆる場面で、人はそのどちらか一方に従って動いています。有意義な人生を送るためには愛を選ばなければなりません」

パワフルに行動するときにも同じことが言える。

これまで見てきたように、パフォーマンス不安に駆られると、承認や受容のニーズが高まる。しかし、好かれたいという欲求があることと、人に好かれる性格であることは違う。重要なのは、相手のことをどれだけ好きか、そして、そのことを相手がどれほど感じ取ってくれているかということだ。

教師であるダン・クラインは、8年生の子どもに教えていたときに、このことをいささか痛い目に遭って学んだ。「子どもたちには私のことを好きになってほしかった」と彼は言う。だが生徒たちは、先生が生徒に嫌われるのを恐れていることを察知し、それを使ってパワーアップの行動に出た。

しばらく苦労したクラインだったが、ある日、自分は自分の役割と目標をどう果たそうとしているのだろうと自問した。「私のことを好きになってほしい」というメッセージは、相手に何も与えていない。**「君たちのことが大好きだ」というメッセージのほうがずっとうまくいく**ことに彼は気づいた。

権力をうまく使うためには、思いやりを示し、意味のある受容と承認を与え、自分のことが心配なときでも相手のことを気にかけていることをしっかり伝える必要がある。

どうすればそれができるのか？　まず、自分の表情に、パフォーマンスについての相反する感情のどちらが表れているかを判断することから始めるとよい。不安なときは、深刻そうで、堅苦しく、よそよそしい表情になりがちだ。前向きな結果を予感しているときは、幸せそうで親しみやすい表情になることが多い。

本物の笑顔(スマイル)は成功をもたらす――ハーバード・ビジネススクールの伝説の教授、マイケル・ポーターはこの真理を忘れていないようだ。彼は授業初日の講義ノートの右肩に、「スマイル」という言葉を書いて、学生への愛を示すことを忘れないよう心がけている。ビジネススクール界のセレブであるポーターは、人びとは重要人物の一挙手一投足に注目し、その人が自分たちのことをどう思っているかを探っていることを知っている。

ボブ・ジョスは、ウェストパック銀行のＣＥＯに就任したとき、廊下ですれ違う社員が自分のムードやエネルギーを気にしていることに気づいて驚いた。彼がよそよそしかったり、物思いにふけっていたり、注意散漫だったりすると、社員はＣＥＯとのあいだに距離を感じ、ボスは社員や会社のことを気にかけていないと思い始め、自分が何か機嫌を損ねるようなことをしたのだろうかと心配した。

そこで彼は、社員に気さくに声をかけることや、人前で機嫌よくふるまうことに注意を払うようになった。元気や興奮や熱意を示すために、歩くときも「弾むように」歩いた。落ち込んでいても努めて明るくふるまった。

大役を果たすための教訓を彼はこう要約する。「**自分に正直に行動することが重要なのではない**。心から気づかうことが重要だ。本当に気にかけていれば、それは必ず伝わる」

戦うよりも「心を開く」

私は教えることが好きだ。知的好奇心や向学心のある学生との交流も、新しいものの見方を学ぶ興奮も大好きだ。しかし、準備をしているときには怖さも覚えるし、私のことを嫌う学生がいて、困らせようとするのではないかと心配もする。

教職に就いて間もないころ、授業中に何かが自分の思い通りにいかないことがあると、それが脳の中で虫のように飛び回ることに気づいた。私はそれを延々と反芻し、深刻に考え、片づけられずにイライラした。いつもどこかいやな感覚——何かをしくじった、明確に説明できなかった、大事なことを言い忘れた、だれかを怒らせた——がつきまとった。

当時、私への敵意を感じさせる男子学生がいた。私の意識はその学生に執着し、頭の中で何度も何度もそのしかめっ面を再生し、次にどんな攻撃をしかけてくるのかが気になり、ほかに何人ぐらいが私を嫌っているのだろうと気を揉んだ。私は恐れに支配され、その思いを抱えて教室に向かった。戦う準備をして授業に臨むようになった。

ある時点で、そんな思い煩いは決して建設的ではないことに気づいた。現実離れしているだけでなく、あたためなくてはならない学生たちとの関係を冷やしていることに気づいた。私は心と身体を恐れと不安――敵意の温床――でいっぱいにしていた。学生との感情の交流という次元では、教師として自分がすることは、すべて自分に跳ね返ってくるのだ。決して難しいことではないはずなのに、私は80分間、心を開いて学生と時間を共有することができなかった。さらに悪いことに、そのような態度は、好きな仕事に対する自然な熱意をむしばんだ。

そんな思いが極限に達して、件のしかめっ面が頭に浮かびかけたとき、私はその顔を押しのけて笑顔を思い浮かべることにした。クラスが大好きで、私を愉快な教師だと思ってくれている学生の顔だ。いい質問をしてくれて、何か感じることがあったらその思いをシェアしてくれる学生の笑顔。

私はとても気分がよくなったので、そのイメージワークを続けた。毎回、授業の前に数分かけて前向きなことを考えるようにした。前の授業で盛り上がった場面を頭の中で再生した。熱心な学生のことを考え、彼らが与えてくれたうれしい驚きやポジティブなフィードバックを思い出した。学生が何かを発見する瞬間に立ち会ったときのことを思い起こした。教えることや学ぶことが遊びのようなものだったころのことを思い出した。

私は自分を消耗させるものではなく、教える意欲をかき立ててくれること——大好きなさまざまな瞬間——について考えるようにした。

それは私の教育者としての人生の転機となった。常に自然にできることではないが、実行は難しくなく、むしろ失敗するほうが難しい。**恐れより愛を選ぶことは、パワフルな役割において、見せかけではないあたたかさと思いやりを示す方法の一つだ。**愛から出る行為には、それが何であれ嘘いつわりはない。

6．相手との「つながり」を意識する

恥ずかしい、自信がない、無力だと感じているときは、相手とつながることが重要だ。シンガーソングライターのパティ・スミスが、自身のステージ恐怖症の体験をエッセイに書いている。それを読んだあとで、私は彼女の演奏のビデオを見た。その演奏での彼女は、冒頭、ほとんど動かず、じっと立って歌っていた。視線を下げ、腕は身体の横に下ろしたままで、心を自分の内側に向けていた。

6分後、歌詞の合間にスチール・ギターの演奏が入った。少しのあいだ、彼女は音楽を

聞いた。それから顔を上げると、初めて観客を見たかのように表情を和らげ、彼らに向けて歌い始めた。身体を揺らし始め、腕を広げ、文字通り観客に手を伸ばして歌った。観客と一体となり、音楽と一体となり、自分の演奏と一体となった。それは私にインスピレーションを与えてくれた。

私の〝スキャンダル〟が報じられてから半年経った2016年4月、春学期が始まった。私はふたたび荒馬にまたがる心境だった。記事は学生の目にも留まったはずだが、私が受け持つ3つのコースには108人の学生が割り振られ、さらに100人あまりがキャンセル待ちリストに載っていた。

私は、学生は特に気にしていないのだろうと思うことにした。私は彼らのことを知らないし、彼らも私のことを知らない。彼らは私をどんな人間だと想像しているだろうか？学生のこともさることながら、授業初日には学生以外のだれが紛れ込んでくるかわからないことが心配だった。以前、ジャーナリストが忍び込んできたことがあったので、私はそれが怖かった。

だがそのときは、何をすべきかがわかっていた。学生たちに集中するのだ。毎日、毎分、教室で彼らとすごす9週間、彼らのことだけを考えるのだ。自分を証明したいとか、好かれたいとか、尊敬に値するいい人だと認めてもらいたいというようなことは忘れ、**学生自身とその学習状況に意識を集中させる**のだ。

気まずくなりかねない雰囲気を一掃して快適に学べるようにして、彼らの役に立つ何か、もしかしたら彼らの人生を変えるかもしれない何かを提供することに集中するのだ。

開講初日、私は早めに教室に入って講義台の前に立ち、学生たちがやって来るのを待った。孤独を感じたので、学生が座る椅子に腰を下ろした。最初の学生が入ってきたとき、私は立ち上がって彼らに歩み寄り、握手をした。

自分でも思いがけない自然発生的な反応だったが、とても正しいことのように感じた。すべての学生と握手をし、目を合わせ、名前を聞き、顔と名前を覚えようと努めた。私は彼らに意識を集中した。

教師の奇妙なふるまいに接して、学生たちが何を考えたか、何を感じたか、私にはわからない。でも私は、**自分に妙に力があるように感じた。**

PART 4

権力の手綱をさばく

―― 権力への対抗策

CHAPTER 7

権力は人を「暴走」させる

――こうして権力者はダメになる

権力の濫用はニュースの見出しになる。だから私たちは、権力を悪用することの意味をよく知っている。集団の目標のために権力を与えられた人が、その力を利己的な目的のために――特に他者を犠牲にして――使うなら、それは明らかに権力の濫用だとわかる。しかし、いつ、なぜ、そんなことが起こるのか、そしてそれを防ぐために何ができるのかは、よくわかっていない。

私たちはさまざまな理由で権力を求めるが、それは必ずしも悪いことではない。権力を求めること自体は健全であり、リーダーとしての能力につながると示唆する研究も多い。しかし、権力が自己目的化してしまったら――権力がある人だと見られたい、権力を感じたい、権力を持ちたい——その行き着く先は知れている。

役割に真にコミットすることなく、人を助ける気持ちもなく、ただ権力を振り回すことはあらゆる虐待と腐敗の原因となる。

「高潔」だったはずのＣＥＯがしたこと

私はデイブ・マクルーアに会ったことはないが、彼の正直さには感心する。

ウェストバージニア州出身の自称田舎者で、大学を「かろうじて卒業した」と言うマクルーアは、シリコンバレーで25年以上「オタクとして働き」、数々の舞台で大きな役割を果たしてきた。

２０１０年には、白人でもアメリカ人でも男性でもない、意欲ある起業家を支援するために、「５００スタートアップ」というビジネスアクセラレータを共同設立した。そして社会的偏見のために過小評価されている女性や国際的ビジネスの創業者のための頼れる支援者というブランドを確立することで、埋もれた人材を獲得しようとした。

２０１７年７月１日までに、同社は世界の１８００社以上のテクノロジー系スタートアップに、３億９０００万ドル以上を出資した。しかし、まさに7月のその日、マクルーアはＣＥＯを辞任すると発表した。

マクルーアは辞任を告げる文書で、経営チームとの「厳しい議論」の結果、共同創業者のクリスティン・ツァイに経営をゆだねることになったと説明した。「議論」のテーマは、その前日、『ニューヨーク・タイムズ』が報じたシリコンバレーでの性的不正行為疑惑で、その中にマクルーアの名前もあった。

マクルーアは最初、「私が何をしたというのだ?」と防御的な態度を取っていたが、最終的には、彼からのビジネス上の支援を願う、何人もの聡明で将来のあるビジネスウーマンに性的な誘いを繰り返したことを認めた。

「仕事が関係する状況で複数の女性に関係を迫りました。明らかに不適切な行為でした。……不快な思いをさせたり傷つけたりした人たちへの共感を欠いていました。自分の浅はかな動機を直視することなく、完全に自分が悪いのに相手のせいにする理由をひねり出して、自分の行為を合理化しようとしました。道を踏み外してしまいました」

彼のせめてもの名誉のために言えば、彼は自分の罪を認めた。しかし、繰り返されるこの種の出来事は、どう説明すればよいのだろう? 権力を握った人びとは、なぜ善悪の境界線を見失ってしまうのだろう? 女性起業家を支援するという使命を掲げて会社を設立したのに、何が彼に過ちを犯させたのだろうか?

「権力は腐敗する」のか？

権力は腐敗するのか？　腐敗するとすれば、それはなぜなのか？　そして、それに対してできることは何か？　これらは昔からある問いだ。

権力の心理学に関する私自身の研究に、いくつかの手がかりがある。心理学の実験で、普通の人に他者に勝る権力を持たせたり、権力があると感じる条件を与えると、不適切な逸脱が起こることがある。

権力がなければ、私たちは自己規制して社会の規範に従い、トラブルを避けようとする。プロットや文脈、他者に与える影響を考慮して、自分の利益を追求するかどうかを決める。ところが**権力を持つと、自分自身の目的が優位になり、他者の幸福や見方を考慮しなくなってしまう。**

権力が諸悪の根源であり、権力の濫用は進化の過程で遺伝情報に埋め込まれた利己心の自然な反応だという考えがある。この考え方によれば、権力者が力を濫用するのはそれが可能だからであり、権力を持てばだれもが同じ過ちを犯すことになる。

たとえば、男性は何よりも性欲に動機づけられており、可能でさえあれば文脈に関係なくあらゆる機会にセックスをしたがる、ということになる。

これがイギリスの思想家ジョン・アクトンが言った「すべての権力は腐敗する」という言葉の意味だ。権力はあらゆる人間をその最低最悪のレベルに引き下げてしまうことを示唆している。

それを示す事例は少なくないが、権力について学んできた経験から、私はこの仮説を信じていない。確かに権力は腐敗することがあるが、防ぐこともできると考えるからだ。**権力を持った人間は、悪であれ善であれ、その人がそのとき最も重視している目標のための行動に駆り立てられる**ということだ。

権力は「抑制」のタガを外す

1998年、ノースウェスタン大学で得た最初の仕事の任期が終わり、スタンフォード大学での新しい仕事に就くまでの期間、私は共同研究のためにカリフォルニア大学バークレー校の心理学者ダッハー・ケルトナーのもとで1学期をすごした。

ガレージを改造したアパートを借りたが、たまたまエルニーニョの年で、ほぼ毎朝周囲が水浸しになり、一歩外に出るためだけでも長靴を履かなければならないほどだった。しかし、そんなことは気にならないほど仕事は充実していた。

毎日地元のレストランでランチをともにしながら、私たちは肩肘張らない雰囲気の中でアイデアを追求した。ある日、地元のメキシコ料理店で巨大なブリトーと格闘しているとき、ダッハーは10年以上前に大学院で行った未発表の実験の話をしてくれた。

ある有名な教員に触発されて、ダッハーはクラスメイトのアンドリュー・ウォードと一緒に、いまでは研究者のあいだで「クッキー実験」として知られている、いたずら心を感じさせる実験を設計した。

それは権力がマナーや礼儀作法に与える影響の検証だった。実験に協力する学部生は無作為に3人一組のグループに分けられ、論争になっている大学の多数の政策について順に議論し、それぞれについてグループとしての見解をまとめるという課題が与えられた。

各グループに属する3人のうち1人には、議論への貢献度に応じて他の2人に点数をつけるという審判的な役割が与えられた。点数は単なる数字ではなく、実験協力者がくじ引きで400ドルを獲得できる確率に影響を与える仕組みになっていた（獲得した点数が多いほどランダムな抽選での当選確率が高くなる）。つまり審判役の学生は、他の2人の結果をコントロールする権力を与えられていたことになる。

実験開始から30分ほど経ったとき、研究助手が各グループに4枚のクッキーを差し入れた。これは誘惑を与えるという意味と、エチケットの規範を呼びさますという意味が込められた介入である。

3人のメンバーはそれぞれ1枚は普通に取って食べたが、残った1枚が問題となる。全員に行き渡らないことを知りながら最後の1枚を取るのは、礼を失した行動だ。マナーを守るためには、自制心と同僚への配慮が必要となる。

各グループが議論している様子はビデオに収録されており、それを調べると、どのグループでも、審判役が2枚目を食べていることがわかった。その結果から、**権力を持つと自分を抑える力が弱くなる（あるいは食欲が増す）ことがうかがえる。**

ダッハーの話が終わったとき、私たちはこれが研究テーマだと確信した。直感的に、このシンプルな考え——権力は自己抑制のタガを外す——が、当時私たちが権力について興味を持っていたすべての事象を説明してくれるように思えた。

それ以来、彼と私は多くの研究を行い（共同実験もあれば個別に行ったものもある）、多くの論文を発表した。それによると、権力のある立場に置かれた人間は——あるいは、そのような立場にあると考えるように仕向けられた人間は——衝動的行動に走る傾向が高まる。そして、社会的影響をあまり気にせず、自分が妥当と思う方法で、個人的なニーズや欲求を満たす報酬に手を伸ばそうとする。

さまざまな研究から、ハイパワー（強い権力を割り当てられた）の実験協力者にはいくつか特徴的な傾向が表れることがわかっている。たとえば、固定観念（ステレオタイプ）に頼る、前例や他者の考えにあまり影響されず創造性を発揮する、自分が快適にすごせるように研究室の機器を勝手に調整するといったことだ。

ハイパワーの実験協力者は、セックスについて考えるようプライミング（特定の思考を喚起する刺激を与えること）されると、能力より魅力重視で異性の仕事のパートナーを選ぶ傾向が、ローパワー（弱い権力を割り当てられた）の実験協力者より高いことも明らかにされている。

つまり、権力がどのように腐敗するかは、権力を行使する機会をつかんだときに、その人が何を最も重視しているかによるということだ。

人を「モノ」のように扱い始める

権力の濫用は、ほとんど常に他者からの搾取（さくしゅ）をともなう。権力を握った人間は、マクルーアのように、他者の扱い方を変える。実験では、**他者以上の権力を付与された人は、他者を感情や経験を持つ人間としてではなく、自分の目的に奉仕する対象や手段と見なすこと**が多くなることがわかっている。

500スタートアップのマクルーアは、多くの権力者と同様、役割を正しく引き受けず、自分の利益のために使うことがあった。彼は投資家、アドバイザー、あるいはメンターという役割を演じて、自分が好き勝手なことができる（と感じた）文脈に女性を誘い込んだ。

確かに、投資した企業の成功を望んではいたのだろう。しかし彼の行動が、彼の本当の姿を明らかにしている。マクルーアは自分の性欲を満たそうとした。彼にはお金があり、投資先企業の命運を左右する権力があったので、女性たちは、そんな文脈でなければ選ばなかったであろう方法で彼を喜ばせようとした。あらゆる点で優位な立場にあったマクルーアは、自分のニーズを優先させたのである。

性的パワーに不安を持っている人間が人の上に立ち、抑制のタガが外れてしまうと、従属的立場にある人を自分の性的な魅力や能力を証明するための道具として扱うようになる。

不安がセックスがらみではなく社会的地位に関わるものであれば、**下位の人間はステータスを象徴するための道具として扱われる**。つまり、部下を「所有する」自分が人からどう見られるかだけが問題となる。その意味では、部下は車や時計と同じだ。

思い浮かぶ多くの事件の中でも心が痛むのは、2019年初めに露呈した、大学入学をめぐるスキャンダルだ。権力もお金もある多くの両親が、自分の子どもを有名大学に入れるために入学担当管理者を買収していたことが判明した事件だ。

彼らは、裏工作などしなくても、経済力にともなう数々の特権的な有利さがあった。学費はもちろん問題ではなかったし、子どもたちを有力な進学予備校で学ばせていた。GPA（成績評価）の点数を上げる家庭教師を付けることもできたし、標準テスト、小論文、スポーツ、その他の課外活動のためのコーチを雇うこともできた。入学すれば高額寄付者になると大学が考えることも有利な要因だった。

中には実力で入学できた学生もいただろう。それなのに両親は、不正な手段まで使わなくてはならないと思うほど子どもの合否を心配した。

部外者には正気の沙汰とは思えない。そんなことをしなくても確実にどこかのいい大学に合格できたはずなのに、なぜルールを曲げてまで選考をコントロールするリスクを冒したのだろう？　子どもが「エリート大学」に入学できなかったら自分のステータスが傷つくという恐れがあったのだろうか。

気の毒なことに、子どもたちは両親の不安の対象、不安の犠牲者となってしまった。不正を働いた親の子どもの中には、入学を拒否した者もいれば、入学はしたものの不正入学者の烙印を押されて退学した者もいる。

親たちは、子どもを傷つけようとしたわけではなく、助けようとしていた。しかし、権力を持った人間が、自分のステータスに不安を抱き、他者——愛する人さえ——を利用して、最終的なコストを考慮せず自分のニーズを満たそうとしたとき、このような結果をもたらしてしまったのである。

「自分の役に立たない相手」を攻撃する

人間の「擬物化」〔物として扱うこと〕は、権力の所有者のニーズ次第でさまざまな形態で表れる。いじめやハラスメントに関する研究から、上司が無力感を感じたり、影響力や支配力の低下を感じると、事態が悪化することがわかっている。

2017年、私はメリッサ・ウィリアムズ（現在はエモリー大学教授）、ルシア・ギロリー（現在はシリコンバレーの企業の採用担当エグゼクティブ）とともに、権力と性的攻撃性についての論文を発表して、この点を明らかにした。

私たちは、10代後半から60代後半までの男女の実験協力者に、これまでに味わった無力感と権力の経験（生活の中でどんなふうに無力感や権力を感じているか）についてたずねた。

その2週間後、実験協力者にさまざまなストーリーを提示して、性的関心を持った部下に拒絶されたらどう反応するかを想像してもらった。

私たちが行った5つの研究のすべてで、慢性的に無力さを感じていた実験協力者ほど、実験の中でハイパワーに設定されたときに、男女を問わず、自分の誘いを断った部下に敵意ある反応を示す傾向があった。

それまでの研究では、権力を得た人は自分の役に立つターゲットに魅力を感じることがわかっていたが、私たちの実験では、**権力を持つと、自分の役に立とうとしない人間を標的とする攻撃を抑制するタガが外れてしまう**こともわかった。自分に恭順しない部下には、さらにしつこく迫ると答えた人もいたし、仕事で意趣返しする（たとえば否定的な転職紹介状を書く）可能性が高いと答えた人もいた。

「無力感」を持った人が権力を持つと？

私たち3人は、男性がセクシャルな含みのあるオンライン・メッセージを女性に送る状況を設定した実験を行った。実験に協力してくれる男性は、オンラインの顧客サービスが提供する情報が顧客にどう伝わるかを調べるマーケティングの研究という表向きの理由で、アマゾン・メカニカル・ターク（業務をアウトソーシングしたい企業と役務を提供する個人のマッチングサービス）を使って募集した。

男性には上司または同僚という立場が割り振られ、女性の部下または同僚とペアを組んで、リアルタイムのチャットで顧客対応をしてもらった。

男性協力者が研究のために設けられたウェブサイトにサインインすると、あらかじめ用意しておいた若く魅力的な女性の全身のアバターが現れてチャットが始まる（男性協力者は自分でデザインしたアバターを使う）。男性協力者には知らされていないが、女性たちのほうは実験の本当の意図を知っている（どんなやりとりに発展してもハラスメントと感じる心配はない）。

チャットは20回行われる。男性は自由にメッセージを書くのではなく、各回ごとに、あらかじめ用意されている3つのメッセージから1つを選んで送る。

20回チャットするので、メッセージセットも20組用意されている。20セットのうちの16セットには、中立的なメッセージ2個と性的連想があるメッセージが1個（たとえば「今夜は僕とすごす？」）が含まれている。残りの4セットは3つのメッセージすべてが中立的である。

実験を設計した私たちにとっても、セクシャルなほのめかしのあるメッセージは単刀直入で不埒（ふらち）に思えるほどで、だれも選ばないのではないかと気を揉んだが、心配は不要だった。実験に協力した男性のほとんどが、上司としてであっても、同僚としてであっても、少なくとも1回は性的示唆のあるメッセージを選んだ。

上司役の男性が同僚役の男性よりセクハラ的メッセージを多く選んだという結果は認められなかった。上司役の男性について、内訳を見ると、**実生活で無力感がある男性は、そうでない男性より、性的な内容の不適切なメッセージを多く選んでいた。**

実生活で自分の権力を感じている男性の場合は、上司役になると、むしろ責任感の強さを示すメッセージを選ぶ傾向があった。

権力の濫用を「当然の権利」と思い始める

権力を握った人間は、自分はやりたいことをやってもよい、自分は自分が望むものを手に入れる価値のある人間であると思い始め、それを行動に移してしまうことがある。

私たちはそれを研究室の外で嫌というほど見ている。税金逃れをする大金持ち、法の抜け穴を見つけて不正行為に手を染める腐敗政治家、近寄ってきた女性とはだれとでもセックスする権利があると信じているメディア界の大物など、この手の人間はたくさんいる。

これに関して私が思い浮かべる身近な例の一つは、レストランでメニューに載っていない料理を注文する常連客の行動だ。裕福で、それ以外の点では問題のないマナーのいい客が、席に着くなり、メニューも見ずにウェイターに、「今夜は魚のグリルにするよ。新鮮なハーブを添えてもらおう。デザートにカンタロープはあるかな?」などと注文する。

ウェイターが困っていても、彼らは自分が文脈から外れていることに気づかない。お客様である自分には文脈などなく、メニューにないからといって食べたいものをあきらめる必要もなければ、ルールに従う必要もないと言わんばかりだ(ここは私の家だ、シェフは黙って私が食べたいものを料理しろ)。

長く権力の座にあると、それにともなう利点に慣れてしまい、どこでも適用されると錯覚してしまう。この錯覚は、自分の権力と無関係な領域で、特別扱いをしてもらえないことに腹を立て、「私をだれだと思っているんだ?」と息巻いているような場面に典型的に表れる。シェフはすべての客にメニューに載っている料理を出すのが仕事で、交通違反の切符は違反者がだれであろうと切られるということが、わからなくなってしまうのだ。

こうした輩は、その瞬間、自分の欲望のことしか頭になく、だれもが自分の欲望に沿って動くものだと勘違いしている。視点を変えようとせず、有力者でも交通違反の罰金は払わなくてはならないという認識はなく、自制心もなく、お門違いの要求をしたことに対する羞恥心も謝罪もない。極端に言えば、**「当然の権利」という意識によって、自分は他者を所有しているという錯覚に陥っている**のだ。

この考え方こそが、家庭での感情的・身体的暴力の根底にあると考えている専門家もいる。『DV・虐待加害者の実体を知る』(明石書店)の著者であり、虐待被害からのリハビリテーションの専門家でもあるランディ・バンクロフトは、夫婦間の身体的暴力(通常は男性による)の原因は、自制心の低下や自己抑制の喪失というよりも、「自分のもの」である女性(配偶者、恋愛関係のパートナー、その他の家族メンバー)を暴力や脅迫によって支配することは完全に許容できるとする信念体系にあると考えている。

バンクロフトは、女性を虐待する男性は、子ども時代に、母親を虐待する父親から、女性は男性より劣っていると学習していることが多いと指摘する。女性は子どもと同じような所有物、あるいはパートナーというよりペットであって、「自分のものである女性」を好きに扱うのは自分の権利だと考えている。

暴力はターゲットを怯えさせて服従させる支配の手段であり、戦略である。家庭内虐待について、バンクロフトは次のように書いている。「根は自分が相手を所有しているという意識、幹は自分にはそうする権利があるという意識、それが支配という枝になって表れる」

「欠落」が権力に向かわせる

被害や虐待のストーリーとは主観的な性質のものだ。それを感じさせる話を、元CIA（中央情報局）のエージェントで10年間潜入捜査をしたアマリリス・フォックスが語っている。彼女が仕事から学んだことを語ったアルジャジーラの番組は広く世界で報じられた。

フォックスは、アメリカ人はテロリスト集団のことを、「アメリカが自由の国であるというだけの理由でアメリカ人を殺そうとする悪者」だと考えていると指摘した。しかし、イラク人とシリア人はそう考えていないことをフォックスは潜入捜査で学んだ。

彼らは、アメリカはイスラムに戦争を仕掛ける堕落した資本主義者だと考えている。アルカーイダから見れば、アメリカのほうこそ悪の侵略者であり、自分たちはそれと戦う正義のヒーローなのだ。ことほどさように、力を争う当事者のあいだでは、善と悪、加害者と被害者がはっきりしないことが多い。

もちろん、被害者と悪者のあいだには権力の差がある。しかし、心理学的にはその差を見分けるのは難しいことがある。

権力を濫用する人の多くは、かつて自分自身が被害者だったことがある。しかも、いま自分がだれかに行っている加害とまったく同じ方法で被害を受けていたケースが多い。

親に愛されなかったために健全な愛着形成ができず、有能感が極端に乏しい子どもは、強い不安を抱えて成長すると考えられている。ステータス、支配力、愛情、性といった面で不安やニーズを抱えたまま大人になると、不安を解消しニーズを満たす機会を前にしたとき、人を傷つけてでもそれをつかもうとする。

不安を抑えるためにあらゆることをする

ステータス、支配力、性に関する不安はセットになっているようだ。権力を濫用する人の多くは、これらすべてのニーズを抱えているように見える。

「ラスベガスをつくった男」と言われるスティーブ・ウィンの場合を考えてみよう。20

18年2月、ウィンは過去数十年のあいだに何十人もの女性に性的嫌がらせをした――多くの場合、セックスを強要したと報じられている――という告発を受けて、ウィン・リゾーツの会長兼CEOを辞任した。

ウィンは、犯罪だらけの薄汚れた街を、カネさえあれば何でも買えるラスベガス・ストリップという世界的観光名所に変えた立役者だ。ミラージュやベラージオをはじめとする豪華なホテル・アンド・カジノを建設し、有名なイリュージョニスト、「ジークフリード&ロイ」のショーを引っ張ってきたと言われている。王座から転落して会社を辞任し、株価が暴落したあとも、彼の推定資産は35億ドル前後で推移している。

熱心なアートコレクターで規格外の人格を持つウィンは、鉄拳でカジノ帝国を率いた。会議中に叫んでは拳でテーブルを叩き、解雇や解任の恐怖で部下を支配したという。CNNや情報サイトの「ラスベガス・ビジネス・レビュー」によると、「俺はネバダ州で最高の権力者だ」と叫んでいたという。

しかしウィンは、同世代の他の多くの不動産王とは異なり、何不自由ない裕福な家庭で育ったわけではない。父親のマイクはリトアニア系移民の息子で、スティーブが生後6か月のときに名字をワインバーグからウィンに変えた。ビンゴ・パーラーの小さなチェーンを経営しており、ニューヨーク州北部とボルチモアにある自分の店に頻繁に足を運んだ。「仕事だけでなくギャンブル依存症もマイクを家庭から遠ざけていた」と、ノンフィクション作家のニナ・ムンクが『ヴァニティ・フェア』の人物紹介記事に書いている。「出張を延長する口実があれば、ラスベガスのトロピカーナに足を延ばし、カジノに入り浸って有り金をすべてギャンブルにつぎ込んだ」

その父は息子が大学を卒業しようとするころに死んだ。スティーブは、イェール大学のロースクールに行く夢をあきらめてビンゴ・パーラーの経営を引き受け、ギャンブル依存症の父親が残した巨額の借金（約35万ドル）を返済した。

スティーブ・ウィンに限らず、**権力を濫用する人は、不安を抑えるために必要なことは何でもするように駆り立てられている**ことが多い。人をいじめることもあれば、誇大妄想的尊大さを示すこともあるし、はたまた、女性や子どもを食い物にして愛、親密、支配、性的満足を求める倒錯すれすれの捕食者（プレデター）になることも少なくない。

フィードバックが「いじめ」になる

いじめとは、人を支配するために力を使って脅したり強要したりすることだ。いじめた側は、それはいじめではなく、部下に責任をもって仕事をさせるために必要な指導だったと主張する。だが研究の結果が、そうではないことを示している。

相手に対して怒りを爆発させたり、悪口を言ったり、侮辱したり、本人の努力で変えることのできない内容やタイミングで〝フィードバック〟することには、どんな理屈をこねたところで、相手を助けようという建設的な意図はない。ただの憂さ晴らしであり、自分の失敗を人のせいにして非難しているにすぎない。

それは攻撃される側の自信を失わせ、自分は壊れている、価値がない、哀れな存在だと思わせる。依存心や恩義を感じさせ、どこに行ってもみじめな状況は変わらないと思い込ませる。

この種の〝フィードバック〟は、自らの不安をその原因からいじめの標的に移動させる戦術的な権力の利用だ。**標的を心理的に無力化することによって、自分の権力と支配力を保とうとする**方法だ。それを「フィードバック」とか「コーチング」と呼んだところで、実際には心理的虐待にほかならない。

この本を書き始めて間もないころに私が見聞きした職場でのいじめの話を紹介しよう。ある上司が、二人の部下がタッグを組んで自分に反抗しないように、一人には君は特別だと言って褒め、もう一人にはろくなことができないと言ってけなし、二人と同時に会うことを避けていた。

妊娠8か月の部下に靴を投げつけた上司もいる。さらに別の上司は、ミーティング中に性的な話題を持ち出さないでほしいと言ってきた女性の部下に、職場で良好な人間関係を維持できないなら将来はないぞと圧力をかけた。

いじめる上司は、それは部下が結果を出すために必要なことだと言って自分の行動を正当化するが、この本の読者にはその言い訳は通用しない。

いじめる上司と厳しい上司の違いは、はっきりさせておく必要がある。

いじめる上司は、権力を使って部下を最大限に操り、自分を引き上げようとする。

厳しい上司は、権力を使ってチームとしての結果を出し、部下を引き上げようとする。特定のだれかに厳しく当たってチームを分断するのではなく、達成可能な高い基準を設定して、全員に責任を負わせる。他者の功績を横取りしたり、失敗を他人のせいにして責任逃れをすることはない。厳しい上司は、分断ではなく包摂しようとする。騒ぎ立てたり、身体的に攻撃的な態度を取ったり、陰で人を罵倒したりせず、冷静で直接的なフィードバックを行う。

ネガティブなフィードバックは気持ちのいいものではない。しかし、**厳しい上司のフィードバックは、たとえネガティブなものであっても部下の感情を押しつぶすことはない。**

必要以上に批判的で部下の品位を傷つける上司、部下の仕事ぶりではなく人格を攻撃する上司、部下を萎縮させ、恥をかかせ、脅す上司は、厳しいのではなく、部下をいじめているのである。

「誇大妄想」で失敗を受け入れない

尊敬や称賛、権力を求めて一部の人間が行うことは、小説の域をはるかに超える。医療ベンチャー企業セラノスの創業者であるエリザベス・ホームズは、医療に革命をもたらすという触れ込みのバイオテクノロジー帝国を築くために、スタンフォード大学を1年で中退した。少量の血液で200種類以上の血液検査を迅速かつ安価で行うという彼女のテクノロジーは結局うまくいかなかったが、おとなしくあきらめる人間ではなかった。

ジャーナリストのジョン・キャリールーが、セラノスのスキャンダルを暴いてベストセラーとなった著書『BAD BLOOD シリコンバレー最大の捏造スキャンダル全真相』（集英社）で書いているように、ホームズは懸念を表明する従業員を叱りつけ、何か怪しいと感づいた従業員を解雇した。

ジョブズ風の黒いタートルネックに身を包み、冷たく厳格な自信を滲ませるホームズは、知識も経験も豊富な投資家、取締役、規制当局の職員、顧客を手玉に取って、歪んだ現実に引きずり込んだ。彼らは〝次のアップル〟のおこぼれにあずかろうとしたのだった。虚栄心のために他人のお金を何百万ドルも使ったあげく、ホームズはついに詐欺罪で起訴された。

この種の行動はどうすれば説明できるのだろう？　じつは**権力の濫用は、「そこにいない人に対して自分の価値を証明するための行動」という場合がある。**よく耳にするのは、遠く離れたところにいる父親、すでに亡くなった父親、競争的な父親、あるいは虐待的な父親に、自分の価値を証明しようと努力して大きなことを達成したリーダーの話だ。

起業家や政治家といった職業は競争が激しいが、他人の命令を受けずに自分の判断で仕事ができる。この種の職業を選ぶ人たちは、このパターンに当てはまることが多いように思われる。イーロン・マスク、スティーブ・ジョブズ、ラリー・エリソン、ジェフ・ベゾス、マーサ・スチュワートなどはこれにぴったり当てはまる。

繰り返しになるが、自分を証明する手段として権力やステータスを追求すること自体は腐敗でも何でもない。実際、さまざまな研究や実在の人物の例を見ると、権力に対する強いニーズは、効果的なマネジメントや成功する起業家精神、さらには偉大なリーダーシップのために必要なことがわかる（それだけで十分というわけではないが）。

ルールを逸脱してしまうのは、権力への欲求を死活問題のように感じ、権力とステータス以外はどうでもよいと思い始めたときである。

大志を抱く起業家は、「世界をよくするためなら、目的は手段を正当化する」と異口同音に言う。彼らは必要なことは何でもする。創業時は他社から攻撃されていると感じ、命がけで戦っていたと語る。会社をつぶさず成長させ続けるためには、行く手をはばむ壁を壊し、否定的な答えを拒否し、利益を挙げるために人びとを最大限に利用しなければならないと感じている。

トラビス・カラニックがウーバーを追放されたあと、後任のCEOに就任した元エクスペディアのトップであるダラ・コスロシャヒが、当時のウーバーの文化について語っている。殺るか殺られるかという発想は、「会社の創業当初には間違ってはおらず、必要なことだったのかもしれない」と彼は言う。「だが、それは結局、あらゆる問題を引き起こしてカラニックの追放につながった」

誇大妄想狂にとって、すべての社会的相互作用は、権力を獲得し、ステータスを主張し、自分がいかに重要で特別な存在であるかをアピールする機会だ。この目的の役に立たない関係には価値はない。

誇大妄想狂は敗北を受け入れることはもちろん、失敗を認めることもできない。すべての成功を自分の手柄にし、すべての失敗を他人のせいにする。自分とは関係のない特権についても、自分にはそれを得る権利があると感じている。

この種の人は、自分が物事の中心にいなければ気がすまない。自分がその場を離れたらすべてがストップしてしまうようなかたちで物事を動かしている。

「性的な間違い」を犯す

ラスベガスのスティーブ・ウィンのように、露骨な性行動と、人間関係に献身と親密さを保てない傾向が同居している状態を、権力を研究する学者たちは、伝説的女たらしの名を借りて**「ドン・ファン症候群」**と呼んでいる。

しかし、その名前（そして多くの人の予想）に反して、権力を持つ男性にありがちな性的不品行や乱行は、彼らが自惚れが強く自信満々であることの証拠ではない。むしろ、権力を得たことで発散の機会を与えられた絶望的な不安や抑圧されたフラストレーションの表現と理解すべきものである。

ときには孤独が理由で、権力が性的不品行につながることがある。**愛されていないことを恐れる男性の権力者は出会う女性すべてに愛を求める**、と論じる心理学者もいる。権力者は、人が自分に近づいてくる理由に猜疑心を抱き、自分が本当に愛されているか試さずにはいられないというのだ。

権力を性的不品行に結びつける不安はほかにもある。男性優位の世界で、男としての力を常に証明しなければならないという社会的圧力がそれで、社会科学の分野では「不安定な男性性」と呼ばれている。

社会的支配や優越的地位を維持するために権力を使おうとすると攻撃性が露呈するように、性的な支配や能力の証明のために権力を使おうとすると性暴力や性犯罪を引き起こしてしまう。

2011年6月、論争好きで人騒がせなニューヨークのアンソニー・ウィーナー下院議員が、文字通りズボンを下ろして逮捕された。彼はカルロス・デインジャーという奇妙な偽名を使って、ほとんど知りもしない女性に、下半身の下着姿をクローズアップした自撮り写真をメールで送りつけていた。

当然、このスキャンダルは全国ニュースになった。60％以上の得票率で7期連続当選を果たした野心的で有能な政治家が、なぜそんな写真を他人に送りつけ、有望な将来を棒に振ってしまったのか、だれにも理解できなかった。

ニューヨークのNPR（米公共ラジオ局）が放送している「ブライアン・レーラー・ショー」に、聴取者から、**「この人たちの頭の中はいったいどうなっているんでしょう？**どんな人間が、ズボンのジッパーを開けて人に見せるのか心理学者の説明を聞いてみたい」という電話があった。それで放送局から私に電話がかかってきた。

「政治家の悪徳行為がなくならない理由」というテーマで、私は政治家がセックス・スキャンダルを繰り返す原因を説明するよう求められた。私は、だれもがニーズや不安を抱えているが、権力者にはそれを解消するために使える権力があるので、間違った行動に走ってしまうのだと話した。

権力とセックスの相互作用

しかしその後、私はもう少し学びを深め、少なくとも男性の場合には、権力とセックスの相互作用にはもっと微妙な意味が潜んでいることを理解するようになった。権力の欲望と性欲の根底には共通の動機がある。痛々しいほどの不安——自分は愛されていない、望まれていない、弱い、できない、重要ではないという感覚——は権力欲と性欲の両方を駆動する。

権力を持った男性がすべてセックスに走るわけではないが、**一部の男性の中では、権力とセックスの概念は自動的に結びつく**ため、一方について考えると他方に向かう意識が活性化される。

このような男性にとっては、権力は性的欲求を満たす機会をもたらし、セックスは権力欲を満たす方法となる。また彼らには、強力な役割に引き寄せられる傾向が人並み以上に見られるという証拠がある。

権力を強く求める傾向は、高い地位に就くことの予測因子ではあるが、それ以外の社会的動機（達成感や帰属意識など）とのバランスを欠くと、衝動が抑えられなくなって強い性的行動（さまざまな不正行為を含む）に走る傾向が強まる。

クリントン元大統領はホワイトハウスの実習生と不倫したとき、大統領の地位を失いかけた。最初は事実を否定したが、告白せざるを得なくなった。彼が結婚生活から迷い出たのはそれが初めてではなかったことも、のちに判明した。怯むことなく夫の側に立ったヒラリー・クリントンまで非難されたが、彼女はその後のインタビューで、夫に対する考えを説明した。

「夫は虐待されていた」と彼女は言い、夫の母親を「相当な変わり者」と言った。詳細な説明は避けながらも、夫の母親が子育てを放棄していたこと、彼女を軽蔑していた母（つまりビル・クリントンの祖母）に息子を任せきりにしたこと、その後舞い戻って息子の愛情を祖母と競いあったことなどを話した。「だれでもこういう母親に育てられたら、自分を虐待した親の姿を、間違った関係の中に追い求めてしまうものです」とヒラリーは語っている。

愛、親密さ、安定した愛着、そして帰属のニーズは、人間が社会心理的に成長していくための基本的な原動力だ。幼少期に自分を守ってくれる人に対して堅固な愛着を形成することは、健全な心と成熟のための礎石となる。

しっかりした愛着があれば、自分は愛されているという信念を確立することができる。それがあれば、暗黙のうちに他者を信頼できるようになり、防御的姿勢を解いて他者と親密な関係を築くことができ、関係にコミットでき、他者を尊重できるようになる。

だが、子育てに完全はないので、ほとんどの人は――すべての人というべきか――自分は愛されているかという疑問を抱いたまま大人になっていく。その過程で帰属意識、親密さ、愛、性的能力の証明に対するニーズが高まっていき、権力を獲得したときに、その権力が抗いがたい機会を提供することになるのである。

「強迫観念」に支配されている

この種のニーズを抱えている人にとって、他者が示してくれる敬意、崇拝、喜ばせようとする姿勢には夢中にさせられる魅力がある。**一部の男性は、他者が自分に弱さと従順を示すと興奮を覚える。**興奮というと性的な響きがあるが、その本質は必ずしも性的なものではなく、あらゆる種類の刺激に対する生理的反応を意味する一般的な用語だ。それが条件や文脈によっては、性的な反応を引き起こすということだ。

たとえば、心理学者のスタンレー・シャクターによる古典的な研究では、エアロバイクを漕いでいたり、何らかのショックを予期しているようなとき、人間は生理的に興奮し、自分の感情を見誤りがちなことが明らかになっている。

状況によっては、不快な出来事によって刺激された恐怖が、人と人を引き寄せることもある。

心理学者のドナルド・ダットンとアーサー・アロンがバンクーバーで行った「恋の吊り橋実験」は有名だ。女性の実験協力者が、橋を渡ってくる男性観光客に調査への協力を求めるという趣向の実験である。実験は、揺れて不安定な吊り橋（谷の上70メートルの高さ）と、比較対照のための安定した木の橋（川の水面から3メートルの高さ）の上で行われた。

男性は橋の中央で、風景が人間の表現力に与える影響を調べるための心理学の実験だというふれこみで、女性調査員から1枚の写真を見せられ、それを描写する文章を書くよう依頼される（写真は、片手で顔を覆い、もう一方の手を差し出している女性の写真）。男性が文章を書き終わると、女性は質問用紙の余白に自分の電話番号を書き、紙を破って男性に渡し、電話してくれれば実験について詳しく説明すると伝えた。

その結果、揺れる吊り橋の上で回答した男性は、木の橋の上で回答した男性より、写真を描写した文章に性的な関連のある表現を多く使い、女性調査員に惹かれ、あとから電話してきた割合も高かった。不安定な吊り橋の上にいるという恐怖による身体的興奮がセクシャルな感覚を刺激したというのがダットンとアロンの結論である。

これらの研究から、私たちはセクシャルな魅力だけで性的に魅了されるわけではないことがうかがえる。セクシャルハラスメントについても同じことが言える。私たちは性的放縦、性的強迫観念、性的攻撃性を強い情動の表出と考えがちだが、実際には、不安、ストレス、恐怖によって生じる一般的な生理的覚醒に対する反応という可能性がある。

このごろ耳にするケースでは、**セクハラに走る人間は満足そうでも幸せそうでもなく、プレイボーイのようでもない。**彼らの多くは強迫観念に支配されている。フェティシズム〔無生物の対象に性的興奮を覚える病理〕に支配されている者もいる。前途ある若い女性を逃げ道のない状況に追い込んで搾取する計算高い社会病質者(ソシオパス)でさえある。

彼らは自分に対して性的興味を持ってくれない女性を操作したり、脅迫したり、ときには薬物や身体的強制によって支配する。そのような行為は自分に力を感じている人間の行為ではなく、絶望を感じている人間の行為だ。

CHAPTER 8

権力に「対抗」する

――権力に屈する心理と解決策

だれもが一度や二度、なんらかのいじめに遭ったことがあるだろう。いじめは、ときにはどこからともなく襲いかかる。ネットの世界には、パンチを浴びせる標的を虎視眈々と探している人びとがいる。背後からこっそり忍び寄ってくることもある。

いじめる側は、まずあなたの信頼を獲得する。あなたは彼に権利を与え、敬意を表し、あなたのストーリーの中で重要な役割を与えることで、彼に権力を与える。**彼はその権力を、あなたが予想もしていなかった攻撃的な方法であなたに向ける**のである。

だれもがあなたをいじめる可能性がある。それは上司、メンター、コーチ、親、兄弟、恩義を感じ忠誠を誓った友人かもしれない。何があっても愛し、敬い、大切にすると約束しあったパートナーにいじめられるかもしれない。

「パワーバランス」を変える

いじめられた経験がある人は、自分に襲いかかる攻撃の凄まじさを知っているし、それがいかに恐ろしく、自分を無力化するかを知っている。いじめられると、みじめな被害者になった気がする。

しかし、**いじめられたからといって被害者の役割に甘んじる必要はない**。それは、いじめる人間にとっての現実を受け入れることであり、相手には自分を傷つける権利があると認め、相手の情けにすがろうとすることだ。

本書はここまで、パワフルに行動するとは、他者を守り安心させる責任を引き受けることだと論じてきた。しかしそれは、良好な関係が成立している協力的な世界での話だ。権力を濫用してあなたに犠牲を強いたり、あなたの敬意や寛大さにつけ込んで自分の利益を求めるような相手に対処する場合は、やり方を変える必要がある。

あなたは相手を傷つけたくないかもしれないが、いじめに甘んじてはいけない。限界を超えて何かされそうになったら、「やめろ、私を自分の問題のはけ口にするな」と言って拒否しなくてはならない。

いじめられている最中に、そこから脱する方法を考えるのは難しい。しかし、いじめを克服した人なら知っているように、自分の人生を取り戻すことは可能だ。パワーバランスを変えることも可能だ。

「自分のストーリー」を取り戻す

いじめとの戦いの大部分は、自分のストーリーとプロットに対する支配権を取り戻し、自分の役割を再定義し、新しい行動の仕方を試す勇気と規律を見つけることだ。

どんなに無力さを感じているときでも、虐待をやめさせ、いじめる者の権力を剝ぎ取り、誇大妄想狂の影響圏から離れ、心理的プレデターから逃れるためにできることがある。

重要なのは、いじめの火に油を注ぐのではなく、酸素供給を断つ方法でいじめの火を消すことだ。

最初のステップは、たとえいじめの檻（おり）に閉じ込められたと感じても、**必ず別の選択肢があると自分に言い聞かせる**ことだ。だれにもあなたを支配する権利はない。支配権を与えるのも取り返すのも、あなたの選択次第だ。

あなたが何者であるかを決める権利はだれにもない。望まない役割を押しつける権利も、いじめられたくなければこうしろと強制する権利もない。あなたのストーリーをねじ曲げてあなたを傷つける権利も、あなたのためだと恩に着せながら自分のストーリーを押しつける権利もない。あなたのストーリーはあなたのものだ。

そうは感じられないときでも、あなたには自分のストーリーを取り戻す力がある。自分の直感を信じ、自分の世界に入ってくる悪者を締め出す力を持っている。

黙って立ち去る

トムは40代半ばで、民間の金融サービスのコンサルティング会社で働く有能な顧客対応担当者だった。トムは20年の経験と高度なスキルを持っていた。何事にもそつがなく、おおらかで、礼儀正しいトムは、顧客からも好かれていた。

だが、トムにとっては上司が頭痛の種だった。上司にはトムのあらゆる点が気に入らなかった。まず、トムの訛り(なま)が気に入らなかった。あったとしてもだれも気にしない程度の訛りだったが、顧客からの電話に出ようとするトムに、「訛らないでくれよ」と注文をつけることがあった。

上司はトムの服装も気に入らなかった。会社には「ビジネス・カジュアル」というドレスコードがあり、従業員は特段の指示がない限り、スーツを着用する必要はないと明記されていた。

ところがある日、トムがカジュアルなパンツにジャケット、ノーネクタイで会議に出たら、上司が「なんでスーツを着ないんだ?」と詰め寄った。ロビーでサングラスをかけていたら叱られた。一緒に出張に出たときは、トムが荷物をチェックインしようとすると、到着空港で荷物が出てくるのを待たなくてはならなくなると嫌みを言った。

そんな上司だったが、トムは常にその要求を受け入れた。叱責されるたびに謝り、今後は気をつけると約束した。しかし、1年半経ってついに我慢の限界に達したとき、トムは会社を辞めた。

黙って立ち去るというのは、自分の意思でドラマを終わらせて、いじめをやめさせる一つの方法だ。トムには会社にとどまって上司に抵抗する力があったが、その必要も気持ちもなく、退職して終わりにした。

もちろん、だれもが仕事を辞めてしまえるわけではない。しかし私たちは、いじめる者が思い込ませようとしていることに反して、じつは力を持っている。ほとんどの場合、自分が思っている以上に、いじめに屈せず自分の意思で行動する力を持っているものなのである。

「無力の学習」が問題を大きくする

いじめから逃れられないと感じる理由の一つは、被害者自身が「自分は無力だ」と学習してしまうからだ。学習された無力に関する初期の諸研究で、ショックを与えられるだけでそれを制御する方法を学ばなかった動物は、いつかあきらめて、苦痛を避けようとさえしなくなることがわかった。しかし、レバーを押せばショックを止められることを学んだ動物は、繰り返される苦痛を避けて自分の身を守るために努力し続けた。

心的外傷後ストレス障害（ＰＴＳＤ）に関する最近の研究も同じ結論に達している。危機の渦中でも何らかの行動を起こせた場合——たとえば事故車から這い出したり、だれかを救助するために行動したような場合——は、トラウマは破壊的なものとはならず、心理的無力感も軽減されるという。

このことから、**いじめの被害から脱出する方法は、「自分を救うために何らかの行動に集中すること」**だとわかる。

あなたはレバーを押す必要がある。いじめに限った話ではないが、被害者の役割から脱出しようとするとき、まず、これまでと違う行動をすることが必要だ。

「最悪の権力者」に惹かれる心理

いじめの問題を難しくしている大きな皮肉は、権力を濫用する人びとには人を引きつける魅力があるということだ。

なぜ、私たちはそんな人に惹かれるのだろう？　なぜ、恋に落ちるのだろう？　なぜ、彼らのために働きたいと思うのだろう？　あるいはなぜ、憎悪をむき出しにする政治家——

その憎悪が自分に向けられているときでさえ——に投票するのだろう?
それは、彼らが示す強さ、精神力、統率力が安心を与えるからだ。特に自分が無力なとき、その傾向が強まる。その際、彼らが自分を守ろうとしてくれる人かどうかは関係ないのである。

ヘンリー・キッシンジャーは、権力は究極の媚薬だと言った。いじめについての考察をこの現実から始めよう。

人間の進化のモデルによると、私たちは強い相手に惹かれる。なぜなら、強いパートナーは繁殖と生存の確率を高めてくれるからだ。それが現在の文化にも反映している。あらゆる種類の力は性的魅力を高める。逆もまた然り。力を持てばパートナーとしての潜在的な魅力が高まり、身体的魅力は力をもたらす。

それを裏づけるのが、カリフォルニア大学バークレー校の心理学者ダナ・カーニーとその同僚たちが行った研究だ。オンラインのマッチング・サービスの利用者のプロフィール写真を分析した結果、男女とも、表面的な優位性(体格のよさや容貌の魅力)を感じさせる異性にコンタクトを取る確率が高いことがわかった。

進化論的分析はさておき、パワフルなパートナーは成功の証(トロフィー)であり、自分のステータスや価値を世界に示すものと考えることもできる。だれでもよりどりみどりの魅力的な相手が自分を選んでくれたという事実はエゴを満足させてくれる。

パワフルな人と一緒にいると、怖くもあるが、興奮もする。それは女性が攻撃的な男性に惹かれる理由の一つだ。また、部下が上司からの酒や食事、旅行の誘いを、権力に接近したいという理由で受けるのもそれが理由だ。

「ファーザー・コンプレックス」を抱える女性はジョークのネタにされるが、笑い話ですまないことが多い。一部の政治学者は、**有権者（男女問わず）は政治家を親代わりの存在と見ていて、「強い父親」を好むことが多い**と考えている。

そのようなタイプの政治家は、自分を守ってほしいと願う人や、厳しい親がいるほうが安全と感じる人には魅力的に見える。そう考えれば、反フェミニズムのトランプ前大統領を支持した女性有権者が多かったことも説明がつく。

強いリーダーに最初に飛びつくのが最も弱い集団や個人なのも、リーダーがそのような集団の恐れや不安や無力感に容易につけ込むのも、それが理由かもしれない（トランプは苦境にある白人労働者階級に求愛して彼らの支持を取りつけた）。

そう考えれば、セザール・サヨック――トランプの政敵の多数に郵便爆弾を送りつけた、ストリッパーからピザの配達人に転身した隠遁生活者――など、トランプの支持者として有名な何人かが、トランプのことを理想の父親と認めていることも説明できるかもしれない。

「虐待」が再生産される理由

悲しいことだが、子どものころに愛や注目ややさしさを体験せずに育った虐待の被害者が、大人になってからも自分を虐待する相手と関係を結んでしまうのはこのためである。

親にいじめられて育てられた人は、自分は愛されていないと感じるだけでなく、虐待は愛の表現だと考えるようになってしまう。たとえば、父親から虐待を受けたりネグレクトされたりした女性は、虐待というなじみのある方法で愛を示してくれる男性に恋をしやすい。

そのようなケースでは、自分がよく知っている役割を演じやすい。父親に虐待されて育った娘が自分をいじめる男を選んでしまうのは、母親にも原因がある場合が少なくない。母親が虐待を我慢したり、正当化したり、責任を甘受していた場合、娘はそれを見て育つ過程で、何が許容されるか、よい女性とはどういう女性かを判断するようになる。そうして不健康なパターンが再生産され、永続してしまうのだ。

しかし、絶対に永続するとは限らない。専門家によれば、ストーリーは別の終わらせ方をすることもできる。劇作家のように、自分自身をストーリーの外に置いて全体を見渡すことで、プロットを変えたり、古い脚本を書き直したり、疲れ果てた登場人物をお役御免にして別の終わらせ方を想像することもできるのである。

「力で押さえ込もうとする相手」を避ける

いじめられたくなければ、いじめる人間と関わらないことが最善の策だ、と専門家は教える。それはそうに決まっているが、羊の皮を被った狼を見分けるのは簡単ではない。

いじめを避けるためにできる最も重要なことは、権力を濫用する人間を見抜くことかもしれない。マヤ・アンジェロウが有名な言葉を残している。「本当の姿がわかったとき、初めてその人を信じなさい」。だれかを食い物にしようとしている人間を、それと見抜くことは重要なスキルだ。

ノーと言わせない人

まず、「ノーと言わせてくれない相手」には気をつけよう。多くの場合、これは最初はやさしい雰囲気で始まる。「ノー」を翻意させようとする説得は、しばらくのうちは、ご機嫌取りのような雰囲気で進むことがある。

しかし結局のところ、**あなたの選好を理解しようとしない人は、あなたの希望など知ったことではないと宣言している**のだ。別の言い方をすれば、この種の押しつけがましさは、ベールで隠された軽蔑の可能性がある。

もし相手が強引に何かを迫り、あなたの返事を尊重しないようなら、それは危険な兆候だ。恐怖を打ち消そうとせず、自分の直感を信じて距離を置くのがよい。

私たちは権力のある相手に魅入られてしまうことがある。しかし、特定のだれかの前では自分の意思で行動できないと感じるなら、それは危険な兆候だ。

えこひいきする人

権力を濫用する人は、「他者を支配したい」という強い欲求を持っている傾向があり、そのことによって、怖さだけでなくカリスマ性を感じさせることも少なくない。彼らは人を引き込み、魅力を感じさせ、そそのかし、操る。同時に、きわめて批判的であり、どこでも自分が最重要人物でなければ気がすまない。

あなたを特別な存在のように大事に扱いながら、ほかの人にはまったく敬意を示さず、蔑視さえするような人は十分に警戒する必要がある。**それはあなたに対する支配を強固にしようとする彼らの戦略**なのだ。遅かれ早かれ、あなたは彼らの欲求――権力、支配、服従させたいという欲求――を満たす存在ではなくなり、引きずり下ろされて貶められる。

シェリル・サンドバーグの恋愛アドバイス

シェリル・サンドバーグは、恋愛の相手を求めている女性に対し、「クールな男」を避け、むしろ野暮ったいぐらいの男性に目を向けるべきだとアドバイスしている。

自分は恋のライバルを退け、相手に不自由しないほど魅力的な異性の関心を勝ち取った、自分だけが愛されている、という感覚は確かに力を与えてくれる。それはロマンチックな関係に限らず、友人関係であれ、上司と部下の関係であれ同じだ。

しかし、そういう観点でパートナーを選ぶと、自分の力、自分の権利、そしてその関係から得られてしかるべきものを得る能力が最小限に抑えられてしまう。うっとりさせてくれる相手ではなく、安心させてくれる相手を見つけるべきだというのが、サンドバーグの助言の意味である。

「無視」せよ

いじめてくる人間と物理的な距離を置くことができなくても、関わり合いにならないことで心理的な距離を保つことはできる。**権力を濫用する人は、自分に権力がある証拠や、自分が相手に影響を与えている証拠を欲しがっている。**

彼らはあなたをピリピリさせておくために、ありとあらゆることを仕掛けてくる。それに対して恐れや怒りを表したり、あるいは謝ったりしたら、相手を喜ばせるだけだ。これは学校でいじめに遭っている子どもに対するアドバイスだが、大人にも有効だ。

支配欲を昂進させてしまった人間は、支配的な地位にあるという事実だけでは安心できず、無力で従順な被害者をいじめ続けることで、その立場を繰り返し検証せずにはいられなくなる。

ステータスを見せつけて楽しむ者がいる。彼らは最初にあなたを持ち上げ、その後、地面に叩きつける。いちいち傷ついたり腹を立てていると、彼らの気分を盛り上げてしまう。**彼らのゲームをできるだけつまらないものにしなければならない**。

腹を立てないということと、笑ったり調子を合わせたりして何をされても大丈夫だと見せかけることは違う。腹を立てないというのは、いじめの合図に気づかない、興味がない、退屈だということを示し、何も起きなかったようにふるまうことだ。

相手が普通の人なら注意も興味も示さないというのは不親切なことだが、いじめに対処するときはそれが重要になる。自分はそんなことをして遊びたくないし、無理強いしても楽しいことはないですよ、と伝えるのだ。そのうちに相手は、もっと手応えのある標的を探してあなたの前から去っていくだろう。

「自分が悪い」と思わされるな

虐待の被害者は、虐待の苦痛を自分のせいにすることが多い。虐待される理由は被害者にあると思わせることは、いじめる側が支配を続けるための常套手段の一つだ。

いじめられている人は、相手に依存していると感じ、相手を責めるのは危険だと感じていることが多い。たとえば、児童虐待の被害者である子どもは、それでも親が必要なので、虐待する親と対峙できないことが多い。職場でのハラスメントの被害者である従業員は、報復や解雇を恐れて虐待を我慢することが多い。

危害を加えた相手を非難できないままだと、いつの間にか自分が虐待に値する何かをしたと思い込み、羞恥心や自己嫌悪、あらゆる種類の自己破壊的行動で自分を罰することになる。常に加害者を責めたり罰したりはできないかもしれないが、いわれのない攻撃を受けて自分を責め始めると、彼らに屈することになる。

恋人にいじめられている女性は、たいてい自分に問題があると考えるようになる。自分がもっと美人だったら、もっとセクシーだったら、もっと気配りができたら、といったぐあいに、自分が変われば扱われ方も変わると考えている。いわば虐待者に加勢して、自分をいじめ、自分に対する汚いやり口を続ける手助けをしているのだ。

虐待の被害者がトラウマを乗り越えるためには、何が虐待かを理解し、自分に起こったことに対して自分には落ち度がないことを学ばなければならない。そしてもちろん、安全な反撃の方法を学ばなければならない。

「明確な境界線」を持っていることを示す

すでに述べたように、虐待されたことがある人は、虐待に慣れるという不幸なトレーニングを積んだことになる。権力を濫用する人との関係の持ち方を知っているし、虐待になじんでしまってもいる。だから、ほかの相手とも同じような虐待と被虐待の関係に入ってしまう。

影響はそれだけではない。搾取された経験のある人は、搾取しやすそうに見えることが多い。知らず知らずのうちに、搾取を許すサインを出していることがあるのだ。

謙虚で聞きわけがよいこと、ノーと言えないこと、何でも自分が悪いと責めること、人を喜ばせるのが好きなことなどを感じさせる言動によって、「私を見て。何をされても我慢します」とアピールしてしまっているのだ。

いじめる側は、このようなシグナルを送る人に惹かれる。**いじめに遭わないためにできることの中で最も重要なことは、自分をターゲットにしてしまっている要因に気づくことだ。**

繰り返しになるが、これは自分を別の人間に変えることではない。自分を守るために、自分のどの面を見せ、どの面を隠すか、だれに対して見せ、だれに対して隠すかを学ぶということだ。

虐待のターゲットになるのはどんな人か、それはなぜか、という話になると、そこらじゅうに神話があふれている。たとえば、性的に虐待される女性については、男に媚びたり、魅力を振りまいたり、挑発的な服装をしたりして、要は「それを求めている」のだという説がある。虐待する側に都合のよいつくり話だが、実際はその逆のことが多いという研究結果がある。

レイプや性的暴行は、被害者のタイプや傾向を特定することすら難しいほど日常茶飯事になってしまった。被害者がどんな態度でどんな服を着ていたにせよ、責められるべきは犯人であって被害者ではない。

それに、面識のない犯人によるレイプについては、被害者は挑発的で人目を引くような服装ではなく、腕や足が覆われた保守的な服装をしている場合が多いことがわかっている。全体として、行きずりの犯行の被害者が被害に遭わなかった女性より魅力的であったわけではない、とする調査結果もある。

犯罪研究によって、加害者はどんな被害者を求めるかが明らかになっている。通りすがりの路上犯罪の被害者は、必ずしも小柄なわけではなく、身体的に弱そうに見えるわけでもない。

ただ、行動に共通した特徴が見られる。従順そうで、明確な方向性や目的を感じさせない雰囲気で、周囲に注意を払っていないというのがそれだ。体格や身長ではなく、そのような雰囲気が、力で簡単に圧倒できると思わせてしまう理由なのだ。

幸い、自分の身のこなしを調整するのはそれほど難しいことではない。犯罪の多い環境で暮らしていると、いつの間にか自然に身につくものでもある。私自身のことを言えば、小さな学園都市で人生の大半をすごしたのちにマンハッタンに引っ越してきたとき、道に迷っても迷ったそぶりをしてはいけないことを学んだ。

慣れない地下鉄の駅で降りたときも、交差点の角に立って通りの名前を確認したりせず、とりあえず方向がわかっているかのように歩き始め、反対方向だと気づいても回れ右はせず、通りの反対に渡って大回りに逆方向をめざすことを覚えた。

言葉や感情での攻撃に対しても、**こちらが明確な方向性と目的を持っていると感じさせることができれば、それだけでいじめの標的としての魅力度は下がる。**そのためには明確な境界線と優先順位を定め、固い決意を持って行動する必要がある。そういう雰囲気を醸し出すだけでも、いじめを遠ざける効果がある。

不利益が起こる「場所」を避ける

すでに何度も述べたように、人に力を与えるのは、その人が何者であるか、どんなリソースを持っているかということだけでなく、文脈にもよる。

シカゴに住んでいたとき、私は銃で脅されて金品を奪われたことがある。そのとき一緒にいた二人の友人のうち一人は背が高く屈強な男性だった。暗くなり始めたころだった。警察の聴取を受けたときに知ったのだが、私たちが被害に遭ったブロックには十分な照明があったが、銃を突きつけられた一角だけは街灯が一つ消えていた。それは偶然ではない。犯罪は人に見られない場所で起こる可能性が高いのだ。

すっかり注意深くなった私は、一緒に働いている若い女性に、仕事がらみの場合でも人目につかない場所は避けるようアドバイスしている。職場以外のプライベートな場所や、だれかの車の中での打ち合わせは避けること。歩きながら話すのもよくない。特に夜は避けること。オフィス以外でのディナーも座る場所によっては危険なことを体験して知っている。女性の博士課程学生、求職者、助教などがディナーで格上の男性同僚の隣に座ると、テーブルの下で身体を触られるのは珍しいことではない。

勤務時間外、オフィス外では、職業上何がどこまで許容されるかの規範がゆるくなり、どこから先が反則行為なのかがわかりにくい。職場の外でだれかと会うときは、だれもあなたと相手のことを知らないし、関係も知らない。人目があったとしても本当の意味ではパブリックな場ではなく、適切な行為と不適切な行為を分ける境界線はそれほど明確ではない。たとえば、会議室であれば、だれかがあなたの全身を眺めて魅力的だと褒めたら、すぐに不適切な行為だとわかる。しかし、仕事関係でも夜のパーティやバーでのことなら、服装や外見についてコメントしても、それほど変なことではないし、それだけなら許容範囲だ。そうなると、**仮に自分の中で警戒信号が発せられても、はたしてそれが正しい感覚なのか自信が持てなくなる**こともあるだろう。

何事であれ部下とオフィスでは話そうとせず、歩きながら話そうと言って外に連れ出し、感情的な虐待を加える上司がいる。

歩きながら話すと、会話の内容をだれかが小耳にはさむこともなく、何かあっても証言は期待できないし、社会的境界線も曖昧になる。ミーティングなら立ち上がって席をはずすことができるが、上司に従って歩いているときに、自分だけ方向を変えるのは難しい。不快で不適切な言葉も、会議やオフィスのようなフォーマルな場と違い、歩きながらだと深く考えずに口から出た言葉として見逃されてしまう。

ことほどさように文脈が重要なのだ。したがって、いじめから身を守るための賢明な戦略は、プライベートすぎる場所や、適切と不適切を分ける規範や役割が曖昧な場所には近づかないことだ。

「境界線」を1ミリも越えさせない

物理的な環境に注意を払うことに加え、心理面での境界侵害を警戒することも重要だ。最近の職場では、多くの従業員が四六時中、待機状態であることを期待されており、仕事と生活の境界線の侵害が珍しいことではなくなった。私が話を聞いた被害者の多くは、理不尽な要求で搾取しようとする上司を押し返すことに恐怖を感じている。

私はそんな人たちには、笑顔でしっかり「ノー」と言うようにアドバイスしている。**やさしい言葉で「ノー」を言う方法を身につける必要がある。**「ごめんなさい！　お役に立てません。うまくいくといいですね」あたりが無難だろうか。

私のティーンエイジャーの子どもたちはいつも、笑いながら、「それはママの問題でしょ」と言う。これは上司に言える言葉ではないかもしれないが、頭の中で考えるだけでも、言いなりになる部下ではない気配を上司は感じるだろうし、間違って「イエス」と答えてしまうことを避ける役には立つ。

フレンドリーだが明確な「ノー」を言うことは、「私の家はホームセキュリティ・システムで守られています」と宣言するようなものだ。たいていの犯罪やいじめは、あなたを避けて、もっと簡単なターゲットへと向かうだろう。

ゲーム理論の分野で有名な「囚人のジレンマ」に関する研究では、競争的環境下で無条件に協力的にふるまうと搾取を招くことがわかっており、いじめの研究もその結論を補強している。

学校や職場でいじめの標的にされるのは、反撃しないと見なされた個人である。いつでもだれにでもやさしく接する人や、だれも我慢しないようなことを我慢する人が標的にされやすい。社会的孤立もいじめを招き寄せる危険因子の一つだ。まわりにいじめを日撃してくれたり、証言してくれそうな人がいないというのもいじめられる原因となる。

だれかといるときでも一人でいるときでも、重要なのは、どこに自分の境界線を引いたかを意識しておき、**境界線を侵害されたらすぐに察知して押し返す簡単な方法を持っておくことだ。**

相手が境界線を守ってくれていれば、友好的で協力的でいられるが、境界線を越えたら、それを知らせることだけでも立派な対応になる。単に気づくことで反応することができるのだ。その際、その瞬間にすぐ反応することと、いっさい我慢しない「ゼロ・トレランス」〔一切容認しない〕ポリシーを常に貫くことが有効だ。

大騒ぎしないが見逃さない

どんなに不適切な行動でも、容認していたらいつまでも続く。とはいえ、大騒ぎする必要はない。非言語的行動に関する研究によると、そうする必要はないし、効果的でさえない。感情的になったり正論を展開するよりも、ただ非難のまなざしで見つめることで相手に気づかせるほうが効果的なこともある。

もしだれかがあなたの脚を触ってきたら、まずその手を見て、それからまっすぐ相手の目を見て、抗議のメッセージが相手に伝わるまで目を逸らさないことだ。それでも相手が触り続けたなら、黙ってその手をつかんで身体から引き離せばよい。

不適切なことを言われた場合は、**ふだんの会話のときより少し長く相手の顔を見つめればよい。**問題を察知したことを黙って示すだけで、加害者に警告することができ、言い訳しなくてはならないという気にさせる効果がある。

それは、その発言は正常ではないと明確に伝える方法であり、「なぜそんなことをしたのですか？」という静かな問いを突きつけることにほかならない。

人差し指を立てる

私はよく、いつも話を無視したり、割り込んだり、さえぎったりするいじめにどう対処したらよいでしょうかとたずねられる。意地悪なコメントやジョークで侮辱したり、怒鳴ったりわめいたりするいじめについても相談を受ける。

話をさえぎられたときの一般的な対応は、話をやめるか声を大きくするかだが、どちらもあまり効果的ではない。特に、声を大きくするのは不機嫌そうで聞き苦しく、恐れや防御的姿勢を周囲に伝えてしまう。それでは割り込んできた人間の思うつぼだ。

もっといい方法は、**人差し指を立てて相手に見せ、話し終わるまで待てというサインを送る**か、「すぐに終わります」と口で言うことだ。

指を立てるのが驚くほど強力なことを私は何度も体験している。指を立てようとすると腕が身体から離れるが、その単純なことが反撃の意思を示すのだ。

指は武器のように見える。特に女性にとっては、非言語的ジェスチャーのほうが言葉より効果的なことが多い。

エモリー大学のメリッサ・ウィリアムズとスクリプス大学学長のラリッサ・タイデンスによる最近の研究では、女性が言葉で自分や自分の優位性を主張すると反発を招くことがあるが、非言語による主張はその可能性が低いことがわかっている。

立ち去る

いじめを受けても冷静さを保つには、強い自制心が必要となる。たいていは、耳をふさぐ、泣く、怒鳴り返す、弁明する、あるいはその場から逃げ出すという行動に出てしまう。だが**賢明な方法は、いじめに冷静に気づいたうえで、関わり合いにならない**ということだ。

雲行きが怪しくなったとき、私はよくこの方法を使う。具体的には、「ちょっといいですか。こういう展開は好きじゃないので、私はここで失礼しますね」とか、「落ち着いて話ができる雰囲気じゃないから、あとで改めて話しましょう」などと言う。

どんなに有力な相手でも、その場から身を引いて危険な場面を終わらせることに何の問題もない。毅然として去ることは立派な選択肢である。

質問する

あるエグゼクティブは、侮辱的な発言をする威圧的な役員に対し、動揺したり身構えたりするのではなく、「それはどういう意味で言っているのかな?」とだけたずねるそうだ。別の人だが、遠回しな脅しに対し、相手の目をまっすぐに見て、「いま本当にそう言いましたか?」とたずねることで黙らせた場面を目撃したことがある。

叱り飛ばすより質問の形で非難するほうが効果的な理由の一つは、**説明しなくてはならない立場に相手を追い込む**からである。

トランプ前大統領と不倫関係にあったポルノ女優のストーミー・ダニエルズはこのテクニックの達人のようだ。トランプが口止め料を払っていたことで有名になったが、「60ミニッツ」のインタビューで、自分や自分の業績をだらだらしゃべり続けるトランプにどう対処したかを説明している。そんなとき、ダニエルズはこう言ったそうだ。「あなたの仕事って、自分の話だけしていればうまくいくの?」

相手の悪行に静かにスポットライトを当てることで、パワーバランスはシフトさせることができる。

にっこりと「拒絶」する

２０１７年、カナダのジャスティン・トルドー首相は、ホワイトハウスでトランプと初めて会談したときにパワーアップを試みた。おそらく彼は、トランプは他国の元首と会うときに特別な握手の仕方をすることに気づいていたのだろう（そのことには多くのジャーナリストも気づいていた）。

トランプは、礼儀をわきまえた間隔で自分と向きあう相手に対し、体（たい）をあずけるように近づきながら腕を伸ばす。そして、握手した手をぐっと自分に引き寄せて相手のバランスを崩し、自分に寄りかからせようとするのだ。おそらく、そうして**身体的に支配権を握ることで、心理的にも優位に立てると考えている**のだろう。

しかしその日、車から出てきたトルドーはその手には乗らなかった。トランプとの間合いを自分から一気に詰めると右手で固く握手し、左手でトランプの右肩を抱え、口元を引き締めながらほほ笑むというやり方で、トランプお得意の握手を巧みに無力化した。

その態度には上品ぶったためらいや警戒心はみじんもなく、自分はトランプを恐れていないし調子を合わせるつもりもないというメッセージが伝わった。トルドーはトランプに対等な立場で向きあったのである。

支配的な人間と向きあったとき、つい気後れするのは無理もない。傍若無人な人間と力を競うのは恐ろしいことかもしれない。だが、相手が力で来たら、たまには力で返すことを考えてもよいのではないだろうか。それはあなた自身に、自分が本当は何を恐れているのかを考えさせてくれる。

他者をいじめる人間は、自分の弱さを感じていることが多い。だとすれば、強く出てお手並みを拝見することには効果があるかもしれない。

心の中で独り言を唱える

最近、上司のいじめに悩んでいる二人の女性エグゼクティブをコーチした。上司は、一人を子どものように可愛がり、もう一人は嫌みな言葉で侮辱していた。状況を話しあった二人は、上司が何をしようとしているのかを理解した。やめさせたかったが、ボスを怒らせてクビになる（あるいはもっとひどいことが起こる）のが怖かったので対決は望んでいなかった。

私たちは一計を案じた。上司と話すときは、いつもと変わらず友好的に接するが、彼の目を見て心の中でシンプルな独り言を唱えるというものだ。「**あなたの狙いはお見通し**」という独り言で、私たちはそれを唱える練習さえした。内心でこれをつぶやくと反骨心が芽生え、怖そうな表情になるという手応えを感じた。

彼女たちの上司のような人は、自分が怖がられていることを確かめずにはいられない。そして、相手がおとなしく従い、宥和的な態度を示し、縮み上がることを望んでいる。

私たちが工夫した微妙なアプローチは、そのどれも上司に与えないだけでなく、上司の意図はお見通しで、必要とあらば反撃する意図もあるというメッセージを伝えた。上司に対しては、いじめのために使うエネルギーをもっと有益なことに使ってほしいという思いもあった。

この方法はすぐに効果を発揮し、いじめても何の満足も得られなくなった上司は、そのうちにいじめることをやめてしまったそうだ。

「共感」を示す

自分をいじめる相手に共感するというのは奇妙な提案だ。しかし、理解を示すことでいじめを止められる場合もある。人質解放の交渉人は、銃や爆弾を持って自暴自棄になっている相手の武装を解除する唯一の方法は積極的傾聴（アクティブ・リスニング）だと言っている。これは相手の考え方を理解し、心からの関心を示す対話技法の一つだ。

共感は支持や許可とは違う。自分も含めて人びとを守るために戦略的に敬意を示すということだ。

紛争解決の専門家は、さまざまな暴力の根っこにあるのは自分の名誉を守りたいという動機だと考えている。したがって、**共感は、暴力に訴えようとしている相手を説得して被害を拡大させないための効果的な方法**だ。同情や理解、場合によっては赦（ゆる）しさえ与えて相手の恥を和らげるという方法は、紛争解決の専門家のあいだで広く実践されている。

たとえ自分にわずかな力しかなくても、敵対する相手に人としての理解を示し、その苦しみを気にかけているという姿勢で接することは、だれにでもできる。しかも、そうすることで失われるものは何もない。

CHAPTER 9

権力者から「力」を奪う

――立場が弱くても逆転できる方法

「スナックマン」というのはスーパーヒーローらしからぬネーミングだが、それが多くの人の目に映った彼の姿だった。2012年3月の木曜日の夜9時半ごろ、ニューヨークのブルックリンに住む24歳の建築家チャールズ・ソンダーは、地下鉄に乗って、友人が待つバーに向かっていた。移動の友として買ったスナック菓子を食べながら。

スプリング・ストリート駅で、列車のドアが閉まる直前に男女のカップルが飛び込んできた。女性が激怒して男に怒鳴り、殴りかかり、蹴りを入れると、男も負けじと反撃した。なかなかの見物(みもの)で、乗客のだれかがその模様を録画してYouTubeに投稿した。

映像を見ると、男女がそれぞれ数発ずつパンチを入れあったときに、フレームの外からソンダーが登場する。視線は下げたまま、黙ってポテトチップスを食べながら、彼は戦闘態勢の二人のあいだに立って人間の壁になった。そしてポテトチップスを食べ続けた。ケンカはすぐに終わり、彼らは頭を冷やすことができた。

この動画がYouTubeに投稿されると、あっという間に100万ビューを超えて（多くの楽しいコメントとともに）爆発的に広がった（「snackman」で検索できる）。なぜそんなに注目されたのか？「スナックマン」が、冷静で、カッコよく、勇敢で、勇気があり、だれもがそうなりたいと願う正義の味方の姿を体現していたからだ。

突然「傍観者」になってしまう

私たちが権力の濫用について考えるとき、主要な登場人物は被害者と加害者の二人だ。しかし、少し視野を広げれば、そこには脇役もいればエキストラもいる。いま何が起きているかは知っているが、自分はどうすればよいかがわからずにいる人たちである。

権力の濫用を取り締まる正式な責任者のことを言っているのではない（それは最終章のテーマだ）。ここで私が話しているのは、**介入する責任も資格もなく、ただ黙って見ていることを選んだ人たち**のことだ。

たぶん私たちは全員、友人やクラスメイト、同僚、あるいは知らないだれかが不当な扱いを受けているのを目撃して、心がざわついたことがあるのではないだろうか。自分の礼節の規範や職業上の行動規準に違反するような扱いを見ていながら、それをやめさせるための行動を起こせなかったことがあるのではないだろうか。

認めたくはないが、私自身何度もそういう体験をしている。威圧的な物言いをする人が自信満々にデタラメな話をする場に居合わせながら、自分の判断を疑って何も言わなかったことがある。そばにいる人たちが無神経で不快な話をしているとき、聞こえていないふりをしたこともある。出席した会議で、だれかがほかの人を不適切な方法で攻撃しているのを聞きながら何も言えず、やりすごしてしまったこともある。

いじめられていることを涙ながらに訴える女性たちの話を聞きながら、同情とアドバイス以上のことを何もしなかったことがある。いじめを指摘されたのは私も知っている人たちだったのに、問い質したり対峙することはおろか、事情をたずねることさえしなかった。自分にはそれだけの力がないとか、自分も傷つくかもしれないと思って、行動を起こさなかったことがある。自分が介入するのが適切なのか、介入するとしてもその方法がわからず、何もしなかったことがある。

それどころか、自分が弱い立場ではなかったときや、非難されるべき人物より強い権力があったときでも行動しなかったことがある。自分が介入すれば間違いなく事態が改善すると思えたときでさえ、関わり合いになるのを避けたことは一度や二度ではない。

いじめや虐待は、自分とは関係のない他人事にしてしまいたくなる。自分を見物人や批評家の立場に置きたくなる。しかし**実際には、私たちはすべて、この世界を汚している虐待のドラマのプレイヤーなのだ。**権力の濫用は、それが容認されているから起こる。私たちは、自分の目の前で展開するストーリーの中で、もっといい役割を選ぶことができるし、選ぶべきである。

なぜ「傍観者効果」に陥るのか？

振り返れば、いま挙げたようなケースは、私にとって最大の後悔の種であり、最も罪悪感をともなう責任放棄だった。いや、過去を振り返ってそう思うだけでなく、それぞれの時点でそう感じていた。

傍観者（バイスタンダー）の役割を演じることを誇りに思う人はいない。だれもその役に就きたいとは思わないし、そのためのオーディションも受けないのに、なぜかいつもその役を演じている。私たちは目の前でだれかが傷ついているときに、なぜ介入しないのだろう？

１９６４年3月13日の夜明け前、キティ・ジェノヴィーズは、バーでの仕事を終えて帰宅中に性的暴行を受け、刺され、殺された。『ニューヨーク・タイムズ』の報道によると、この事件の目撃者は38人いたが、だれも助けに駆け寄らず、警察に通報することさえしなかったという。

数十年後、この報道には多くの誇張と虚偽が含まれていたことが明らかになった（同人かは助けようとしたし、38人のうちの多くは実際に事件を目撃したわけではなかった）。しかし、この事件がきっかけで行われた多くの研究で、**「傍観者効果」**と呼ばれるものの存在が確認された。

私たちは、だれかが危険にさらされているのを目撃したら、自分は間違いなくそれを防ぐために行動する、と考えたい。しかし、それは研究が明らかにしたこととは違う。私たちは、多くのもっともな理由によって、とりあえず最初は他人のドラマに巻き込まれないように行動することを動機づけられている。

それは、過剰に反応してしまったり、虐待を止められなかったり、だれかを怒らせたり、自分自身を傷つけたり、報復されたり、利用されたりする結果に終わり、恥をかくことを避けるためだ。私たちは、大局的に見れば、お互いに信頼しあって助けあうほうが、結局は全員のためになることを理解している。しかし、短期的には利己的な関心がその思いに蓋をしてしまうことがある。

こうした傍観者的行動が、世界が直面するさまざまな問題の根本に横たわっていることを、社会科学者は知っている。全員の集合的行動が引き起こしている問題なのに、全員が自分以外のだれかの責任であるかのように行動すれば、問題は悪化し、全員が苦しむことになる。

短期的には合理的に見えるが長期的には合理的ではない行動を強いられるというシナリオを「**社会的ジレンマ**」と呼ぶ。だれもが全体の利益のために正しく行動すべきときに（このケースの場合は、犯罪を抑制するために個人的なリスクを取ること）、利己的な行動をする者が利益を得る、というジレンマである。

もちろんこのシナリオは、全員が利己的にふるまうことにつながり、被害者は保護されず、悪を為す者は罰せられることなく悪事を続けるという結果を招いて破綻する。

あらゆる種類の社会的ジレンマにとって、唯一の真の解決策は、共演者（この場合は現場で事件を知った傍観者）が最初のリスクを取って行動し、あとに続く人びとも協力しやすくなるような信頼の基盤を確立することである。

私たちは、自分以外のみんなも集団の利益のために犠牲を払ってくれる、自分の行動を後押ししてくれる、同じ行動を返してくれると信じられるときに、集団のために行動する可能性が高くなる。

「フリーライダー」問題

職場では、殴ったり蹴ったりという身体的な暴力行為は少ないかもしれないが、明らかに一線を越えた行為を目撃することは珍しくない。身体的威嚇、言葉の暴力、侮辱、軽蔑的ジョーク、そのほか不必要に攻撃的で、敵対的で、感情的に有害なさまざまな行動が今日もどこかで行われている。

それを目撃したとき、フリーライダーを決め込むのは簡単だ。傍観者として知らぬふりをして、**だれかが集団の規範を守るために取り締まってくれると期待し、その恩恵にはちゃっかりあずかる**という姿勢である。

しかし、手をこまぬいて何もしないという選択をすると、それは不作為を常態化させ、だれも何もしなくなってしまう。

虐待行為に関する研究では、虐待は何もないところから突然現れることはほとんどないことがわかっている。何もしないのに勝手に止まることもほとんどない。虐待はエスカレートする。最初は小さなことから始まり、被害者の防御を少し切り崩し、もっとやっても抵抗されないことがわかると露骨になり、やがて本格的になる。

裏を返せば、小さな違反行為でも咎められるとわかったら、虐待者は手口を変えるか攻撃対象を変えるということだ。

権力の濫用は、有力者がモデルとなるその他の行為と同じで、伝染病のように広がる。いったん敵意や搾取が容認されてしまうと、それが当然かつ必要な方法になってしまい、有毒な職場環境が生まれる。

傍観者だった人による介入行動は、一人の小さな行動から始まり、大勢の行動へと発展していく。正式な権力のない個人でも、行動することによって、悪質行為が高くつく状況を生み出すことができれば、いじめの文化を変えることができる。そうなれば、被害者が権力の濫用に泣き寝入りしなくなり、傍観者による介入が普通のことになり、セクシャルハラスメントや暴力が減っていく。

このサイクルを駆動させるためには、私たちは自分を、いじめられている人のドラマに出演するアクターと考える必要がある。そして、**フリーライドはいじめる側に立った行動であることを認めなければならない**。「近寄らない」「中立を保つ」「関わらない」という態度は理屈として存在し得ないのである。

フリーライドは、個人的リスクを最小限に抑えるための戦略だが、長期的にはそんな都合のよい結果は得られない。権力の濫用が見逃されたとき、全員の安全が脅かされる。長い目で見て安全で建設的な戦略は、小さな濫用も見逃さず、指摘し、静かな方法でもよいから反対することである。

些細に見える濫用でも見逃せば、もっと深刻な犠牲者を生む大きな濫用がやりやすくなる風潮につながる。

「自分だけ気にしすぎでは？」と感じてしまう

同僚の男性教員が、自分の研究室のドアを押さえるのに、赤いピンヒールを模したストッパーを使っていたことがある。クリエイティブなデザイナー（たぶん男性だろう）が考案したガジェットで、機能は果たしているし、ちょっとした会話のきっかけにもなっていた。

しかし、**私はその前を通るたびに少し不安な気持ちになった。**女性の赤いハイヒールの片一方が、研究室のドアの前に脱ぎ捨てられている。それは本当の靴ではないし、それ自体が私を不安にしているのではない。このような文脈に置かれたハイヒールが含意することと――だれかが（たぶん私が知っているだれかが！）女性に迫り、服を脱がせ、事におよんだ（たぶん研究室のデスクの上で！）という連想が私を不安にしたのだ。

私はそのジョークがわからないわけではなかったが、当時ごく少数だった女性教員の一人として、そのジョークが男性たちだけに向けられていることもわかっていた。男子寮やロッカールームでの話のようなもので、一見無害だが、この職場には性の対象と見られることで目くじらを立てたり、傷ついたりする女性はいないということが前提とされていた。

赤いピンヒールの一件は、厳密には権力の濫用には当たらないかもしれない。しかしそれは、権力のあるだれかが、この職場を性的征服の舞台と見なすことを密かに、暗黙のうちに、そしておそらく無意識のうちに同意したことを示している。

それが発するメッセージは、この職場ではだれかがセックスをすることもある、私が巻き込まれることだってあるかもしれない、職場で女性をセックスの対象と見なすのは男に許された楽しみであり、話のわかる男に悪いやつはいない、というものだ。

ドアストッパーはただの小道具だが、あらゆる小道具がそうであるように、何かの象徴として選ばれている。何かを指し示し、場の空気を決める。

心理学では、見た瞬間に何らかの思考を喚起する刺激を「プライマー」と呼び、それが心理や認知におよぼす影響を「プライミング効果」と呼ぶ。赤いピンヒールのドアストッパーには、それを履いた女性（あるいは履き捨てた女性）に起こったかもしれない出来事を連想させるプライミング効果があった。

もちろん、大学の廊下を歩いているときに何を考えるのも自由だ。だが、私の研究では（ほかの研究者の結論も同様だが）、**この種の性的なプライミング効果には問題がある**ことがわかっている。男性が女性の同僚を性の対象として見たり、能力よりも性的魅力で評価したり、女性の部下に性的魅力を感じたり、組織内で権力を得たときにハラスメントに関与したりする可能性が高くなるのである。

私は何か月も、いや何年も、その研究室の教員に何も言わず、何度もその前を歩いた。一方では、それはただの悪ふざけだった。だが他方では、私に自分を意識させた。頭を使うべきもっと大切なことがあるのに、自分はいま何を着ているのか、セクシーすぎないか、セクシーさが足りなくはないか、などということを考えさせられた。

ここで働いているほかの女性たちはどう思っていただろう？　仕事上、少なくとも私は彼と対等の関係にあった。しかし、大学のスタッフや彼のアシスタント、あるいは教師の助言を求めて研究室を訪ねた女子学生はどうだっただろう？

私は彼にそのことをたずねたり、冗談まじりに指摘したり、あれを見ると落ち着かない気持ちになると打ち明けることもできた。あるいは、こっそり外して、だれにもわからない場所に隠してしまうことだってできたかもしれない。だが、私は傍観者を決め込んだ。

ある日、別の男性の同僚が、このドアストッパーについてどう思うかとたずねてきたので、私は思っていることを答えた。次の日、それはなくなっていた。ドアストッパーの教員はいまでは親しい友人だ。

あえて「微妙な問題」を言語化する

問題行動に対処するうえで難しいことの一つは、それを特定し、なぜ問題なのかを見抜くことだ。だれの目にも明らかな問題行動ばかりではないし、**そもそも一線を越えている**

のか越えていないのかがわからないケースもある。

本人に悪気がなかった場合はどうだろう？　被害者が気にしていない場合は？　被害者を特定できない場合は？　双方が合意のうえでの関係だったら？　不適切な発言をした政治家が、そんなことがまかり通っていた古い時代の人間だったらどうなのだろう？

権力の行使の適切と不適切を分ける明確な一線がない場合、私たちは判断基準を他者に求める。だれも気にしていなかったり、悪いことだと感じていないようだったら、社会的に許容されるものとして受け入れてしまう。

ある研究が示したように、大勢の人がいる部屋で煙のにおいがしても、だれも「火事だ！」と叫ばなければ、緊急事態ではないのだろうと自分を納得させる。そして、何でもないことで慌てる愚か者になってしまわないように、黙ってじっとしていることを選ぶ。

ハーバード・ビジネススクールの教授であり、意思決定の専門家であるマックス・ベイザーマンは、**私たちは何かおかしいという感覚をいとも簡単に無視してしまう**ことを、『ハーバード流「気づく」技術』（KADOKAWA）に書いている。その本で彼は、司法省がタバコ産業を相手取って起こした訴訟で専門家として証言したときの体験を振り返っている。

司法省はベイザーマンに証言内容を変えるよう不適切な圧力をかけた。彼は証言を曲げることは拒否したが、圧力をかけられたことについては告発しなかった。その後、同じ件で別の証人が、司法省から証言内容の変更を迫られたことを公表したことを知り、ベイザーマンは、なぜ自分は明らかな司法権の濫用に抗議しなかったのだろうと反省した。
ベイザーマンは結論として、私たちは別のことで忙殺されていたり、頭がいっぱいだったりすると、何かが間違った方向に進んでいても兆候を見落としたり、無視したりする傾向があると述べている。理解はできるが、それでは権力の濫用の継続に加担することになってしまう。

問題を告発することには、大げさだと思われるおそれがあるし、正当な理由もないのに虐待を言い立てていると思われて人間関係や評判、キャリアを傷つけるリスクもある。相手が否定したり、被害を曖昧あるいは主観的にしか説明できなかったらどうなるだろうという不安もある（そうなることが多い）。

相手に人を傷つける意図がなかったらどうだろう（権力の濫用は被害者を苦しめるためというより、加害者の満足のために行われるので、そういうケースは少なくない）。

そうした点に加え、世の中は推定無罪の原則で動いていることも考慮して、結局告発を思いとどまってしまう。特に、告発の対象が自分が心配して気にかけている人や組織である場合は、その可能性が高い。それが**慎重になりすぎることによる失敗**である。

こうした難しさは確かに存在するが、だからといって何もしなければ、権力の濫用やその悪影響の責任を不問に付すことになる。行動しないということは、虐待の正当化を受け入れるということだ。それはたんなる傍観ではなく加担である。

他者のために「行動する人」になる

人が「権力をうまく使おう」といった話をするとき、ふつう意識されているのは自分のための行動だ。デイビッド・マクレランドが指摘するように、プロフェッショナルとして働いている成人が「仕事で権力を発揮する」と聞くと、自分のために動くことを連想する。しかしマクレランドは、権力を持つことを「**他者のために立ち上がる義務、あるいは機会**」と捉えるのが成熟した考え方だと指摘している。

見て見ぬふりをする傍観者(バイスタンダー)となるのではなく、他者のために行動する人のことを、アイルランド系アメリカ人の外交官サマンサ・パワーは「行動する人(アップスタンダー)」と呼んだ。

アップスタンダーになるためには、意識を根本から変え、自分をコミュニティの一員と見なす必要がある。単独のアクターではなく、被害者でも悪役でもなく、むしろコミュニティの守護者と見なさなくてはならない。

アップスタンダーとは、人のために自分の社会資本(ソーシャル・キャピタル)や権力を使うことを厭(いと)わない人のことだ。親切心や利他的精神、あるいは何かへのお返しという理由だけでそうするのではなく、集団の存続と発展のために必要だという理由で行動する人のことだ。

それにはリスクがともなうし、実際に危険なことでもある。しかし、他者のために声を上げて正しい道を行けば報酬もある。ステータスと尊敬を獲得し、ロールモデルとなり、人望を集めることができる。

それだけではない。私たちは、**自分は強いと感じられたら他者のために介入する可能性が高くなると考えがちだが、順序が逆である**ことが研究によってわかっている。すなわち、他者を守ったり世話をするために行動することで、自分は強いと感じられるのである。

アップスタンダーは、俳優がそうするように、行動に意識を集中させる。恐れがあるにもかかわらず結果を求めて行動するのであって、ステータスや権力の競争に勝てると思うから行動するのではない。アップスタンダーは自分が属する集団のために立ち上がる。なぜなら、それがアップスタンダーというものであり、人生で自分の役割を果たすことにほかならないからだ。

「自分の損得」の枠から出る

権力の濫用が起こっているとき、そこにはたいてい、その状況を天気図のように伝える「報告者（レポーター）」がいる。報告の内容は、レポーター自身とは切り離されていて、濫用は人の努力ではどうしようもない不可抗力か自然現象のように語られる。

レポーターはレポートすることで重要な役割を果たしていると思っているので、入手した情報、その解釈、展開の予想、原因、真相、だれが悪いのか、事態の複雑さなどを熱心に語る。

だが、それはただのゴシップで、何の建設的な意味もない。行動しないことの言い訳、事情通であることのアピール、もめごとからの単独逃避にすぎない。自分は痛くもかゆくもない方法で怒りや良心を表明したり、悪者から距離を置いたり、自業自得だと言って被害者を非難したりして、道徳的に高い立場に立とうとする戦略である。

高い次元の目的のないゴシップは、たとえ純粋な懸念から出たものであったとしても、自分に奉仕するものでしかない。言い換えれば、自分以外のだれかに恩恵をもたらすような行動がともなわない限り、どんな立派な話をしても価値はないということだ。

アップスタンダーとレポーターの違いは何だろう？

アップスタンダーは、虐待が起きている組織やコミュニティに実際の変化をもたらす。レポーターは自分の世界から出ることなく自分の損得で行動するが、アップスタンダー――活動家、味方（アライ）、守護者――は、他者の世界に踏み出してその利益のために行動する。すぐれた俳優のように、アップスタンダーの意識は自分自身から離れて、文脈、コミュニティ、そしてまわりの人びとに向けられる。アップスタンダーは、被害者を慰めたり、攻撃的な発言に即座に異議を唱えたり、加害者を諭したり、責任者に報告したりして、実際に有益な変化をもたらす方法で声を上げる。

自分にリスクがないからそうするのではなく、現実的なリスクがあるにもかかわらず行うのである。

他者を利用するのではなく、互いに大切にしあう世界で生きたいと思うなら、自分のまわりで起きている虐待のストーリーの中で自分が演じる役割を変えなければならない。傍観者ではなくアップスタンダーになるためには、自ら行動し、責任ある役割を果たさなければならない。

理想は、だれかが人を侮辱していたら、そのとき、その場で、人目のある場所で、正しい行動をすることだ。起こっている出来事に気づき、指摘し、やめさせ、注意をほかのものに向けさせることである（これは、キャンパスでの性的暴行を止めるために推奨されているアプローチでもある）。

リアルタイムでそれができなければ、あとからでも助けになることをしよう。上司に報告する。被害に遭った人をランチに誘う。加害者をプライベートな場で問い質す。こうしたささやかな行為が、社会的規範が変化していることを権力の濫用者に伝え、どう行動すべきなのかを伝えることになる。

一般に文化はトップダウンで決まるものだが、文化の重大な変化はボトムアップで生じることが多い。リスクを感じても（実際にはたいていリスクはない）、たとえ小さなことでも、正しい行動を続けることで、ほかの傍観者たちにも行動を促すことができる。

「影響力のある人物」に参加してもらう

スタンフォード大学の心理学者デール・ミラーは、問題行動に介入するかしないかの選択は、事態をどれほど気にかけているかということより、自分には問題に関与する「心理的な当事者適格」があるかどうかの認識で決まる、と指摘している。言い換えれば、他者のドラマに関与することをためらうのは、「自分にはそれをするライセンスがない」という感覚があるからだ。

自分には権力がないと思う人ほど、もっと権力があってもっと当事者に近い人が、正式な権利や当事者適格に立脚して責任をもって介入すべきだと思い込んでしまうのだ。裏を返せば、これは役割がなぜ重要なのかを説明している。だれかのために、だれかに代わって事態に介入することを正当化するものが役割だ。自分の役割を狭く定義すればするほど、介入するのは自分の仕事ではないということになる。

組織として権力の濫用（性的暴行、ハラスメント、差別など）を抑える対策としては、当該組織やコミュニティの中でステータスが高く、影響力のある人物（パーソン・オブ・インフルエンス）（POI）の参加を求めるという方法が注目されている。

有力者にアップスタンダーを養成するためのトレーニングに協力してもらい、「尊敬に値する人間は他者を助けるために積極的に関与する」という価値観を広げようとする考えからである。

ステータスの高い人は組織全体にピアプレッシャー〔仲間同士のプレッシャー〕を感じさせる。そのため、立場が弱く傷つきやすい人を守るための活動では、彼らに味方になってもらうことが役に立つ。彼らの協力を得て行う介入は、非主流の人びと（アップスタンダーになるために求められる勇気もリスクも大きい）だけで始める介入より効果が表れるのも早く、影響力も大きい。

たとえば、「グリーン・ドット・プログラム」は、ステータスの高い大学生（アスリート、自治会リーダーなど）を募ってキャンパスでの性暴力防止の取り組みを訓練している。影響力のある人物を積極的に活用する方法は、ジェンダー・バイアスを減らすための方法としてビジネスの世界でも試されている。

スタンフォード大学の社会学者で、クレイマン・ジェンダー研究所の元所長であるシェリー・コレルは、大手テクノロジー企業のために、採用、昇進、評価における女性従業員に対する偏見を減らす支援を行っている。

その企業に対してコンサルティングや介入の取り組みを始めたとき、コレルたちは、男性の協力を得るためにさまざまな方法を試したが、この問題については男性のあいだで温度差が大きいことがわかった。組織のジェンダー・バイアスの問題を解決することにすごく熱心な男性もいれば、消極的な男性もいた。

そこでいくつかの調査を行って、**熱心な男性の中から、広く尊敬を集めている人を選び、消極的な人への参加を呼びかける協力をしてもらった。**コレルは「尊敬する人がすでに参加しているとわかれば、乗り気でない男性を仲間に引き入れやすくなることが判明した」と述べている。

自分を「キャストの一員」と考える

「味方（アライ）」として行動することも、アップスタンダーの役割を果たす強力な方法だ。研究によると、ジェンダー・バイアスによって不利益を被っている当事者が違反行為を報告しても、真剣に受け止めてもらいにくいことがわかっている。しかし、同僚が被害者に代わって違反を報告した場合は、否定的な反応が少なくなる。

さまざまな現状改革活動が、利己的な利益のための行動だと思われたり、特異なアイデンティティの主張だと思われて、確固たる基盤を築けずにいる。たとえば、女性がほかの女性のために立ち上がったり、ＬＧＢＴＱの従業員がＬＧＢＴＱとしてのアイデンティティを表明している人を擁護しても、残念ながらそれ以外の人には他人事と見なされ、無視されることが少なくない。

しかし、たとえばストレートの白人男性が、コミュニティの中の弱い立場にあるメンバーのために立ち上がると、他者のために自分の社会的立場を危うくすることも厭わないという姿勢によって、一段と高いステータスを得る。そしてそのことが、ほかの人にも同様の行動を促す。

ニューヨーク大学のエリザベス・モリソン教授は、組織市民行動（従業員が組織全体の福祉のために自発的に行う支援行動）について研究を行い、何が一部の従業員を向社会的（プロソーシャル）行動へと向かわせるのかを調べた。

向社会的行動とは報酬を求めずに他者のために行う行動のことで、企業においては、同僚を手助けしたり、職務記述書に明記されていない追加的タスクやプロジェクトを引き受けるといったことが該当する。

それは、何を自分のアイデンティティとするか、自分の仕事にはどういう役割があるかを問うことでもある。自分のことを、互いのパフォーマンスを助けあうキャストの一員と考えるのか、自分のパフォーマンスだけに集中する単独のアクターと考えるのか、という違いだ。**自分のことを、全員でつくりあげる作品に出演する俳優と考えるなら、他の出演者のためにリスクを取る可能性が高くなる。**

このように役割概念を一新することを、私の同僚のジャスティン・バーグは「ジョブ・クラフティング」と呼んでいる。彼によると、自分の仕事をビジネスの用語（たとえばプログラミング、リクルート、マーケティングなど）で定義するのではなく、「役割外」の行動（たとえばサポーター、メンター、スポンサー、チームプレイヤー、アップスタンダーなど）で定義すれば、仕事に意味と目的を見出しやすくなるという。

「明確な役割」をつくる

傍観者を向社会的行動へと駆り立てる確実な方法の一つは、明確に定義された新たな役割をつくって引き受けてもらうことだ。

「ガーディアン・エンジェルス」は、ニューヨーク市の犯罪多発地域で地下鉄をパトロールしている、赤いベレー帽をかぶったボランティアの自警団である。彼らの存在は、新しい役割を創造することで傍観者がエンパワーされ、コミュニティでの虐待を止めるために大きな貢献ができるという完璧な例だ。

ガーディアン・エンジェルスの地区支部は、標準的な規則、訓練、明確な指揮系統の下で運営されており、ボランティアたちはパトロールリーダーの指揮下で活動する。武器は携行せず、正式な法執行機関でもないが、長年の活動によって犯罪件数を減らすことに成功している。常習犯を取り押さえて警察に引き渡したケースもある。

多くの場合、ただ彼らがそこにいるという事実が犯罪抑止効果をもたらしている。コミュニティで起きていることを監視して、犯罪を食い止めるために行動してくれているという認識が住民のあいだに定着していることに大きな意味があるということだ。

犯罪者は、つかまる心配がないと思えば犯行に走る。バッジとベレー帽を身につけたボランティアの存在は、コミュニティの安全を守ってくれる人がいることを市民に思い出させ、犯罪者に警告を発している。

バッジやベレー帽がなくても、他者のために立ち上がることには悪い行動を止める効果がある。そのための方法はたくさんある。それを見ていこう。

「数」を集める

「数は力である」というのは手垢のついた決まり文句だが、確かに事実であり、認識しておいて損はない。

ハーヴェイ・ワインスタインの場合を考えてみよう。ワインスタインが何人もの若い女優に性的虐待を続けることができたのは、彼の名声や評判のせいだけではなく、一人ずつ、プライベートな場で虐待することで、被害者に自分と同じ目に遭っている人がほかにもいると気づかれないようにしていたからだ。

被害者たちは自分を無力だと感じていたが、ワインスタインに対抗できる力とステータスを手に入れた女優たちが次々に声を上げ始めたことで状況が変わった。同じような告発が複数出てくると、犯行を否定するのが難しくなる。治療した多数のエリート体操選手を虐待した医師、ラリー・ナッサーの場合も同様のことが起こった。彼の場合も、被害に遭った女性たちが法廷で手を携え、首尾一貫した告発を行ったことで状況が変わり、力関係が逆転した。

学生たちから、授業中に性差別的な発言があったらどう対処すればよいかと相談されたことがある。「大学の管理責任者に対処してもらえないでしょうか?」と彼らは言う。

そんなとき私はいつも、自分たちの力でやめさせましょう、みんなの力を合わせて、とアドバイスする。具体的には、この問題に関心を持っているクラスメイトと話しあい、あらかじめどういう発言が容認できないかについて合意しておき、それに当てはまる発言があったら一斉に立ち上がり、教室から立ち去るという集団的対応をするとよいだろう。

私が不適切な行為や発言を知らされたら、もちろん当該行為者の名前を含めて、必ず大学のコンプライアンス事務局に報告する。しかし残念なことに、教員や管理者が問題発言に対する個別の苦情を受けて動いてくれるとは限らず、一人が訴えても緊急度が伝わらないことが少なくない。**一人だけだと「気にしすぎ」と簡単に片づけられてしまう**のだ。しかし、授業中に学生たちが集団で教室を出て行けば深刻さのレベルが変わり、まったく別の話が動き出すだろう。

綿密なコミュニケーションと協調は、あらゆる連帯行動を成功させる鍵だが、権力の濫用に対処する場合には特に重要だ。

研究によると、集団の中で単純な会話が交わされているだけでも、個人の利益を犠牲にして集団の利益を追求する可能性が高くなることがわかっている。コミュニケーションが成立していれば信頼関係が強まり、戦略的な共同行動——双方向のコミットメント、分割攻略法〔大きな問題を小さく分割して全体を解決する手法〕、いい警官・悪い警官作戦〔善人役と悪人役のペアで交渉などを有利に進める手法〕など——が可能になる。

それを物語るすばらしい例がある。1980年代のことだが、ある大きな法律事務所で、勤勉で成績優秀な女性弁護士がパートナーに昇進できないということが何年も続いていた。明らかに不当な扱いに不満を抱いた女性秘書たちが結束して、**次の機会にも彼女の昇進が見送られたら、全員が業務を拒否する、と上司たちに通告した**のだ。当然というべきか、次の機会にその女性弁護士はパートナーに昇進した。

「二人」になるだけで強力になる

最近、#MeToo運動の気運が高まる中、男女間の不公平が横行していた大企業の女性幹部が同様の戦略で成功したケースを知った。長年にわたり、多くの女性従業員がさまざまな苦情を申し立てても何の改善もされないのを見てきた彼女は、静かに集団行動を組織することを決意した。

不満を抱いている女性たちと連絡を取りあい、同じ日の同じ時間に、個々の苦情を一斉に提出するよう勧めた。それは会社に爆弾を落としたようなものだった。人事部は大騒ぎになり、数週間のうちに給与の見直しが行われた。差別などの問題行動のあった社員は解雇や勤務停止の処罰を受けるなど、さまざまな改革が行われて会社の文化が一変した。

傍観者は、個々ばらばらに行動しても何らかの効果はあるだろうが、一つにまとまれば虐待を防ぐうえで中心的な役割を果たすことができる。

マイノリティの影響力に関する研究では、**反対意見をたった二つ集めただけで、単独での反対意見よりはるかに強い声となる**ことがわかっている。

単独よりまとまったほうが信頼性が高く、否定されにくく、報復されるリスクも低い。一人の内部告発者を解雇したり黙らせたりするのは簡単だが、アシスタントが一人もいなくなったら組織の機能がストップしてしまう。

以上のような成功例は、いじめ、差別、セクシャルハラスメント、身体的暴行などに対処しようとする、あらゆる集団や組織にとって参考になる。

教育訓練によって、それまで傍観者であった人びとが問題行動を認識し、対処し、報告するようになれば、問題に集団で対応することができ、ヒエラルキーがもたらす不安を軽減することができる。それは責任ある選択であるだけでなく、権力の濫用がだれの得にもならない環境をつくりたいと願う人にとって賢い選択でもある。

「ユーモア」で制する

虐待や嫌がらせは笑い事ですまされることではないが、軽妙なアプローチが規範からの逸脱を取り締まるうえで効果的な場合もある。

私が新米助教になったばかりのころ、カフェテリアで、MBAの男子学生の一人が後ろから忍び寄り、私の腰に手を当てて挨拶したことがあった。びっくりして振り返ると、別の学生がおどけた様子で駆け寄ってきて、彼の手をピシャリと払いのけながら、「おいおい、何やってんだよ」と言った。それは友好的でありながらも断固とした介入だった。

雇用機会均等委員会（EEOC）の公聴会で証言したセクハラ対策コンサルタントのフラン・セプラーも、行儀の悪い行動をウィットに富んだジャブで封じ込める方法を推奨している。私が好きなのは、セクハラに対して、**「ところで、いま何年？　1970年じゃないわよね？」**と切り返すやり方だ。

テクノロジー業界で働く営業マンからも、同様のアプローチの有効性を裏づける話を聞いた。あるビジネス・カンファレンスでのこと、夜遅く同僚同士でバーで飲んでいると、自社の女性を寝たい順でランキングするという話になっていった。私の友人（幼い子を持つ父親）は、子どもを寝かしつける父親の声をつくって、「今夜はそこまで。もう遅いから自分の部屋に行きなさい」と言った。みんなが笑って、ランキング会議は終了した。

こういうやり方は軽すぎると感じるかもしれないが、実際にはパワフルだ。社会的ダイナミクスの観点から「からかい」を研究している私の共同研究者であるダッハー・ケルトナーは、からかいは、なんらかの権力を振るおうとしている相手に対し、関係を維持しながら真実を伝える一つの方法だと説明している。

重要なのは、加害者にも意味が伝わるジョークでなくてはならないということだ。たとえば、部下に怖がられている上司に対してジョークを言うとすれば、権力のある上司であることを認めつつ、部下に怖がられるような権力の使い方は褒められたものではないということが伝わるものでなくてはならない。

からかいは相手を包み込みながら行うプレイ・ハイだ。相手が自分たちと同じ集団に属していることを再確認しつつ、ほんの少し相手のパワーを引き下げる行為である。

「ペナルティボックス」に入れる

マギー・ニール教授のスタンフォード大学退官にあたって、私は彼女のことを「断固たる意志と公正の人」と表現した。そう思わせる行動の一つが、彼女が「ペナルティボックス」と呼んでいるものの存在だ。

彼女の領分にいるだれかに不適切な言動があった場合、彼女はその人を想像上の箱の中に入れて、研究者としての自分のサークルから一時的に締め出す。秘密の罰ではなく、彼女はそのことを箱に入れられる当人に伝え、必要があればまわりの人にも話す。

私は彼女とは25年来の親しい同僚なので、共通の知人の近況をたずねると、「いまペナルティボックスよ」などという答えが返ってくることがある。理由を教えてくれることもある。

だれかをペナルティボックスに入れるという方法は、からかいと似ていて、加害者は自分は彼女のサークルの一員であることを再認識し、自分の行動の重大さを知るが、同時に、行儀よくしなければ追放されるという警告を受け取るのである。

ペナルティボックスは効力のある制裁だが、ペナルティを科す相手に名誉挽回の余地を残している。永久的な追放でもない。違反行為をはっきり指摘するが、許されるものとして――少なくとも最初の一回は――それを扱う。**あなたが紳士である限り私はあなたを紳士として扱うが、変なことをしたら躊躇なく同じ方法で応じる**という、「やられたらやり返す」アプローチだ。自分のサークル内での権力の濫用を取り締まる最適の方法と言える。

疑わしきは罰せずのルールは保ちつつ、信頼が裏切られたら黙ってはいない、という宣言だ。この方法がすぐれている点は、恨みやわだかまりを残さないところだ。悪い行動が止み、行動が改まれば、すぐに許して親切にふるまうのだ。

報酬と罰で学習させる

よからぬ行動に気づいても、自分に向けられたものでなければ、放っておけば自然に止むと思いたくなる。だが、事はそうは都合よく進まない。

人間は報酬が得られる行動を続けるというのは、モチベーションに関する教科書の1ページ目に書かれていることだ。報酬がある限り、行動は止まない。報酬には、金銭や昇進などの物質的なものだけでなく、承認や尊敬といった社会的ステータスも含まれる。他者のステータスに影響を与えるには、その人に対する行動を変えなければならない。

権力を濫用している人の意図を挫くには、それが自分にマイナスの結果となって跳ね返ってくることを知らさなければならない。心で何を思ったところで、行動しなければ何も変わらない。逆に、権力を正しく使い、リスクを冒してでも他者をサポートする（特に公の場で）人に対しては、承認と感謝を行動で表す必要がある。

この章では、権力の濫用に対抗する方法をいくつか説明したが、**いずれも正式な権限や役職がなくてもできることだ**。昇進や解雇や報酬を決める権限などなくても、権力の濫用に対する反応の仕方によって、社会規範を強制する何らかの力を働かせることができる。ごく身近な例を挙げれば、私たちは職場で、だれと一緒にランチを取るか、だれと飲みに出かけるか、だれを会議に参加させるか、雑談の仲間に入れるか、だれからのテキストメッセージには返信するか、といった細々とした決断を下している。

権力を濫用する人を一時的に締め出すことは、仲間うちでの権力の悪用を抑止する効果的な方法だ。自分の権力を正しく使うためには、他者のドラマの中に入っていき、そこで自分が果たす役割を進んで受け入れる必要がある。

人を思いやる

いまや歴史上初めて、権力者の性的不正行為が当たり前のことではなくなった。かつては黙って耐え忍んでいたこと、「男なんだから仕方ない」などという言い訳で片づけられていたことも、いまでは深刻な犯罪と認識されるようになった。その結果、男性に求められる責任のプレッシャーが高まっている。

同時に、女性の地位向上を支援する男性――同僚、上司、CEO――だと認められれば、意味のある報酬を得られるようになった。多くの分野で（すべてではないが）、**男性は女性を支配することより女性と力を共有することで高いステータスを得ることができるようになった。**明らかにパワーバランスが変わりつつある。

数十年前、イリノイ大学で学んでいた5年間で、私には女性教授と一緒に仕事をした記憶がただの一度もないし、授業を受けた記憶もない。心理学の研究者でいっぱいの8階建ての建物には、女性はほんの一握りしかいなかった。

キャロル・ドゥエックや、セクハラに関する権威のルイーズ・フィッツジェラルドのようなスターは例外的存在だった。その一方で、管理部門のアシスタントはチャーミングで、有能で、オーバースペックな（としか思えない）女性ばかりだった。

クラスメイトの女性たちからは、男性教師に侮辱され、不当な評価を受け、ときには性的な標的にされたことを涙ながらに打ち明けられた。頻繁にあったわけではないが、大事件になるほど稀なことでもなかった。

ここ数年、次々に表面化する事件のことを思うと、私はなぜそのような環境を無傷でくぐり抜けられたのだろうと不思議に思う。その答えは、幸運だったからということに尽きそうだ。いま、そのありがたさがよくわかる。

いくつかの偶然が重なって参加することになったあるプログラムは、私を大歓迎してくれた。そこには教授、共著者、統計処理のアドバイザー、論文査読者など、しっかりめんどうを見てくれる男性たちがいた。

彼らにはステータスも権力もあって、それを利用することもできたはずだが、彼らは私のことを見守ってくれた。私の研究を評価し、フィードバックを与えてくれた。データの分析方法、編集者との議論の仕方、学術誌に投稿する論文の書き方、論文をレビューする方法などを教えてくれた。

私を後押しする推薦状を書いてくれた人もいる。どんなボスにとっても、それはとてつもない骨折り仕事だが、私はハードワーク以外に何の交換条件も求められなかった。彼らは、なんの苦もなく女性の部下と一緒に仕事ができる人たちだった。

ほかにもポストドクター（博士研究員）や客員研究員、肩書きはなくともステータスのある大学院生など、事情も要領もわきまえた人びとがいたが、だれもが女子学生に敬意を持って接してくれた。私にとって彼らは兄のような存在だった。女子学生たちが元気にやっているか気づかってくれたり、だれかが女性に対して一線を越える行動をしたらその場で警告を発してもくれた。たまに、みんなでビールを飲みに行ったときなどは、面白い話をしたり、冗談を言いあったが、越えるべきではない一線を意識させてくれた。彼らは、相手が自分への影響力のある上級教員であっても、正しいと思えば事を構えるリスクを厭わなかった。

この本の執筆中、私は、私の安全と幸福を見守ってくれた当時の関係者に連絡を取った。なぜそうしてくれたのかを知りたかったからだ。一般的な言い方に変えれば、傍観者がリスクを冒してまで、自分の持っている権力を責任を持って使おうとするのはなぜなのか、弱い人を守りたいと思うのはなぜなのかを知りたかったからだ。

彼らが説明してくれたのは、連帯感あるいは共同体意識であった。ある人は当時の気持ちを、「ぼくは自分のことを同じ塹壕(ざんごう)に陣取った大学院生集団の一人だと感じていた」と語ってくれた。

この章の教訓を要約すれば、私たちは自らを見物人ではなくアクターと考えることによって、オーディエンスではなくキャストの一員と考えることによって、権力の濫用を効果的に取り締まることができ、その力を正しく使うように導けるということだ。

いまや問題は権力の濫用を気にするとかしないとかではない。それはだれもが気にしていることだ。**問題は、それを気にしている者が取るべき行動は何か**ということである。

CHAPTER 10

権力の正しい使い方

――力は他者のためにある

セクシャルハラスメントや性暴力を告発する#MeToo運動が盛り上がる中、ポール・ライアン下院議長は、NPR（米公共ラジオ局）の記者から、連邦議会に蔓延している性的不正行為に対処するために何をすべきかとたずねられた。

「選挙で選ばれた代表者である私たちは高い規準に従わなくてはなりません」とライアンは答えた。記者が「どんな規準ですか？」と追い討ちをかける。「いい質問です」と言って、ライアンは続けた。「議員は国民すべてに期待されている規準を守るだけでなく、さらに高い規準を自らに課して、国民の模範にならなくてはなりません。しかし、それができていない。これを改めるために不断の努力が必要です」

まったく答えになっていない。

だが、答えられなかったのは彼のせいではない。私自身、権力を持つ者が従う規準について、なるほどと思える説明を聞いたことがない。私も、それをはっきりさせるために努力しているところだ。

私たちはまだ、それを定義する言葉(ボキャブラリー)を発見していない。権力を正しく使う人とはどんな人なのかも正確にはわかっていない。

それが、権力を濫用する人には目を向けるのに、正しく使っている人のことはさほど注目しない理由だ。権力を正しく使ってもニュースにならない。その結果、私たちは効果的な権力の使い方を知らないし、自分が権力を持ったときどうすればよいかもわからない。

権力者は何をすべきか?

ほとんどの人は、ライアンと同様、権力を持った人間がしてはいけないことなら知っている。権力を振りかざさない、人を不当に利用しない、自分の損得のために立場を悪用しないといったことだ。だが、**「してはいけない」という発想で行動を変えようとすると事態はかえって悪化する**というのが心理学の定説だ。

いまは亡きハーバード大学のダン・ウェグナーの研究によって、何らかの行動を自分に禁じると、そのことが当該行為に関する思考を活性化し、やってしまう可能性が高くなることが裏づけられた。「シロクマのことを考えるな」と言われたら、だれでもシロクマのことを考える。昔からみんな知っていることだ。

この心理的メカニズムが、国会という権力の中枢で性的不正行為を抑制する妨げになっていることを、ウェグナーの実験が示している。

その実験は、男女の実験協力者に複数のグループに分かれてカードゲームをしてもらうというものだ。その際、テーブルの下で足を伸ばしてほかの人の足に触ってもらうのだが、だれが触れているか相手にわからないようにこっそりやる人と、だれが触れているかわかるようにあからさまにやる人に分けた。すると、**堂々とやった人より隠れてこっそりやった人のほうが、触った相手に強く魅力を感じることが判明した**のである。

この結果から言えることは、権力の座に就いたら、やってはいけないことを知っているだけでは十分ではないということだ。それだけでは、やってしまう誘惑がむしろ強まる。権力にともなうエネルギーは、してはならないことを抑制するためにではなく、建設的な正しい行動に振り向ける必要がある。

正しい行動について明確な規準がなく、何を期待されているのかもわからなければ、正しく行動することはできない。見たことのないものになれというのは無理な相談だ。

権力者は「勇気」を与えよ

だれもがロールモデルを必要としている。だが、勇気づけてくれる模範は、残念ながらニュースの中には見つからない。

有名人には悪名高い人物が多い。権力について考えると、そういう人の名前が真っ先に思い浮かぶが、見習いたくない人の名前を思い出しても仕方がない。自分の人生を振り返って、権力を正しく使って自分を導いてくれた人の中に模範を求めるほうが、はるかに意味がある。

理想的なロールモデル

そこで、いまは亡き偉大なジョー・マクグラスに会ったときのことを話そう。私は彼が有名な社会心理学者で、私の父（やはり社会心理学の教授だった）が称賛していることを知っていたが、ジョーは私のことを知らなかった。

私は30歳になろうかというのにさしたる業績もないまま、恐ろしい進路選択を真剣に考えていた。すなわち、さらに5年間勉強を続け、自分に向いているかどうかもわからない研究や教育関連の職を求めて、東海岸からトウモロコシ畑に拠点を移すという選択だ。私はシカゴに飛び、レンタカーを借りて、心理学関連の大きな学部がある中西部の大学を、アポなしで訪ね歩いた。

最初の訪問先はイリノイ大学アーバナ・シャンペーン校だった。私は心理学の研究棟を見つけ、観光客のようにうろうろしながら、父に教えてもらったいくつかの名前を探しながら、その場の空気を味わった。2階の廊下から中庭を見下ろしていると、黒のスニーカーを履いた男性が近づいてきた。かすかに笑みを浮かべて、「何か探しているんですか?」とたずねてくれた。

分厚いレンズの眼鏡、胸ポケットには何本ものペン、ぴったりフィットした実用重視のパンツという出で立ちで、ソフトな口調で話すその人は、いかにも教授という雰囲気を醸していた。

私は、いま自分はキャリアの移行期間にあり、ウェイトレスをしながら大学院への進学を検討していると話した。彼は研究室のドアの鍵を開け、焦げたコーヒーの匂いのする雑然としたオフィスに私を招き入れた。彼は1時間、私に意識を向けて話を聞いてくれた。ジョーが与えてくれた時間と空間の中で、私は自分が探していたものを見つけた。

私はイリノイ大学に出願して入学を認められ、ジョーの助成研究の助手として働くことになった。私は何の準備もできていなかったが、ジョーは私の中に何かを認め、それが何であるかを突き止めようとしてくれた。

ジョーは高い規準を持っていて、何事にも中途半端は許さなかったが、私がどんなヘマをしても失望することはなかった。

彼は私の仕事を厳しく評価したが、私自身のことをとやかく言うことはなかった。私が成功しても失敗しても味方してくれて、コーチのように励まし、アドバイスしてくれた。気に入った論文の余白には赤ペンで、その調子で進めろ、と激励の言葉を書き込み、間違っていたら容赦のないダメ出しがあった。私が打ちのめされたときは、ホコリを払ってもう一度背中を押してくれた。

私たちは一緒にすごすことが多かった。週に一度は彼の研究室で一対一のミーティングをした。彼の家で会い、キッチンに隣接した書斎で研究について話すこともあった。ある夏、ジョーと妻のマリオンが、私を含む数人の学生をミシガン州の湖畔のコテージに招いてくれた。私たちはゲストハウスに泊まり、ジョーとマリオンはメインキャビンに泊まった。私たちはヤブ蚊の襲撃を払いのけながら森を散策し、研究のアイデアを語りあった。

ジョーとの関係は親しく、あたたかく、不安がなく、不適切さを感じさせることもなかった。それまでなかったほど、仕事への手応えと安心感を覚え、自分が有能になった気がした。彼に守られて、私は成長し始めた。

私たち学生の中には彼を慕う者が多く、特に女子学生からの信頼は篤かった。ジョーは闘志を表に出す人で、自分のルールに従わない行為は舌鋒鋭く指摘した。**原則は曲げなか**

ったが、それ以外のことでは広い心の持ち主だった。静かに対応する術も知っていたが、必要とあらば果敢に介入した。ジョーは親切だったが、彼や彼がめんどうを見ている人を都合よく利用することは許さなかった。

ジョーが自分の持つ権力をどう感じていたかはわからないが、権力の使い方をしっかり意識していたことは確かだ。

ジョーは学生たちのために、リスクを取ることを恐れず、安全に学べる環境を整えた。学生や教員のあいだに力の差があることを認めながらも、全員を平等な敬意をもって扱った。知性、勤勉さ、卓越性を評価したが、エリート主義的なところはみじんもなかった。自分の仕事に真剣に取り組んだが、自分のことは考えていなかった。私にとってジョー・マクグラスは、すべてのパワー・ホルダーが守るべき規準を体現する存在である。

権力者は「他者のため」に力を尽くせ

「与益原則」とは、**大きな権力をともなう役割を担う者には力のない人びとの福祉を優先する義務がある**とする、応用倫理学の原則である。

たとえば、医療なら医師が患者を扱う際の規準、調査や研究の文脈では、研究者が対象を扱う際の規準を指す。ビジネスの文脈では、利害関係者にとってプラスになることのために権力を使うことや、従業員と顧客の権利を尊重しながら利益を確保するために力を使うことを意味する。

つまり与益原則とは、権力を、自分の中に蓄えて好き勝手に使ってよい資源としてではなく、他者のために投資する資源として扱うことだ。アクターには力があることを前提として、人間の器は持っている力の大きさではなく、力を何のために使っているかで測られるとする考え方である。

「主役」として模範を示す

シェイクスピアは「世界はすべて舞台だ」と書いた。偉大な文豪の言葉を安っぽく言い換えるようで気が引けるが、私は「組織（の大部分）は舞台である」と言いたい。大きな権力をともなう役割で権力をうまく使うためには、リーダーとしての役割を果たさなければならない。

そのために、リーダーが絶対に人に委譲してはならないことが二つあると言われている。一つはビジョンであり、もう一つは役割である。

どういう意味か？　どんな文脈でも、集団の頂点に立つ人は、地位に付随するステータス、認知度、権力を使って、混沌とした世界に秩序を与えて人びとに意味を与えなければならないということだ。何度も舞台に上り、方向と目的地を示して、全員を一つにまとめなければならないということだ。

高い共通の目的がなければ、組織はばらばらになり、不安に駆られた人、自分を証明しようとする人、いちばん乗りをめざす人が、自分の重要性を高めようとして争う戦場になってしまう。

リーダーが権力をどう使うかが、他のすべての人の舞台を設定する。いちばん力のあるメンバーがビジョンを明確に示さないような組織では、だれもが支配権をつかんで自分の帝国を築こうとし、てんでんばらばらな立場で仕事をするようになる。トップが方向を示さなければ組織は空回りし、生産的で有意義なことは成し遂げられない。共通の目的がなければ、だれもが自分に意味があると思うことを好き勝手にやるようになる。

権力の持ち主は、独裁的、支配的、自己顕示欲が強いなどと思われることを恐れて――あるいは単に間違いを犯すことを恐れて――自分に与えられた責任を回避しようとすることがある。

新しくリーダーの地位に就いた人が、最大限の同意を取りつけるために、ビジョンや目標や戦略の決定をチームに任せることは珍しくない。

だが、これはほぼ間違いなく失敗する。メンバーが何を重視しているかを知り、それを戦略に取り入れることには何の問題もないが、最終的にリスクを取って決定し、先頭に立って人びとを率いるのはリーダーの責任だ。

どんな文脈でも、リーダーの役割を果たすためには、人びとの模範にならなくてはならない。**自分はそんな立派な人間ではないと思うかもしれないが、それは関係ない。**リーダーたる者、敬意や承認を得るための行動を身をもって示さなくてはならない。

組織論のリー・ボールマンとテレンス・ディールが著書『リフレーミング・オーガニゼーション』（未邦訳）で書いているように、リーダーシップは権力ではなく役割であり、リーダーは組織という舞台で主役にキャスティングされた存在なのだから、人の上に立つ者は組織の価値観を体現する生きたシンボルにならなくてはならない。

リーダーはただ結果を出せばよいのではない。リーダーの役割は、「人びとを安心させ、組織の目的を信頼させ、希望と信念を持たせること」だ。言い換えれば、何かのために戦う――意図的であろうとなかろうと――のがリーダーなのである。

権力者は「強固な基礎」を築け

アメリカ空軍のジェイ・シルヴェリア中将は、間違いなくリーダーの役割を理解している。与益原則が根づいた文化をつくるために、強力な役割をどう生かせばよいかを知りたければ、YouTubeで「Jay Silveria」をチェックするとよい。

2017年秋、コロラドスプリングスにある空軍士官学校（エアフォース・アカデミー）の予備校で新学期が始まろうとしていたとき、5人の黒人士官候補生が、寮の掲示板に人種差別的メッセージが殴り書きされているのを発見した（後に、メッセージ自体は黒人士官候補生の自作自演であったことが判明している）。

シルヴェリアは、4000人の士官候補生と1500人の教職員が集まる集会に制服姿で現れ、「激しく怒っている者はいるか。怒っているなら君たちは正しい。ここにいる資格がある」と話し始めた。そして、5人の士官候補生への侮辱はすべての学生と教職員に対する侮辱にほかならない、軍に力を与えている多様性に対する攻撃は軍への攻撃にほかならない、と激しい口調で語りかけた。「軍はわれわれの軍だ。だれもわれわれの価値観を奪うことはできない」

多くの指導者が似たことを言うが、シルヴェリアがスピーチの最後にしたようなことはしない。彼は士官候補生たちにスマートフォンを取り出させ、いまから言うことを録画して、「必要なときに再生し、シェアし、語り合え」と言い、次の言葉で話を締めくくった。

「尊厳と敬意をもって人に接することができない者は出て行け」

リーダーの立場にある人が権力を上手に使うということは、心理学者で人質交渉人のジョージ・コールリーザーが「強固な基礎（セキュア・ベース）」と呼ぶものを提供することだ。それは、「自分は守られていて、安全で、ケアされているという感覚をもたらし、リスクを取って探究し挑戦する大胆さとエネルギーを与えてくれるような人、場所、目標、物」のことである。

イギリスの研究者ジョン・ボウルビーの愛着理論に基づいて、コールリーザーは、権威ある存在にしっかりつながっていると感じるとき、人は心理的な安心を得る、と書いている。そのような人の行動には、安心を欠く人には見られない知恵と成熟が感じられる。

なぜそれが組織にとって重要な結果をもたらすのか？　権力を有する立場の人は、自分の行動にだけ責任があるのではなく、自分の管轄（かんかつ）範囲で起こった権力の濫用のすべてに責任があるからだ。

だからこそ、重要な役割にはそれにふさわしい人物を就かせることが重要なのだ。だれもが安心して最適なパフォーマンスを発揮できると感じる文化をつくるためには、リーダーが方向性を定めて引っ張るだけでは不十分だ。与益原則と成熟の規準に従って、だれもが確実に報われ、昇進し、大きな役割を与えられるようにすることが重要である。

「白人男性」がリーダーになる仕組み

組織の中で大きな役割を得るのはどんな人か？　それはなぜか？　注目されるのはだれか？　推薦されるのはだれか？　人間関係においてはどのような資質が評価され、報酬を得るのか？

重要な役割をだれに任せるかを決めるとき、私たちは、役割にふさわしい資質を客観的要件として人選しようとする。だが、その役割に就いたとき、どんな資質がすぐれた結果を生むかは、きわめて主観的な判断にならざるを得ない。

人生でも演劇でも、ある種の人がある種の役になじみ、そこに収まってしまう傾向がある。いわゆる「はまり役」だ。これは、前例や既知のものを参考にして、役に似合いそうな人を選ぶからだ。**これは演劇では「タイプキャスティング」と呼ばれ、それ以外の場所では「バイアス」（偏見、先入観）と呼ばれている。**

あらゆる役割においてタイプキャスティングが蔓延していることについては、多くの論文や記事が書かれている。

たとえば、暗黙のバイアスに関する研究では、「高ステータス」の社会集団に属する人は主導的な役割に就くことが期待され、「低ステータス」の社会集団に属する人は下で支える役割を期待されていることが判明している。

なぜか？　これまでがそうだったからである。

多くの人が世界は公正な場所だと信じていることを、心理学者は長年にわたって観察してきた。私たちは特に考えることもなく、とりあえず現行の社会のヒエラルキーは、個人の能力に基づく公正で偏見のない秩序を反映していると見なす傾向がある。このような「公正な世界」という思い込みは、物事はあるべき状態にあるという暗示――よく考えればそうでないとわかるのだが――によって精神的な安心感をもたらす誤謬（ごびゅう）である。

それがもたらす結果は明らかだ。どの企業も社会的ステータスを反映して、重要なポジションには白人の男性が、他の属性の人びとよりはるかに多く就いている。明らかに、組織全体での属性の分布を反映していない。

なぜ、そうなるのか？　企業でもその他の組織でも、**見た目や行動が高位のポジションでのマジョリティと似ている人を登用する傾向がある**からだ。そのため、白人男性によって経営されている企業は、白人男性をリーダー候補として採用し、出世コースに乗せる傾向がある。

人事部も有権者も同じ間違いを犯している

エンターテインメントの世界では、タイプキャスティング、つまり、役に適したタイプかどうかという観点で俳優を選ぶことには意味がある。観客がそれを好むからだ。主役ともなれば、お金を払ってでも見たい好みの男優や女優は限られる。

しかし、それ以外の世界では、タイプに基づいたキャスティングを正当化することは難しい。だが、舞台やスクリーンの世界と同じように行われているようだ。

人事の意思決定をする人びとが、リーダーらしく見える資質――自信、支配、外向性、体力、男らしさを示す身体的および非言語的な指標——をリーダーシップの要件として昇格人事を行うのはごく普通のことだ。政治の世界では、多くの有権者が同じようにして投票する候補者を決めている。

これらは「エグゼクティブ・プレゼンス」と総称される資質の一部だ。それは、**ほぼ全面的に、性別役割のステレオタイプによって規定されている社会通念**であり、しかるべき役割に就けば学習でいくらでも身につくものなのに、雇用や昇進の正当な基準と見なされている。

これらの資質は、だれがリーダーに指名されるかを予測する因子としては妥当性があるが、リーダーとしてどんなパフォーマンスを示すかとは何の関係もない。

時代に合わない「ステレオタイプ」

いまのところ、政治でも経済でもプロフェッショナルな職業でも、男性のほうが女性より権力を持っているので、権力が男性性と結びつけられ、ハイパワーな役割には強くて支配的に見える男性が向いていると考えられるのは仕方がないのかもしれない。

概念として、支配的な行動が男らしい行動とされている。全般的な傾向として、男性は女性より決断力や行動力、自己主張力があると考えられており、女性は男性よりも思いやりや配慮に富んでいると考えられていることが、研究によって示されている。

さらに私たちは、男性は支配的(ドミナント)である、女性は養育的(ナーチャリング)であると考えるだけでなく、男性は支配的でなくてはならない、女性は養育的でなくてはならないと思っている。

このジェンダー規範に基づいて、男性にはタフで自信ありげな行動や自己主張が期待され、支配的にふるまう男性は期待に応える行動をしていると見なされる。

その結果、男性は女性よりもパワーアップを選択する傾向がある。多く発言し、なにかと騒々しく、自信ありそうに自分を表現し、動きまわったり手足を広げたりして物理的にも広いスペースを占めようとする。

女性の場合は、男性とは逆のことが要求される。親切で友好的にふるまう女性は、期待されていることをしていることになる。そのため、リーダーシップが支配的行動と結びつけられている限り、個人的にどんなに能力があったとしても、女性はリーダーの資質があるとは見なされない。

リーダーのように主張し、自信ありげで、断固たる行動をする女性は信頼されない。女性は、ステータスや信頼を獲得するためには、周囲の人に対して敬意や従順さを示すほうが安全な戦略だということを学ぶ。そのため、支配力がリーダーシップの要件とされる限り、多くの女性は適格とされないことになる。

与益原則で動くリーダーが必要

こうして支配的で男性的な人がリーダーにふさわしいと判定され、昇進していくわけだが、問題は、こうした資質はハイパワーな役割での有効性を約束しないということだ。

だが、与益原則で動く人は権力を上手に使うことができ、ハイパワーな役割で成果を挙げる確率がはっきりと高い。その観点でキャスティングを行えば、男性より女性のほうが有利になり、男性の中でも現在とは違うタイプが上にあがっていくかもしれない。

もし、あらゆる分野のトップが与益原則の価値を知り、それによって人材を選び、訓練し、評価し、報酬を与えるようになれば、世界はどう変わるだろう。強い権力と大きな役割が、数字に表れる成果だけでなく、成熟した人格を示す実績に基づいて与えられるなら、世界はどう変わるだろう。

権力を競うことにうつつを抜かさず、他者の福祉のために必要なとき以外は競争や攻撃とも無縁な人がリーダーになったら、世界はどう変わるだろう。批判は甘受し、称賛は分かちあい、集団の利益を優先させてそのために戦い、将来の世代のために個人的利益を犠牲にし、危機のときに責任をもって働き、プレッシャーの下でも冷静さを保ち、模範を示すことで鼓舞し、不屈の決意と思いやりを示して人びとを安心させるような人がリーダーになったら、世界はどんな場所になるだろう。

職場でも、家庭でも、政治でも、その他どんな世界でも、私たちはそんな人に権力を持ってほしいと願っているのではないだろうか。

新しいリーダーの条件

映画「マッドマックス／サンダードーム」は、世界滅亡後の未来を描いた4作シリーズの第3弾だ。ウィリアム・ゴールディングが1954年に発表した小説『蝿の王』（ハヤカワepi文庫）から着想を得ている。『蝿の王』は、隔絶した世界に子どもたちだけが残され、新しい世界を築くために行動し始めたらどうなるかを描いた傑作である。

「マッドマックス」に登場するバータータウンの住人たちは、無知で、ケチで、未熟で、恐怖心が強く、世界がどのように機能しているかについて幼稚な信念を持っている。

その結果、社会に秩序がなく、だれも安全ではなく、子どもたちは自分のためだけに行動し、勝つか負けるかの風潮が蔓延している。登場人物のディールグッド博士がこう言っている。「サンダードームは単純だ。武器を手に入れろ。どんな方法でもいいから使え。ルールを破る心配はない。なぜなら、ルールはないのだから」

多くの組織はこれと似ている。ビジネスでは「勝つか負けるか」の文化の利点が喧伝されている。生き馬の目を抜く競争的文化のメリットは、人びとにベストを尽くそうとする動機を与えるところにあるのだろう。しかし最近の研究で、**有害で違法な虐待やハラスメ**

ントが横行しているのは、そのような組織であることがわかっている。

ルールのない職場では、会議に出席するのは闘技場に足を踏み入れるようなものだ。すべてのやりとりが生きるか死ぬかの戦いとなる。

そんな文化の中では、みんなが自分を狙っているように感じられ、だれもが常に防御的になり、事あるごとに権力をつかもうとし、他者の足を引っ張るために動き始める。

これまでのところ、私の知る限り、勝つか負けるかの文化に代わるものを提案した人はいない。だから私は、いまここでそれを提案しようと思う。

勝つか負けるかのメンタリティの解毒剤は、与益原則の文化である。

この文化では、責任者はルールをつくるために権力を使う。すべての人に対して説明責任を負い、グループの利益のために権力を使うことの意味を日々の行動で示す。

勝つか負けるかの文化では、競争に勝つ者が選ばれるが、与益原則の文化での人選はそう単純ではない。その人の競争エネルギーはどこから来ているのか、その人が勝ったら権力をどのように使うかによって、リーダーを選ぶことになる。**私たちにはリーダーにふさわしい人を識別するための新しい規準が必要だ。**

「達成志向」が高いか?

サラは北アイルランドの小さな町で、プロテスタントとカトリックの30年にわたる血なまぐさい紛争の時代に育った。母は地域の看護師、父は地元の工場の人事担当だった。彼らの生活は人を助けることを中心に回っており、サラは両親から「他者を第一にする」という考え方を学んだ。

やさしげな面立ちで、大きな茶色い目が印象的な、優等生タイプのサラだが、学部生時代にエンジニアリングの分野で優秀な成績を収め、ビジネススクールを上位10%の成績で卒業した。彼女が最初に入社したのは、だれもが働きたいと思う一流コンサルティング会社だった。その後、さらに競争の激しい一流投資銀行に転職した。

働きはじめて間もないころ、パフォーマンスが数字で評価される仕事を選ぶようにアドバイスしてくれた人がいた。**「主観的な基準で判断される仕事ではジェンダー・バイアスから身を守れない」**という考えからの助言だった。それを心にとめ、彼女は投資銀行で立派な成績を挙げ、一目置かれるスター的存在になった。

しかし、パートナーになることについてアドバイスを求めたとき、メンターの一人から受けたアドバイスで、壁にぶつかったことを感じた。「パートナーになりたければ戦うことだ。パートナーになりたいと公言し、倦むことなく追求しなさい。その地位に飢えていること、決意が固いこと、攻撃的になれることを示しなさい。空席ができたら招いてもらおうなどと思っていたら、いつまでたってもパートナーにはなれない」

サラは一心不乱に働き、あらゆる要件を満たすべく全力を尽くした。仕事で結果を出す努力をする一方で、昇進のために必要な社内政治も厭わず、自分を売り込んだ。これではあまりにも押しが強すぎるという気がして、ふたたびメンターに相談すると、まだまだ控えめすぎると言われた。

サラは投資銀行を辞めた。ハイテク企業に転職し、10億ドル規模の会社のCFO（最高財務責任者）に就任し、株式公開を支援した。現在は高収益のソーシャルメディア・プラットフォーム大手のCEOを務めている。

明らかにサラは、投資銀行でもっと大きな役割をこなす能力があったが、その銀行で価値があるとされていた方法でパートナーの地位をつかみ取ろうとするタイプではなかった。昇進のための自己主張にエネルギーを費やすのではなく、彼女は自分の役割を通して全員に利益をもたらすことに集中した。それが行き詰まったとき、自分の自然な強みが有利に働く別の場所に移り、組織の全員が利益を受けるという望ましい結果が生まれたのである。

「権力志向」のリーダーは失敗しやすい

出世欲の強さが評価されて昇進するというのは、ビジネスの世界では珍しいことではない。しかし研究によると、従来の常識に反して、野心や自己宣伝は昇進後の効果的なリーダーシップを予測する因子ではないことがわかっている。どちらかと言えば、その逆かもしれないという証拠がある。

社内政治、自己宣伝、権力拡張に励んだり、ステータスを得るべく自分の業績や可能性を強調してパワーアップを試みる能力は、昇進の重要な予測因子であり、多くの人が職業人生の中で励んでいることでもある。しかし、その考え方が多くの文脈において見当違いかもしれないことを与益原則は示唆している。

一例を挙げると、デイビッド・マクレランドの研究は、**権力を強く欲するプロフェッショナルは昇進は早いが不祥事を起こしやすい**ことを示している。

しかし、権力へのニーズと達成へのニーズの両方が高い人は、そのような落とし穴にはまることなく、よりよいキャリアを築いている。達成をめざす意欲や個人としての卓越性の追求によって、権力を求める姿勢が社会化されて健全なものになるからである。

このことは、権力が有効に使われる組織をつくるためには、出世の意欲があるというだけでリーダーを選ぶのではなく、自分の仕事の質に関心があり、大切な価値のために下位のポジションでしっかりと学び、専門性を磨き、繰り返し貢献することを厭わない人をキャスティングすることが有効だと示唆している。

権力を上手に使う鍵は、自分が属する集団のニーズに焦点を合わせることだ。それが自然にできる人もいれば、そうでない人もいる。ジャーナリストのサム・ウォーカーは、ドワイト・アイゼンハワー（最も有能とは言えないかもしれないが、最も人気のあった大統領）は大統領選挙に自ら望んで立候補したわけではなかったと述べている。共和党が出馬を要請したから、義務として立候補したのだった。

権力を自分のための資源を蓄積する機会と見なすのではなく、自分の義務と結びつけて考えるリーダーは、ステータスや自己の証明や承認といった自分のニーズより、多くの人に利益をもたらす成果に焦点を合わせるようになる。

リーダーを選ぶときは、野心や上昇志向を判断材料として選ぶのではなく、他者の問題を解決するためのコミットメントによって選ぶべきである。

「思いやり」と「献身」の姿勢があるか？

野心や上昇志向だけでなく、カリスマ性や好感度に基づいてリーダーを選ぶことにも危険が潜んでいる。だが、残念なことにこれも一般的な慣行となっている。

すでに見たように、部下を働かせることより部下に好かれることを優先する上司は、成果を挙げることができないという傾向がある。

カリスマ性は、ある人にはあり、ない人にはない磁力のようなもので、人を惹きつける魅力の強力な源だ。しかし、カリスマ性は集団や組織の成功や存続にほとんど貢献していないことが、研究によってわかっている。カリスマ性は、支配力と同様、だれが大きな役割に就くかを予測する因子だが、これによって人を抜擢することに合理性はない。

カリスマ的リーダーを研究しているハーバード大学のラケシュ・クラーナ教授は、『ハーバード・ビジネス・レビュー』にこう書いている。「どんなCEOも永遠にそのポストに留まることはないので、個人の権威によって支えられているシステムは最終的には安定を失う。**カリスマ的リーダーの後継者を探している企業は、本質的には、運頼みの経営をしている**ということだ」

彼はさらにこうも書いている。「カリスマ的リーダーは、自分の領分や権限を枠にはめられることを嫌う。自分の権力が抑えられることに抵抗し、ほかの人は受け入れているルールや規範をはねつけ、部下たちの欲求を理に適わないものとして不当に扱う。カリスマ的なリーダーに従うことが、単にその人物のスキルを認めることに留まらず、完全な服従になってしまうのはそのためである」

カリスマ性は注目を集め、肯定的な人物評価につながる。しかし、カリスマ性や好感度に基づくキャスティングは、結果よりも、部下に好かれているかどうかを気にする人を昇格させる危険がある。

そうではなく与益原則でキャスティングするなら、**人間としてのあたたかさに焦点を合わせる**ことができる。心のあたたかさ、カリスマ性、好感度は、しばしば交換可能な似た資質として扱われるが、まったく別物である。権力をともなう地位にある人にとって、あたたかいというのは、単に魅力的だとか、好感が持てるとか、敬愛されるということではない。

あたたかさは、より深い何か――真の思いやり、コミットメント、信頼性――を指し示している。何かに急き立てられているときでも、押しつぶされそうなときでも、内向きになったときでも、取り乱しているときでも、あたたかさは確かにその人の中に存在し、働いている。あたたかさとは、だれかの成功を心から願い、そのために自分のエネルギーを使い、リスクを取り、犠牲を厭わない態度のことだ。

あたたかさとは、だれかを助けるために必要なときには力強く、しかし威嚇的ではない方法で――パワーアップであれパワーダウンであれ――行動する能力のことだ。私はあなたの味方だという安心感を与え、お世辞や機嫌取りや陳腐な話術によってではなく、**相手の向上を助ける能力**のことだ。

あたたかさと能力は両立しないと思われがちだ。しかし、ここで述べようとしているあたたかさは、「厳しい愛」などと同じで、能力と相反するものではない。それどころか補強しあっている。

だれかを重要な役割にキャスティングする際には、魅力や好感度で選ぶのではなく、能力と他者への思いやりや献身を両立させているかどうかで選ぶべきだ。

「感情のすべて」をチームに集中させる

与益原則――力のある人が弱い人の福祉を優先すること――に則った行動は人間としての成熟のしるしだ。だが、だれに権力のある役割を任せるかを考えるとき、この資質が論じられることはない。

どんな文化でも、どんな心理学理論でも、人間の成熟とは利己的衝動を制御し、他者の利益のために行動する能力だと考えられている。

権力に対する成熟した考え方について、デイビッド・マクレランドも同様の定義をしている。ほとんどのプロフェッショナルは、自分を押し上げるために権力を得ようとするが、マクレランドによると、それは心理学的に未熟な方法である。

成熟した考え方は、「**権力とは他者の問題を解決するために使う、自分の外に存在するリソース**」だと認識するものであり、それこそが永続的な社会貢献という真の成功をもたらす、とマクレランドは論じている。私が彼の理論を正しく理解しているとすれば、指導的役割にふさわしいのは権力について成熟した考え方をしている人である。

成熟した権力の使い方ができる人とは、ジャーナリストのサム・ウォーカーが『常勝キャプテンの法則』（早川書房）に書いている、無私の精神を持った伝説的なキャプテンたちのようなものだ。彼らはチームの勝利のために骨身を惜しまず働き、怪我を押して戦い、自分の感情のすべてをチームに集中させるための「強制スイッチ」を持っている人たちである。

私の同僚のニア・ハレイヴィはそれを「チーム愛」と呼んでいる。**個人的な見返りが約束されていなくても、集団の大義のために個人的な資源を注ぎ込もうとする思い**のことだ。これは、すべての意思決定者に備わっている資質ではない。

ハレイヴィは、囚人のジレンマのようなゲーム理論の枠組みを使った実験で、私たちが個人的利益と集団的利益のあいだでどのような選択をするか、そしてその選択がステータスや権力にどのように影響するかを研究している。

彼の実験では、個人的な損失のリスクを冒してでも集団としての成果を重視したプレイヤーは指導的地位に昇格し、他者を犠牲にして自分は得をしようとしたプレイヤーは、他のプレイヤーたちによって集団から追い出されることがわかった。同一レベルのプレイヤーたちは利己的行動を見逃さないのに、人事を決める責任者にはそれが見えないのはなぜなのだろう。

集団のために自分を犠牲にする行動は一見不合理だが、じつはそうではない。成熟した権力の使い方とは、将来の世代を守るために権力を使うことであり、**進化という面から見れば、それが唯一理に適ったアプローチである。**集団は当然、このような権力の追求の仕方を評価する。

ハレイヴィの実験では、個人的なリターンや利益が約束されていなくても自分のリソースを集団のために提供した実験協力者は、そのような意思決定をする前から人としての成熟度を示していた。そこには自己防衛的な姿勢は見られなかった。

一見、不合理な行動のようだが、彼らはそれによって、リーダーの資質があるという評価やステータスを得ることで報われた。ハレイヴィの実験で、周囲からリーダーになってほしいと思われたのはそういう人だ。

だれも得しない方法で支配力と競争力を発揮する利己的な人間が、リーダーになってほしいと望まれることはなかった。逆に、だれの利益になるかを考えることなく、意味なく寛大で利他的にふるまう人も、リーダーとして求められることはなかった。

集団に忠誠やコミットを示し、習慣的に、集団のために利己的な打算を超えて行動することは——そのために権力を自ら行使するにしても他者に譲るにしても——成熟した権力の求め方だと言える。

権力のシンプルな原則

――いい行動には報い、悪い行動には罰を与える

権力について考えるとき、仕事のことばかりを考えがちだが、権力は日々の暮らしの中でも働いている。

ここ数年、世界中で独裁的な政府が台頭し、人びとを困惑させているが、私には当然の成り行きのように思える。社会が不安定になり、さまざまな領域でリソース不足の脅威が増すにつれ、人びとは秩序と統制を切望し、無力さを感じる人が増え、虐待や暴力が多発する。

世界的不平等の解消というのは、壮大すぎて非現実的な理想かもしれないが、権力の差を賢く管理することは不可能ではない。

私たちは安心できているときは広い心で行動する。こと権力に関しては、「**グローバルに考えて、ローカルに行動する**」というスローガンは悪くない考え方だ。

世界にインパクトを与えるためには、まず家庭で信頼とコミットメントを築くことが必要だ。

集団と自分のあいだに部族的な強い紐帯(ちゅうたい)を感じることができれば、私たちはお互いを大切に扱う。それが自然にできる国もあるが、残念ながら、アメリカを含めてそうではない国が多い。

共同体的価値観に反するようなかたちで富と繁栄を謳歌する社会では、人間は物質的な意味では他者を必要としないという認識が広がり、集団の一員であるよりも独立した個人として生きるほうが豊かで幸せだという価値観が蔓延している。

だが、私はそうは思わないし、それを裏づける研究結果もない。実際は、数え切れないほど多くの研究が、**メンタルヘルスの最大の条件は社会とのつながり**であることを示している。私たちは自分をコミュニティ――キャスト、アンサンブル、作品――の一部と考えることによって、心理的に他の人びととつながり、個としての自分を超える高い目的に結びつくことができるのだ。

私たちは文化を固定的で揺らがないものと考えがちだ。しかし、文化の多くの部分は、世界と世界が機能する方法についての前提や規範の集合であって、他から独立しているわけではない。私たちは、自らの力で、望ましい目標や信念を補強する文化をつくり出すことができる。

リーダーや起業家は日々その作業を行っている。教師や親も然り。ビジネスパーソンも、生徒を指導する教師も、子どもを育てる親も、他者の利益のために権力が使われる文化をつくることができる。

重要なのは、模範を示すことで人びとに勇気を与え、個人が社会に効果的に貢献できるような構造をつくり、いい行動には報い、悪い行動には罰を与えることだ。

物質的には互いを必要とすることが少なくなっているように見える世界だが、心理的には逆に互いを強く必要としている。自分の役割を真剣に果たすことは、人間関係を機能させるための方法でもある。

「広い心」で権力を使う

権力についての物語を演じるプロの俳優たちから学んだことがある。それは、私たちは**パワフルな人間、パワフルな生き方についての語り方（ナラティブ）を変える必要がある**ということだ。偉大な演劇や文学作品の中に、恵まれた条件で人生をスタートさせ、問題なく人生を全うした人間の物語はない。だれもそんな人生のことを知りたいと思わないし、自分とのつながりも感じないからだ。演劇でも人生でも、説得力のあるナラティブを生むのは葛藤、すなわち勝利と悲劇、そしてそれにどう耐え、どう対処したかである。

私はMBAの「パワフルに行動する方法」のコースで、学生たちに戯曲の登場人物を演じさせる。デヴィッド・マメットの『グレンギャリー・グレン・ロス』〔映画化タイトル「摩天楼を夢みて』に登場する堕落したセールスマン、ジョン・パトリック・シャンリィの『四匹の犬と一本の骨』に登場する自暴自棄の女優、キャリル・チャーチルの『トップ・ガールズ』に登場する下品な姉妹などだ。無敵のヒーロー、慈悲深い王、尊敬される指導者などではなく、どれもぱっとしない人たちばかりだ。

学生たちは最初、なぜそんな人物を演じさせられるのだろうと疑問に思うようだが、答えは簡単だ。完璧な人間を題材にして劇を書く作家はいないからだ。そんなストーリーは真実ではなく、芸術としても面白くない。

偉大な戯曲は、人間についての深く普遍的な真実を明らかにし、観る者に自分自身を発見させる。そして、傑出したストーリーで最もパワフルな登場人物は、私たちと同じような弱点全開の厄介な欠陥人間だ。だからこそ、私たちは彼らのことが気になるのだ。

権力を上手に使うためには、自分の強さも弱さもすべて受け入れる必要がある。舞台の上で欠点のあるキャラクターを演じることが役立つのはそのためだ。

人間の醜い真実を内在化し、観客の前で役柄を演じ、実際の自分ならしないようなことをして、それでも自分が根本的に変わるわけではないことに気づいたとき、それが人生を変える体験になるのである。

欠陥のあるキャラクターを演じることは共感の練習になる。それは、他者の中に善と悪が同時に存在することを理解する体験であり、他者に対しても自分に対しても、裁きではなく受容を、憎しみや恐れではなく愛を選ぶ体験となる。

楽観的すぎるだろうか？　もしかしたら、そうなのだろう。人間の本質は善か悪か、権力を持つのは勝ち取る者か与える者かといった問題は、一日中議論しても終わらないだろう。こう言うと哲学者には叱られるかもしれないが、その答えはだれも知らない。

だが心理学者として言えることは、私たちが生きたいと願うような世界を創造する唯一の方法は、すでにそのような世界に住んでいるかのように行動することである。

だれもが自分を攻撃しようと狙っている、だれも信用できない、頼れるのは自分だけだ、などと思っていると、自分を守るためだけに権力を使い果たしてしまう。恐れに支配されて行動すれば、恐れている通りの世界が到来する。

しかし、人間は根本的に善良で思いやりがあるという希望に基づいて行動するなら、広い心で権力を使い、他者を第一とすることができる。そして、そのように行動するのが理に適っているとだれもが考えるような、信頼の土台を築くことができる。そんな世界をつくることこそが権力の目的だと、私は思う。

謝辞

本書は、スタンフォード大学のMBAで私が教えている「パワフルに行動する方法」から生まれた。ともにカリキュラムを開発し、10年以上にわたって教えてきた共同インストラクターのみなさんには、どんなに感謝しても足りない。

すばらしいアーティストである彼ら――俳優、即興芸人、脚本家、演出家など――との仕事は、私の人生を深く豊かなものにしてくれた。パフォーマー、コーチ、そして人間としての彼らから、私は演技だけでなく、権力についても多くのことを学んだ。

ケイ・コストプロスは私の最初の演技指導者であり、コースの共同創設者でもある。リッチ・コックス・ブレイデン、メリッサ・ジョーンズ・ブリッグス、ダン・クラインはすばらしい教師であり、経験的教授法の達人であり、授業の基本パターンを改善するためにたゆまぬ努力を続けてくれた。

劇団「BATSインプロ」の創設者であり最高のシーンコーチでもあるウィリアム・ホール、長年ゲスト出演してくれたキャリー・パフ、リサ・ローランド、ケビン・ラルストン、ジャネット・ワトソン、ボビー・ワイナップルをはじめとする、すばらしい演劇のプロたち。彼らはみな、豊かな才能をシェアし、芸術を通してビジネススクールの教室に人間味を持ち込んでくれた。この10年間、いいときも悪いときも、このすばらしい人たちは私のチームであるだけでなく、一族（トライブ）であり、家族であり、職場での遊び仲間でもあった。

有益で楽しいが費用もかかるコースを開設しようとする私の努力を、最初から支えてくれた上席副学部長とそのスタッフに感謝する。グレン・キャロルは最初に（そしておそらく最大の）リスクを取って、リターンも定かではない段階で、アクティング・コーチを授業の講師として招くために時間、スペース、許可、お金を与えてくれた。マーダブ・ラジャンとヨッシ・フェインバーグは、コースの成長に合わせてリソースを増やし、一流の指導チームを編成するのを助けてくれた。このコースがだれからも注目されていないころ、デイビッド・クレプスは、私をバーバラ・レーネブラウンのクラスに誘ってくれ、コース全体に火をつけるきっかけをつくってくれた。バーバラは舞台芸術という枠を超えて、俳優のマインドセットの価値に私の目を開かせてくれた。

大学スタッフのポール・マティシュはクラス開講当初、骨の折れるロジスティクスを担当してくれた。初期のころのトレーラー確保に始まり（建物の中には平らな教室がなかった）、5つのセクションに13人の臨時スタッフを配置し、パフォーマンスやコーチングのためのスペースを確保し、生きた戯曲のためのリソースを増やし続けた。彼の手にかかると、そうした作業のすべてがいとも簡単に見えた。

本書の執筆を助けてくれたのは別のキャストたちだ。出版エージェントであるクリスティ・フレッチャーは、私が差し出した細い糸をたぐり寄せ、出版のためのプロポーザルの作成（そして売り込み）を手伝ってくれた。励まし、助け、障害を取り除き、正しい方向に導き、事あるごとに貴重な価値を提供してくれた。

クラウン・パブリッシング・グループの才能豊かな編集者タリア・クローンは、私にとって単なる編集者を超える存在だ。精神的な道しるべであり、必要なときに必要な方法で的確なサポートをしてくれた。何が真実か、何が大切か、ページ上で語るべきことは何かということについて、からみあった糸を解きほぐして明確な筋道をつけるのを手伝ってくれた。これほど勤勉で聡明なパートナーと一緒に仕事ができるとは思ってもいなかった。負荷がかかったときでも、彼女と一緒に仕事ができる喜びを感じた。

私が空回りしているときに飛び込んできて、私の心を解きほぐしてくれたピーター・グッツァルディとメラニー・リハクに感謝する。私にはいまも彼らの声、言葉、表現の言い換えが聞こえる。私が体験したことのない世界からすばらしい逸話を掘り出してきてくれたブリジット・サンバーグに感謝する。そして、クラウン・パブリッシング・グループのティナ・コンスタブル、プロファイルのヘレン・コンフォード、私とこの本を信じてくれた世界中の出版社に感謝する。

シェリル・サンドバーグは初期の草稿を読み、世界の反対側から私に電話をかけてくれた。メールで「いいね！」の絵文字を送ってくれるだけでもうれしかったと思うが、率直で知的で的確なアドバイスをしてくれた。

スタンフォード大学の同僚である博覧強記のベンワ・モニン（プロの俳優、才気煥発な社会心理学者、「パワフルに行動する方法」コースの共同インストラクター、研究協力者）は、初期の草稿にユニークな感性を注入し、私が予想もしていなかった方法で改善に貢献してくれた。サロナー姉妹とエム・リートは初期の草稿を読み、大いに参考になる親切なコメントをくれた。

権力についての私の考えは、多くの先人たちに触発されてきた。会ったことのないシモーヌ・ド・ボーヴォワール、デイビッド・マクレランド、ハンス・モーゲンソウ、セルジュ・モスコヴィッシ、マーサ・ヌスバウムのような人びともいれば、会って話したことのあるデイビッド・キプニス、チャーラン・ネメス、ジェフリー・フェファー、フィリップ・テトロック、デイビッド・ウィンター、フィリップ・ジンバルドーのような人びともいる。

計り知れない影響を与えてくれた論文共著者のキャメロン・アンダーソン、ネイト・フアスト、アダム・ガリンスキー、ルシア・ギロリー、リー・ファン、イーナ・イネシー、ダッハー・ケルトナー、ミヒャエル・クラウス、ケイティ・リルジェンキスト、ジョー・マギー、キム・リオス・モリソン、エム・リート、ニーロ・シバナサン、メリッサ・トーマス＝ハント、ラリッサ・タイデンス、ジェニファー・ウィットソン、メリッサ・ウィリアムズに感謝する。彼らは、本書の中心的テーマである、無力と感じるときでも力を持つことについて、そして、権力のある立場での行動について、私の理解を大いに深めてくれた。グループ・ダイナミクスと社会的相互作用に関する私の初期の研究に貴重な示唆を与えてくれた、すぐれた研究者であるホリー・アロー、ライアン・ビーズリー、ジェニファー・ベルダール、エリオット・ファン、アンドレア・ホリングスヘッド、ジュリエット・カーボ、ピーター・キム、ベータ・マニックス、ポール・マルトラーナ、ジョー・マクグラス、マギー・ニール、キャスリーン・オコナー、キャシー・フィリップス、ジャレド・プレストン、ボブ・ワイヤーに感謝する。

ＭＢＡや社会人クラスの受講生たちからは、現実の世界で権力がどのように働くのか、そして自分よりも大きなものにコミットすることが何を意味するかについて、多くのことを教えられた。私が答えを持っていない問いを投げかけてくれた人たちには特に感謝している。

感動的な体験談をシェアしてくれた多くの人びとに畏敬と感謝を捧げる。自分の話がこの本に載ることを知っていた人もいれば、知らなかった人もいるが（人物を特定できないように細心の注意を払ったつもりだ)、心を開いて体験を語り、私やクラスの全員に学びの機会を与えてくれたことに感謝している。

最後に、だれよりも大切な人たちへ。私のすべてであるインディアとデイジー。二人のやさしさ、知恵、心、ユーモア、根気、へこたれない強さ、そして年に見合わない成熟度は、私を奮い立たせてくれる。忍耐をもって私を信じ、成功を願い続けてくれていることに心から感謝している。私の4人の両親、そして妹に、愛と尊敬を捧げる。私を誇りに思ってもらえたらうれしい。この本の中に、あなたたちは登場しないかもしれないけれど、私はこの本を書きながら毎日あなたたちのことを考えていた。

そして、すべてにおいて私のパートナーであるガース。あなたには勲章がふさわしい。人を鼓舞し、恩恵を与える勇敢な力の使い方、がんばる女性たちに対する揺るぎないサポート、そして役割への真摯なコミットメントに心からの感謝を。

訳者あとがき

本書はDeborah Gruenfeld, *ACTING WITH POWER: Why We Are More Powerful Than We Believe*, Profile Books, 2020の全訳です。

「権力」というテーマを見て、人を蹴落としてでも優位に立とうとする権力闘争や、自分の目的を果たすために人を支配する方法などを連想する人もいるかもしれませんが、そういうことを書いた本ではないことを著者は最初に断っています。それどころか、そのような権力の捉え方はそもそも間違っていると明言しています。

著者が考える正しい権力とは、他者の幸福のために行使する権力、権力の濫用に対抗するための権力、人の上に立つことを恐れる心やさしい人が自分の役割を果たすために行使すべき権力です。この本は、だれもがそのような意味での権力を持っていることの根拠を論じ、それを正しく発揮する方法を説いています。

著者のデボラ・グルーンフェルドはスタンフォード大学経営大学院の社会心理学教授。人間関係や組織における権力の作用について研究しています。女性の社会進出を支援するリーンイン財団理事、スタンフォード大学女性リーダーシップ推進センター理事としてジェンダーギャップの解消に取り組んでいます。また、研究成果を踏まえて、人種差別、セクハラ、パワハラなどのない社会をめざして声を上げています。本書にはそうした正義感と問題意識に立脚した記述が多く見られます。本書は女性だけを読者とする本ではありませんが、特に女性には共感を持って読んでいただけるのではないでしょうか。

権力について研究し始めたとき、著者は権力を悪と考えていましたが、やがて、権力イコール悪ではないこと、権力がすべての人間をモンスターにするとは限らないことを理解するに至ります。

「だれもが利己的な衝動を持っているが、他者の福祉を第一に考えることもできる。権力それ自体は本質的によいものでも悪いものでもなく、権力を持っている人が本質的にすぐれているとか欠点があるということでもない。……権力を持ったとき人間が何をするかは、権力を行使する機会が訪れたとき、その人が何を考え、何を重視しているかで決まる。私たちが何者であり、世界に対して何ができるのかを決めるのは、権力の大きさではなく、その権力を使って何をするかである」（39ページ）

だれもが持っている権力を呼び覚まし、正しく行動するために著者が推奨するのが、「演じる」という、いささか意外に思える方法です。もちろん、虚勢を張って他者を威圧するとか、空元気を出して自分をその気にさせるなどという意味の演技ではありません。

著者によれば、演じるとは、「人を騙して偽りの自分を信じさせる」ことではなく、「自分自身を定義し、一貫性のある安定したアイデンティティを表現する」ことです。「自分以外のだれかになろうとする」ことではなく、「自分をマネジメントする規律あるアプローチ、つまり行動規範」です。

「主体的な個人を神聖視する文化では……自分はいつでも『本当の自分』であるべきで、常に変わらない行動をすべきだと考えられている。他人の期待に合わせて行動を変えたり、自分の見せ方を変えることなど間違っているというわけだ。だが、じつは私たちは四六時中、理屈では嫌っているそんな生き方を続けている。それは否定すべきことではなく、むしろ、ときにはそうすべきなのだ。いや、ほとんど常にそうすべきなのである」（131ページ）

著者がこのように権力と演劇を結びつけて考えるようになったのは、大学教授になって間もないころ、演劇畑出身のコンサルタントが指導する、教師の質を向上させるためのプログラムを受講したことがきっかけでした。その実に興味深い発見の過程が本書冒頭に記されています（3〜9ページ参照）。

演じることの意味と効果に目覚めた著者はスタンフォード大学経営大学院の授業に演劇を取り入れます。10年ほど前に試行錯誤を重ねながら始まった「パワフルに行動する方法（アクティング・ウィズ・パワー）」は、いまでは同校の人気講座になっていて（コース番号：組織行動論533）、原書のタイトルはこの講座名から取られています。

講座のシラバスによれば、受講生は「心理学や演劇の理論を通じて、権力が社会や組織や対人関係の中でどのように作用しているか」を学びます。授業の進め方については、「演劇の一場面を演じたり、各自が困難を感じる状況設定の中でふだんとは違う自分を演じるなど、実際に演技することに授業時間の多くが使われる」とあります。大学院生と社会人学生（フルタイムの一年間の修士課程）が受講する少人数制のクラスで、地元のシアターで活動する俳優たちもインストラクターとして加わるユニークな授業です。

授業で演じることの醍醐味を味わった学生はもっと演じたがる、と本文に書かれています。読者も日常生活の中で、本書が紹介している演劇技法を参考にして、俳優になったつもりで演じてみてはどうでしょう。カーテンの後ろに隠れていた自分を再発見できるかもしれません。

本書には、人の上に立ってリードする場合に効果のあるふるまい方や話し方（プレイ・ハイ）や、縁の下の力持ちとなって他者を支えるのにふさわしい態度や言葉づかい（プレイ・ロー）など、興味深い心理学と演劇理論が紹介されています。

考えてみれば、アクト（act）には「演じる」という意味と「行動する」という意味がありますし、アクター（actor）には「俳優・役者」という意味と「行為の当事者」という意味があります。主体的に行動することと演じることのあいだには、日本語では隠れている自然なつながりがあるのかもしれません。

世界はいま、コロナ禍への対応の遅れ、気候変動、貧困と格差、戦争、人種差別など、さまざまな問題に苦しんでいます。これらの問題は、権力にともなう責任を果たさず、権力を私物化するさまざまな濫用が原因であるというのが著者の認識です。そんな社会を修復するために、「与益原則」に立脚したリーダーが求められていると著者は最後に強調します。

「集団の利益を優先させてそのために戦い、将来の世代のために個人的利益を犠牲にし、危機のときに責任をもって働き、プレッシャーの下でも冷静さを保ち、模範を示すことで鼓舞し、不屈の決意と思いやりを示して人びとを安心させるような人がリーダーになったら、世界はどんな場所になるだろう」（353ページ）

こんなリーダーがいてくれたら、どんなにすばらしいことでしょう。著者は私たちに、そんなリーダーがどこかから現れるのをただ待つのではなく、自分の家庭で、クラスで、職場で、コミュニティで、与えられた役割を果たすことを勧めています。本書はそんな生き方をしたいと思っている人のための「権力のレッスン」です。

2021年7月　御立英史

2002).(ランディ・バンクロフト著『DV・虐待加害者の実体を知る』髙橋睦子、中島幸子、山口のり子監訳、明石書店)

260. 加害者と被害者がはっきりしないことが多い: Cavan Sieczkowski, "Former CIA Officer: Listen to Your Enemy, Because 'Everybody Believes They Are the Good Guy,'" *Huffpost,* June 14, 2016.

262. ギャンブル依存症の父親が残した巨額の借金: Nina Munk, "Steve Wynn's Biggest Gamble," *Vanity Fair,* June 2005.

265. ホームズはついに詐欺罪で起訴された: John Carreyrou, *Bad Blood* (New York: Knopf, 2018).(ジョン・キャリールー著『BAD BLOOD シリコンバレー最大の捏造スキャンダル全真相』関美和、櫻井祐子訳、集英社)

267. 「カラニックの追放につながった」: Stanford Graduate School of Business, December 3, 2018; video on YouTube.

271. 「自分を虐待した親の姿を、間違った関係の中に追い求めてしまうものです」: Lucinda Franks, "The Intimate Hillary," *Talk Magazine*, September 1999.

273. あとから電話してきた割合も高かった: Donald G. Dutton and Arthur P. Aron, "Some Evidence for Heightened Sexual Attraction under Conditions of High Anxiety," *Journal of Personality and Social Psychology* 30 (1974): 510–517.

CHAPTER8 ▪権力に「対抗」する

297. 女性が言葉で自分や自分の優位性を主張すると反発を招く: M. J. Williams and L. Z. Tiedens, "The Subtle Suspension of Backlash: A Meta-analysis of Penalties for Women's Implicit and Explicit Dominance Behavior," *Psychological Bulletin* 142, no. 2 (2016): 165–197.

CHAPTER9 ▪権力者から「力」を奪う

304. あっという間に100万ビューを超えて: Jim Dwyer, "When Fists and Kicks Fly on the Subway, It's Snackman to the Rescue," *New York Times,* April 12, 2012.

322. 「乗り気でない男性を仲間に引き入れやすくなることが判明した」: Shelley J. Correll, "Reducing Gender Biases in Modern Workplaces: A Small Wins Approach to Organizational Change," *Gender and Society,* November 9, 2017.

CHAPTER10 ▪権力の正しい使い方

337. 「これを改めるために不断の努力が必要です」: National Public Radio, "Paul Ryan's Full Interview with NPR's Steve Inskeep," December 1, 2017, https://www.npr.org/2017/12/01/567012522/.

348. 安心を欠く人には見られない知恵と成熟が感じられる: George Kohlrieser, "Secure Base Leadership: What It Means and Why It Really Matters," *Talent and Management,* October 23, 2012.

360. 「どんなCEOも永遠にそのポストに留まることはないので……完全な服従になってしまうのはそのためである」: Rakesh Khurana, "The Curse of the Superstar CEO," *Harvard Business Review,* September 2002, https://hbr.org/2002/09/the-curse-of-the-superstar-ceo.

363. 個人的利益と集団的利益のあいだでどのような選択をするか: N. Halevy, E. Y. Chou, T. R. Cohen, and R. W. Livingston, "Status Conferral in Intergroup Social Dilemmas: Behavioral Antecedents and Consequences of Prestige and Dominance," *Journal of Personality and Social Psychology* 102, no. 2 (2012): 351–366, https://doi.org/10.1037/a0025515.

140. 女性のほうが男性よりもローンをきちんと返済する率が高い: Derek Thompson, "Women Are More Responsible with Money, Studies Show," *The Atlantic*, January 31, 2011.

145. 二人は親しい同僚になった: Brian Uzzi and Shannon Dunlap, "Make Your Enemies Your Allies," *Harvard Business Review,* May 2012.

145.「初めて真の強さを身につけることができる」: David Brooks, "Making Modern Toughness," *New York Times,* August 30, 2016, https://www.nytimes.com/2016/08/30/opinion/making-modern-toughness.html.

168. 教室をくまなく歩き回って縄張りを確立してしまう: Herminia Ibarra, *Act Like a Leader, Think Like a Leader* (Boston: Harvard Business Review Press, 2015).(ハーミニア・イバーラ著『世界のエグゼクティブが学ぶ誰もがリーダーになれる特別授業』河野英太郎監修、新井宏征訳、翔泳社)

CHAPTER5 ▪「助手席」で力を発揮する

182. 古いやり方が崩れると: National Research Council, *Sociality, Hierarchy, Health: Comparative Biodemography: A Collection of Papers*, edited by Maxine Weinstein and Meredith A. Lane (Washington, D.C.: National Academies Press, 2014).

183. 仕事で人の上に立つことを最優先: Delroy L. Paulhus and Oliver P. John, "Egoistic and Moralistic Biases in Self-Perception: The Interplay of Self-Deceptive Styles with Basic Traits and Motives," *Journal of Personality* 66, no. 6 (1998): 1025–1060.

CHAPTER6 ▪ 権力の「プレッシャー」に勝つ

216.「言葉を忘れちゃったんだ」: National Public Radio, "Jay-Z: The Fresh Air Interview," November 16, 2010, https://www.npr.org/2010/11/16/131334322/the-fresh-air-interview-jay-z-decoded.

217. 彼女は歌うことができなくなってしまった: Amanda Petrusich, "A Transcendent Patti Smith Accepts Bob Dylan's Nobel Prize," *New Yorker*, December 10, 2016.

217.「オープニングのコードが始まり」: Patti Smith, "How Does It Feel," *New Yorker,* December 14, 2016.

220. 1位より2位になることを好んでいる: Cameron Anderson, Robb Willer, Gavin J. Kilduff, and Courtney E. Brown, "The Origins of Deference: When Do People Prefer Lower Status?," *Journal of Personality and Social Psychology* 102, no. 5 (2012): 1077–88.

222. 被害妄想が原因だったという: David G. Winter and Leslie A. Carlson, "Using Motive Scores in the Psychobiographical Study of an Individual: The Case of Richard Nixon," *Journal of Personality* 56, no. 1 (1988): 75–103.

CHAPTER7 ▪ 権力は人を「暴走」させる

246.「道を踏み外してしまいました」: Jonathan Shieber, "500 Startups' Dave McClure Apologizes for 'Multiple' Advances toward Women and Being a 'Creep,'" *TechCrunch,* July 1, 2017.

250. 権力を持つと自分を抑える力が弱くなる: Dacher Keltner, "Don't Let Power Corrupt You," *Harvard Business Review,* October 2016.

255. 仕事で意趣返しする: Melissa J. Williams, Deborah H. Gruenfeld, and Lucia E. Guillory, "Sexual Aggression When Power Is New: Effects of Acute High Power on Chronically Low-Power Individuals," *Journal of Personality and Social Psychology* 112, no. 2 (2017): 201–223.

259.「それが支配という枝になって表れる」: Lundy Bancroft, *Why Does He Do That?*(New York: Putnam,

CHAPTER1 ▪ 権力の真実と神話

57. ある大がかりなメタ分析によると: S. C. Paustian-Underdahl, L. S. Walker, and D. J. Woehr, "Gender and Perceptions of Leadership Effectiveness: A Meta-Analysis of Contextual Moderators," *Journal of Applied Psychology* (April 28, 2014), advance online publication, https://doi.org/10.1037/a0036751.

CHAPTER2 ▪ 自分を強く見せる戦略

67. ステータス・プレイ: Keith Johnstone, *IMPRO: Improvisation and the Theatre* (London: Faber and Faber, 1979).
76. 文脈によっては敬意や好意を伝える: Dacher Keltner, Randall C. Young, Erin A. Heerey, Carmen Oemig, and Natalie D. Monarch, "Teasing in Hierarchical and Intimate Relations," *Journal of Personality and Social Psychology* 75 (1998): 1231–1247.
89. 「権威の平均台」: J. Richard Hackman and Diane Coutu, "Why Teams Don't Work," *Harvard Business Review* 87, no. 5 (2009): 98–105.
91. いったん獲得したステータスはそのまま維持された: Cameron Anderson, Sebastien Brion, Don A. Moore, and Jessica A. Kennedy, "A Status-Enhancement Account of Overconfidence," *Journal of Personality and Social Psychology* 103 (2012): 718–735.

CHAPTER3 ▪ 相手を優位に置く戦略

111. 「人間的な一面を見せることで親近感が増すと思うのです」: Howard Schultz and Adam Bryant, "Good C.E.O.s Are Insecure (and Know It)," *New York Times,* October 9, 2010.
115. 部下からは気まぐれで当てにならない人間と見なされる: David C. McClelland and David H. Burnham, "Power Is the Great Motivator," *Harvard Business Review,* January 2003.
120. 成功する可能性が高いと見なされた: Joey T. Cheng, Jessica L. Tracy, Tom Foulsham, Alan Kingstone, and Joseph Henrich, "Two Ways to the Top: Evidence That Dominance and Prestige Are Distinct Yet Viable Avenues to Social Rank and Influence," *Journal of Personality and Social Psychology* 104 (2013): 103–125.
122. 「ポジティブな感情だけでなく不安な気持ちも見せ、人間的な言葉を使った」: Ari Decter-Frain and Jeremy A. Frimer, "Impressive Words: Linguistic Predictors of Public Approval of the U.S. Congress," *Frontiers in Psychology* 7 (2016): 240, https://doi.org/10.3389/fpsyg.2016.00240.
122. 権威主義的リーダーシップを重視している: Victor H. Vroom and Arthur G. Jago, "The Role of the Situation in Leadership," *American Psychologist* 62, no. 1 (January 2007): 17–24.

CHAPTER4 ▪ 権力を「演じる」

130. 「自分自身であること」は演技である: Erving Goffman, *The Presentation of Self in Everyday Life* (New York: Anchor Books, 1959).(E・ゴッフマン著『行為と演技——日常生活における自己呈示』石黒毅訳、誠信書房)
138. 末っ子や一人っ子である大統領に比べ: David C. McClelland, *Human Motivation* (Cambridge University Press, 1988).(デイビッド・C・マクレランド著『モチベーション——「達成・パワー・親和・回避」動機の理論と実際』梅津祐良、横山哲夫、薗部明史訳、生産性出版)

［著者］
デボラ・グルーンフェルド（Deborah Gruenfeld）
スタンフォード大学経営大学院社会心理学教授。コーネル大学で学士号（心理学）、ニューヨーク大学で修士号（ジャーナリズム）、イリノイ大学でPh.D.（心理学）を取得。権力と組織行動について研究、多数の論文を発表しており、集団と権力についてのコースで25年以上指導している。本書のもととなったコース「パワフルに行動する方法」は、スタンフォード大学経営大学院の最も人気の高い講座の１つ。スタンフォード大学経営大学院ジョセフ・マクドナルド・チェアド・プロフェッサー、リーンイン財団理事、スタンフォード大学女性リーダーシップ推進センター理事。その研究は学術誌に留まらず、「ウォール・ストリート・ジャーナル」紙、「ワシントン・ポスト」紙、「ニューヨーカー」誌ほか、多くのメディアで取り上げられている。

［訳者］
御立英史（みたち・えいじ）
翻訳者。訳書に、ケン・ブランチャード他『社員の力で最高のチームをつくる』、ヨハン・ガルトゥング『日本人のための平和論』、ティエン・ツォ他『サブスクリプション』（いずれもダイヤモンド社）、ロナルド・J・サイダー『聖書の経済学』『イエスは戦争について何を教えたか』（ともにあおぞら書房）などがある。

スタンフォードの権力のレッスン

2021年７月27日　第１刷発行

著　者——デボラ・グルーンフェルド
訳　者——御立英史
発行所——ダイヤモンド社
〒150-8409　東京都渋谷区神宮前6-12-17
https://www.diamond.co.jp/
電話／03·5778·7233（編集）　03·5778·7240（販売）
ブックデザイン—小口翔平＋畑中茜＋奈良岡菜摘（tobufune）
校正————円水社
製作進行——ダイヤモンド・グラフィック社
印刷————勇進印刷
製本————加藤製本
編集担当——三浦岳

ISBN 978-4-478-06589-1